La protection des droits fondamentaux dans l'espace CEDEAO

États des lieux depuis 2010

Sous la coordination de :
Dr Sadou DIALLO, Dr Bana MARA
et Dr Ibrahima MANDIANG

La protection des droits fondamentaux dans l'espace CEDEAO

États des lieux depuis 2010

L'Harmattan
Guinée

http://www.editions-harmattan.fr

ISBN : 978-2-336-59967-0
EAN : 9782336599670

Dépôt légal : février 2026

COMITÉ SCIENTIFIQUE

COMITÉ DE LECTURE

MOT DE BIENVENUE DU PROFESSEUR MOHAMED TAYEB LASKRI, RECTEUR DE L'UKAG

Conakry, le 10 décembre 2025

Chers Invités de l'Université Kofi ANNAN de Guinée
Chers Participants au Colloque,
Honorable Assistance,

Bonjour à tous. Nous sommes heureux de vous accueillir aujourd'hui à l'Université Kofi ANNAN de Guinée et nous souhaitons la bienvenue à tous nos invités ainsi qu'à l'ensemble des participants à l'occasion de ce Colloque sur la Protection des Droits fondamentaux dans l'espace CEDEAO pour faire un état des lieux depuis 2010. Vous avez répondu présents et nous vous en remercions tous.

Nous sommes tout à fait honorés de participer avec vous à l'inauguration de ce colloque dont l'objectif général vise à amener les universitaires et professionnels à réfléchir et débattre sur les leçons du passé et proposer des solutions prospectives afin que les soucis sécuritaires des États ne fassent pas obstacle à la protection des droits de l'homme.

Autrement dit, comment accommoder les préoccupations sécuritaires aux nécessités de protection des droits de l'homme ? Nous attendons vos propositions de solutions conciliantes pour que la question sécuritaire, qui est bien entendu importante, prenne en compte la nécessaire protection des droits de l'homme.

Nous tenons à remercier tout particulièrement les intervenants de cette manifestation scientifique, aux premiers rangs desquels les intervenants venus de l'étranger, qui nous font le plaisir d'être parmi nous aujourd'hui. Merci d'avoir répondu favorablement à notre invitation.

Votre présence est en elle-même une forme d'encouragement. Elle nous prouve surtout qu'il n'y a pas, dans le domaine de la protection des droits fondamentaux, de fatalité, et qu'il est possible d'obtenir des résultats concrets avec vos réflexions et vos propositions de solutions.

Je tiens personnellement à remercier les responsables de la Faculté des Sciences juridiques et politiques de notre université l'UKAG pour cette noble initiative d'organiser ce colloque autour d'un thème aussi important. Comme je tiens à remercier tous les membres du comité d'organisation pour leur disponibilité et qui veillent à votre bien-être tout au long de cet événement.

Pour terminer et au nom de la Faculté des Sciences juridiques et politiques et au nom des Comités scientifiques et d'organisation de ce Colloque, je déclare ouverts les travaux du colloque international sur la Protection des droits fondamentaux dans l'espace CEDEAO : état des lieux depuis 2010 ; et je vous remercie.

Le Recteur de l'Université Kofi ANNAN de Guinée
Pr Mohamed Tayeb LASKRI

PREMIÈRE PARTIE
L'APPROCHE GLOBALE DE LA PROTECTION DES DROITS FONDAMENTAUX DANS L'ESPACE CEDEAO

LA PROTECTION DU DROIT À LA VIE DANS LE CONTEXTE DU TERRORISME AU SAHEL

Par
Mamadou Falilou DIOP
Docteur en Droit public de l'Université d'Aix-Marseille, Maître-assistant CAMES,
Université Cheikh Anta Diop de Dakar (Sénégal)

Introduction

Dans la *Charte du Mandé* de 1236[1], l'une des plus anciennes déclarations de droits humains en Afrique[2], il est énoncé ceci : « Les Chasseurs déclarent [que] toute vie étant une vie, tout tort causé à une vie exige réparation. Par conséquent, que nul ne s'en prenne gratuitement à son voisin, que nul ne cause du tort à son prochain, que nul ne martyrise son semblable »[3]. Cette ancienne Charte africaine, même si elle suscite des controverses[4], proclame le droit à la vie et la

---

[1] « En effet après avoir libéré le Mandé de l'emprise du cruel et très puissant Soumaoro KANTÉ, Soundiata KEITA convoqua en assemblée générale tous les *Tjé Koun* (hommes de tête) du Mandé dont des membres de sa caste, celle des chasseurs, acquis à sa politique afin de leur soumettre pour approbation, et après enrichissement s'il le fallait, la Charte du Mandé Nouveau », *in* « La charte de Kouroukanfouga (ou Charte du mande) », https://oidp-afrique.org/wp-content/uploads/2020/04/Charte-de-Kouroukanfouga-1.pdf, consulté le 16/10/2023.

[2] J.-L. AMSELLE, « L'Afrique a-t-elle "inventé" les droits de l'homme ? », *Syllabus Review*, Vol. 2, n° 3, 2011, pp. 446-463 ; M.-F. KOUROUMA, « La charte de Kouroukan-Fouga : simple patrimoine culturel immatériel de l'humanité ou un texte juridique qui devrait inspirer ? », HAL, Archives-ouvertes.fr, (en ligne) https://hal.archives-ouvertes.fr/hal01453097/document, 2017, consulté le 13/09/2023.

[3] La Charte de Kouroukanfouga ou Charte du Mande (Assemblée constitutive de l'empire du Mandé à Kouroukanfouga) 1236, article 2, https://oidp-afrique.org/wp-content/uploads/2020/04/Charte-de-Kouroukanfouga-1.pdf, consulté le 13/09/2023.

[4] M. DIAKITÉ, « Analyse du discours, tradition orale et histoire : et si la Charte de Kurukan Fuga n'avait jamais existé avant 1998 ? », *Revue électronique internationale de sciences du langage Sudlangues*, 2009, n° 11, pp. 107-130.

nécessité de sa protection. Elle insiste sur le fait que la vie humaine est sacrée. Cette sacralité relève de préoccupations philosophiques, politiques, religieuses et surtout juridiques. Le droit met l'accent sur la nécessité de la protection de la vie humaine.

Le droit international des droits humains accorde une importance capitale au droit à la vie. Ce dernier est considéré comme un droit intangible, quelles que soient les circonstances[5]. Depuis quelques années, certains pays du Sahel sont confrontés à un phénomène de terrorisme à l'intérieur de leurs frontières. Il s'agit dans cette étude du Burkina Faso, du Mali, du Niger, du Nigéria et du Tchad. Les actions armées des groupes terroristes et la réaction armée des États aux fins de lutter contre le terrorisme dans les pays du Sahel précités entraînent souvent des pertes en vies humaines tant chez les combattants que chez les populations civiles. Ainsi, de nombreux massacres sont constatés dans les zones de combat. Les actes terroristes et la réaction des États aux fins d'y faire face ont occasionné des milliers de morts dans les pays susmentionnés.

Le droit à la vie est considéré comme le premier des droits humains, car il conditionne la jouissance des autres droits[6].Pour cette raison, le Comité des droits de l'homme des Nations Unies l'a qualifié de « droit suprême de l'être humain »[7]. Concrètement, ce droit se traduit par la faculté d'obtenir une protection contre toutes les atteintes portées, ou susceptibles de l'être, à sa vie[8]. Rattaché à la préoccupation de cette étude, le droit à la vie permet de protéger la vie des êtres humains se trouvant dans les pays du Sahel affectés par le terrorisme[9]. Les populations du Sahel qui vivent dans les zones d'intervention des entités djihadistes et des opérations antiterroristes ont une vie qui ne tient qu'à un fil et on y constate de nombreux homicides illicites. Dans le contexte du djihadisme qui s'accompagne d'innombrables pertes en vies humaines, le rappel de ces exigences s'impose avec acuité.

---

[5] Le *Vocabulaire juridique* définit un droit intangible comme « un droit auquel il est interdit de porter atteinte », G. CORNU (dir), *Vocabulaire juridique*, 13e édition, Paris, Puf, 2020, p.555.

[6] J.-F. RENUCCI, *Traité de droit européen des droits de l'homme*, Paris, LGDJ, 2007, pp.84-85.

[7] P. VANNIER, *Le droit des personnes en schéma*, 2e édition, Paris, Ellipses, 2023, p. 23.

[8] B. MATHIEU, *Le droit à la vie dans les jurisprudences constitutionnelles et européennes*, *op.cit.*, p. 6.

[9] B. MATHIEU, *Le droit à la vie dans les jurisprudences constitutionnelles et européennes*, *op.cit.*, p. 6.

La bande sahélienne est une région semi-aride s'étendant sur toute la largeur du continent africain de l'Atlantique à la Mer Rouge. Le mot Sahel (*Es-Sahel*) désigne « rivage » ou encore « bordure » en arabe. Il s'agit d'une région africaine qui inclut, au sens large, dix (10) pays à savoir le Burkina Faso, le Cameroun, la Gambie, la Guinée, le Mali, la Mauritanie, le Niger, le Nigéria, le Sénégal et le Tchad[10]. Certains de ces pays du Sahel, objet de cette étude sont particulièrement affectés par le terrorisme. Il s'agit du Burkina Faso, du Mali, du Niger, du Nigéria et du Tchad.

Au sein de la communauté internationale, il n'existe pas encore de consensus sur la définition du terrorisme[11]. Depuis la Convention (de la Société des Nations) sur la répression et la prévention du terrorisme du 16 novembre 1937[12], les États tentent en vain de trouver une définition consensuelle du terrorisme[13]. « Le terrorisme dans le cadre d'un conflit armé s'entend de tous faits ou menaces de violence dont le but principal est de répandre la terreur parmi la population civile qui, parmi les prescriptions du droit international humanitaire, violent celles interdisant l'emploi des moyens cruels et barbares, l'attaque d'objectifs innocents ou l'attaque d'objectifs sans intérêt militaire »[14].

Les actes de terrorisme, quant à eux, sont considérés comme des « agissements criminels destinés à semer l'épouvante dans la population civile, par leur caractère meurtrier systématiquement aveugle »[15].

Cette réflexion est menée dans un contexte particulier dans la région du Sahel. Le terrorisme y gagne du terrain sans que les gouvernements puissent apporter des solutions efficaces contre ce fléau. La situation

---

[10] *OXFAM France*, « À la découverte du Sahel, la porte entre deux Afriques », 10/05/2022, (en ligne) https://www.oxfamfrance.org/financement-du-developpement/qu-est-ce-que-le-sahel/, consulté le 13/09/2023.

[11] F. DUBUISSON, « La définition du "terrorisme" : débats, enjeux et fonctions dans le discours juridiques », *Confluences Méditerranée*, 2017/3, n° 102, pp. 29-45.

[12] Voir Convention pour la prévention et la répression du terrorisme, Genève, le 16 novembre 1937, *League of Nations, Official Journal, Séries de publication* 1937, Vol.10, pp. 22-35, (en ligne) https://legal.un.org/avl/pdf/ls/RM/LoN_Convention_on_Terrorism.pdf, consulté le 13/09/2023.

[13] P. KLEIN, « Le droit international à l'épreuve du terrorisme », *Recueil des cours de l'Académie de La Haye*, 2007, Martinus Nijhof, 2007, pp. 231.

[14] J. SALMON (dir.) *Dictionnaire de droit international public*, Bruxelles, Bruylant, 2001, p. 1081.

[15] G. CORNU (dir.), *Vocabulaire juridique*, 13e édition, Paris, Puf, 2021, pp. 1014-1015.

géopolitique actuelle de la région du Sahel est devenue complexe en raison de trois facteurs majeurs. Le premier facteur concerne la résurgence des coups d'État militaires dans la sous-région ouest-africaine[16]. Le deuxième facteur concerne la situation géopolitique dans le Sahel où la Russie et certains pays occidentaux mènent farouchement une guerre d'influence. Le troisième facteur exerçant une influence sur la lutte contre le terrorisme au Sahel concerne la guerre entre la Russie et l'Ukraine et le conflit entre le Hamas et Israël. Ces conflits ont davantage retenu l'attention de la communauté internationale entre 2023 et 2024[17]. La majorité du soutien militaire financier de la communauté internationale, qui s'élève à des milliards d'euros[18], est affectée au conflit russo-ukrainien et à celui opposant le Hamas à l'État israélien au détriment des pays du Sahel qui rencontrent des difficultés dans la lutte contre le terrorisme[19]. Les pays du Sahel sont donc confrontés à ce contexte difficile. La conjoncture de perte de contrôle de la situation sécuritaire des pays du Sahel est à l'origine de nombreux abus en termes de respect des droits humains.

L'environnement de la protection du droit à la vie dans le Sahel entraîne un questionnement à la fois sur le plan théorique et pratique. Théoriquement, il existe une multiplicité de textes protégeant formellement le droit à la vie des êtres humains au Sahel[20]. Les normes

---

[16] Le Burkina Faso, la République de Guinée, le Mali et le Niger sont actuellement (mai 2024) dirigés par des régimes militaires à la suite des coups d'États militaires intervenus dans ces pays.

[17] E. BERNUS, J.-Y. MARCHAL et Y. PONCET, « Le Sahel oublié », *Revue Tiers Monde*, Avril-Juin 1993, Vol. 34, n° 134, pp. 305-326

[18] « Entre le 24 janvier 2022 et le 15 janvier 2024, les États-Unis ont offert à l'Ukraine 42 milliards d'euros d'aide militaire. D'autres pays ont également contribué financièrement. Il s'agit de l'Allemagne avec 17,7 milliards d'euros, du Royaume-Uni avec 9,1 milliards d'euros, du Danemark avec 8,4 millions d'euros et de l'Union européenne avec 5,6 milliards d'euros promis », cité *in* V. FOURREAU, « Guerre russo-ukrainienne. Quels pays envoient le plus d'aide militaire à l'Ukraine ? », 28/02/2024 (en ligne) https://fr.statista.com/infographie/28241/pays-fournissant-le-plus-aide-militaire-en-valeur-ukraine/, consulté le 06/05/2024.

[19] TH. CHAMARD, « La guerre Hamas-Israël ou le risque de prophéties autoréalisatrices », *Revue Défense Nationale*, vol. 866, n°1, 2024, pp. 100-105 ; voir également S. LE GOURIELLEC, « Israël-Hamas : les pays d'Afrique subsaharienne dans la guerre de Soukkot », *Le Grand Continent*, 2023, (en ligne) https://hal.science/hal-04308330, consulté le 23/05/2024.

[20] La consécration formelle du droit à la vie ne suffit pas, il s'agit en réalité d'une démarche préalable impérative. Ce faisant, les États reconnaissent et introduisent dans leur ordre juridique interne la protection du droit à la vie.

protégeant le droit à la vie qui ne sont pas appliquées constituent de simples déclarations. Les populations du Sahel ont besoin que leur droit à la vie soit efficacement protégé[21]. Le fait de relever ces exigences à la fois théoriques et pratiques relatives au droit à la vie dans le cadre de cette étude semble être digne d'intérêt.

Pour développer les points susmentionnés relatifs au droit à la vie, il est nécessaire de poser l'interrogation suivante : le droit à la vie consacré par les pays du Sahel est-il effectivement protégé dans le contexte du terrorisme sévissant dans cette région ?

Dans la région du Sahel, une multiplicité de normes afférentes à la protection du droit à la vie est notée (I). Néanmoins, une grande défaillance est relevée en termes d'effectivité de ces normes (II).

I. Une consécration textuelle abondante

Les pays du Sahel ont massivement adhéré aux instruments internationaux et régionaux consacrant le droit à la vie (A). La protection du droit à la vie a été réitérée dans les législations internes de ces États à la faveur des textes constitutionnels et législatifs (B).

A. L'adhésion des pays du Sahel affectés par le terrorisme aux instruments internationaux et régionaux de protection du droit à la vie

Au Burkina Faso, au Mali, au Niger, au Nigéria et au Tchad, la protection du droit à la vie procède à la fois des dispositions du droit international des droits humains domestiquées (1) et des instruments africains de protection des droits humains (2).

1. L'adhésion aux instruments internationaux protégeant le droit à la vie

Le droit international des droits humains insiste sur l'exigence de protection de la vie humaine[22]. La jurisprudence des instances de

---

[21] Dans la pratique, cette exigence incombe à la fois aux États et aux personnes physiques et morales eu égard à l'opposabilité des droits humains à l'égard de tous les justiciables.

[22] V. AGGELEN, *Le rôle des organisations internationales dans la protection du droit à la vie*, Bruxelles, E. Story-Scientia, 1986, pp. 1-104 ; G. GAGGIOLI GASTEYGER, *L'influence mutuelle entre les droits de l'homme et le droit*

contrôle du respect des droits humains met l'accent sur la nécessité de la protection effective du droit à la vie. Dans un arrêt du 22 mars 2001, la Cour européenne des droits de l'homme avait qualifié le droit à la vie de « valeur suprême dans l'échelle des droits de l'homme sur le plan international »[23] et « sans lequel la jouissance de l'un quelconque des autres droits et libertés garantis par la Convention serait illusoire »[24]. La Cour de justice de la CEDEAO (ci-après CJCEDEAO) a considéré que l'article 4 de la Charte africaine des droits de l'homme et des peuples (ci-après CADHP), l'article 6 alinéa 1 du Pacte international relatif aux droits civils et politiques (ci-après PIDCP) et l'article 2 de la CEDH « soulignent le caractère sacré de la vie humaine et l'importance de sa protection par tous les instruments internationaux pertinents »[25]. Cette position jurisprudentielle se justifie par le fait que, sans ce droit, aucun autre droit humain ne peut être exercé. La Cour africaine des droits de l'homme et des peuples (ci-après Cour.ADHP) a insisté sur ce point.

Dans un arrêt du 27 novembre 2020 la Cour ADHP, insiste sur ceci : « La Cour réaffirme que le droit à la vie est le fondement de tous les autres droits et libertés et que priver quelqu'un de la vie rend sans objet ses droits et libertés. C'est dans cette logique que l'article 4 de la Charte interdit strictement la privation arbitraire de la vie »[26].

La protection du droit à la vie signifie que personne ne peut être tué illégalement ou arbitrairement.

---

international humanitaire à la lumière du droit à la vie, Thèse, Faculté de droit de l'Université de Genève 2011, 683 p ; B. MATHIEU, « La vie en droit constitutionnel comparé. Éléments de réflexions sur un droit incertain », *RIDC*, Vol. 50 n°4, Octobre-décembre 1998. pp. 1031-1053.

[23] Cour EDH, *Streletz, Kessler et Krenz c. Allemagne*, [GC], n° 34044/96, 35532/97, 44801/98, 22 mars 2001, §87, §94 ; voir également F. TULKENS, « Le droit à la vie et le champ des obligations des États dans la jurisprudence récente de la Cour européenne des droits de l'homme », *in Liberté, justice, tolérance : mélanges en hommage au doyen Gérard Cohen-Jonathan*, t. 2, Bruxelles, Bruylant, 2004, p. 1605-1626 ; M. LEVINET (dir), *Le droit au respect de la vie au sens de la Convention européenne des droits de l'homme*, col. Droit et justice, Bruxelles, Bruylant, Nemesis, 2010, 344 p.

[24] CourEDH, *Pretty c. Royaume-Uni*, n° 2346/02, 29 avril 2002, §37.

[25] CJCEDEAO, *Affaire de Pakile Gnadawolo Kolie et autres c/République de Guinée*, Requête n° EWC/CCJ/APP/50/18, Arrêt n° EWC/CCJ/JUD/25/20, Arrêt du 10 novembre 2020, § 42.

[26] Cour ADHP, *Affaire Léon Mugesera c/République du Rwanda*, Requête n° 012-2017, Arrêt du 27/11/ 2020, § 102.

Concernant les instruments internationaux protégeant le droit à la vie, il s'agit notamment de l'article 3 de la Déclaration universelle des droits de l'homme du 10 décembre 1948 (ci-après DUDH) qui énonce que « tout individu a droit à la vie, à la liberté et à la sûreté de sa personne » et de l'article 6 paragraphe 1 du PIDCP selon lequel « le droit à la vie est inhérent à la personne humaine. Ce droit doit être protégé par la loi. Nul ne peut être arbitrairement privé de la vie ». La DUDH ne possède qu'un caractère symbolique et politique. Elle n'a pas encore de valeur contraignante. Le PIDCP qui a été ratifié par le Burkina Faso le 4 juin 1999, le Mali le 16 juillet 1974, le Niger le 7 mars 1986, le Nigéria le 29 juillet 1993 et le Tchad le 5 juin 1995, possède une valeur contraignante à l'égard de ces États. Par conséquent, ses dispositions afférentes à la protection du droit à la vie lient les États précités qui les ont ratifiées.

Le droit à la vie est également protégé par des instruments de protection des droits humains *sui generis* dédiés à la protection de certaines catégories de personnes plus ou moins vulnérables. La Convention relative aux droits de l'enfant du 20 novembre 1989[27] et celle relative aux personnes handicapées énoncent la nécessité de la protection de la vie. L'article 6 paragraphe 1 de la Convention relative aux droits de l'enfant énonce que « les États parties reconnaissent que tout enfant a un droit inhérent à la vie ». L'article 37 de cette même Convention dispose que « les États parties veillent à ce que « [...] ni la peine capitale ni l'emprisonnement à vie sans possibilité de libération ne doivent être prononcés pour les infractions commises par des personnes âgées de moins de dix-huit ans ». Le droit à la vie est également consacré par l'article 10 de la Convention relative aux droits des personnes handicapées du 13 décembre 2006[28]. Il précise que « les États Parties réaffirment que le droit à la vie est inhérent à la personne humaine et prennent toutes les mesures nécessaires pour en assurer aux personnes handicapées la jouissance effective, sur la base de l'égalité avec les autres »[29].

---

[27] Nations Unies, Convention relative aux droits de l'enfant, Résolution 44/25 du 20 novembre 1989, Nations Unies, *Recueil des traités*, Vol. 1577, p. 3.

[28] Nations Unies, Convention relative aux droits des personnes handicapées adoptée le 13/12/2006, Résolution A/RES/61/106, Nations Unies, *Recueil des traités*, Vol.2511, p. 3.

[29] Selon les Nations Unies, dépositaire de ce traité, la Convention relative aux droits des enfants a été ratifiée par le Burkina Faso le 31 août 1990, le Mali le 20 septembre 1990, le Niger le 30 septembre 1990, le Nigéria le 19 avril 1991 et le Tchad le 2

Ces conventions susmentionnées qui possèdent une valeur contraignante mettent à la charge des États une obligation de protection du droit à la vie dans leur ordre juridique interne. Même dans les situations difficiles de lutte contre le terrorisme, la protection de la vie humaine s'impose. La protection du droit à la vie par les instruments internationaux de protection des droits de l'homme a trouvé un écho favorable dans les textes africains relatifs aux droits humains.

2. L'adhésion aux instruments africains protégeant le droit à la vie

La protection du droit à la vie est ancrée dans les instruments africains de protection des droits humains. Des dispositions relatives à la protection du droit à la vie se trouvent à la fois dans la CADHP et dans le Protocole à la CADHP relatif aux droits des femmes adopté à Maputo le 11 juillet 2003 par la 2e Session ordinaire de la Conférence de l'Union africaine dit Protocole de Maputo[30]. L'article 4 de la CADHP énonce que « la personne humaine est inviolable. Tout être humain a droit au respect de sa vie et à l'intégrité physique et morale de sa personne. Nul ne peut être privé arbitrairement de ce droit ». La Cour.ADHP a fortement insisté sur la portée de ce texte. Elle a souligné que l'article 4 de la Charte « consacre le principe de l'inviolabilité de la personne qui englobe le droit à la vie "attribut inaliénable de la personne humaine" et fondement des autres droits et libertés protégés par la Charte »[31]. Cette position de la Cour renforce le caractère sacré de la vie et la volonté des rédacteurs de la Charte de protéger ce droit fondamental.

D'autres instruments africains afférents aux droits humains consacrent également la protection du droit à la vie. L'article 4 paragraphe 1 du Protocole de Maputo dispose que « toute femme a droit au respect de sa vie, de son intégrité physique et à la sécurité de sa

---

octobre 1990[29]. Selon toujours les Nations Unies, la Convention relative aux droits des personnes handicapées a été ratifiée par le Burkina Faso le 23 juillet 2009, le Mali le 7 avril 2008, le Niger le 24 juin 2008, le Nigéria le 24 septembre 2010 et le Tchad le 20 juin 2019, Nations Unies, Collection des traités, https://treaties.un.org/pages/ViewDetails.aspx?src=IND&mtdsg_no=IV-11&chapter=4&clang=_fr, consulté le 16/05/2023.

[30] L. GUIGNARD, *La fabrique de l'égalité par le droit. Genèse et usages transnationaux du Protocole de Maputo sur les droits des femmes de l'Union africaine*, Paris, LGDJ, 2019, 612 p.

[31] Cour ADHP, *Affaire Sébastien Germain Marie Aïkoué Ajavon c/République du Bénin*, Requête n° 062/2019, Arrêt du 4/12/2020, § 161.

personne »[32]. La CADHP est ratifiée par le Burkina Faso (6 juillet 1984), le Mali (21 décembre 1981), le Niger (15 juillet 1986), le Nigéria (22 juin 1983), le Tchad (9 octobre 1986)[33]. Le Niger a signé le Protocole le 6 juillet 2004, mais n'a pas encore ratifié ce texte. L'obligation de protection du droit à la vie peut même s'imposer de manière préventive d'après la jurisprudence. Selon la Cour européenne des droits de l'homme, la protection du droit à la vie « peut aussi, dans certaines circonstances bien définies, mettre à la charge des autorités l'obligation positive de prendre préventivement des mesures d'ordre pratique pour protéger l'individu dont la vie est menacée par les agissements criminels d'autrui »[34]. La sacralité de la vie humaine qui transparaît dans cette jurisprudence justifie ainsi la protection de la vie de manière concrète lorsque la vie d'une personne est menacée. C'est ainsi que la protection de la vie s'impose de manière préventive. Cette position jurisprudentielle renforce considérablement la protection du droit à la vie.

L'adhésion à ces instruments africains de protection des droits de l'homme entraîne des obligations à la charge des États. Les États du Sahel susmentionnés qui ont ratifié les instruments africains de protection du droit à la vie se voient imposer deux types d'obligations. Premièrement, il s'agit de *l'obligation négative* de ne pas porter atteinte au droit à la vie de toute personne se trouvant sur leurs territoires. La CJCEDEAO a mis l'accent sur cette obligation négative des États. Elle « retient qu'il existe pour tout État signataire ou ayant ratifié lesdits instruments (CADHP, PIDCP, DUDH) une obligation négative consistant à ne pas porter atteinte, lui-même, à la vie des personnes

[32] Union africaine, Liste des pays qui ont signé, ratifié/adhéré au Protocole à la Charte africaine des droits de l'homme et des peuples relatif aux droits des femmes, Addis Abeba, 19/10/2019 (en ligne) https://au.int/fr/treaties/protocole-la-charte-africaine-des-droits-de-lhomme-et-des-peuples-relatif-aux-droits-des-femmes-en-afrique, consulté le 16/06/2023.

[33] Selon une liste établie par l'Union africaine, le Protocole de Maputo est ratifié par trois des cinq pays étudiés ici. Il s'agit du Burkina Faso (9 juin 2006) du Mali (13 janvier 2005) et du Nigéria (16 décembre 2004)[33]. Le Niger a signé le Protocole le 6 juillet 2004 mais n'a pas encore ratifié ce texte, Union africaine, « Liste des pays qui ont signé, ratifié/adhéré à la Charte africaine des droits de l'homme et des peuples, Addis-Abeba, le 15/6/2017, en ligne https://au.int/sites/default/files/treaties/36390-sl-african_charter_on_human_and_peoples_rights_2.pdf, consulté le 16/06/2023.

[34] CEDH, *Arrêt du 28 octobre 1998, Osman c. Royaume-Uni*, paragraphe 115, et *Cour européenne des Droits de l'Homme, LCB c. Royaume-Uni,* arrêt du 9 juin 1998, § 36.

vivant sur son territoire national »[35]. Deuxièmement, il s'agit de *l'obligation positive* de protection de la vie de toute personne se trouvant sous leur juridiction. Dans l'affaire *Bintou Cissé*, la CJCEDEAO « retient qu'il existe pour tout État signataire ou ayant ratifié lesdits instruments (CADHP, PIDCP, DUDH) une obligation positive se traduisant par la protection, par ses soins, de la vie de tout individu se trouvant, pour quelque motif que ce soit, sous sa juridiction »[36]. Cette dernière obligation possède un aspect procédural consistant à mener une enquête indépendante et impartiale chaque fois qu'un individu perd la vie de manière arbitraire aux fins de déterminer les circonstances de la privation de la vie[37]. Dans un arrêt du 7 juin 2016, la CJCEDEAO avait attiré l'attention sur la nécessité des enquêtes en cas de privation arbitraire de la vie[38]. Chaque État-partie aux instruments africains susévoqués est tenu de respecter ces deux obligations précitées aux fins que le droit à la vie soit réellement effectif.

Les obligations étatiques susévoquées procédant de la consécration du droit à la vie prennent un sens particulier dans le cadre des opérations anti-djihadistes au Sahel. Pour protéger la vie de leurs citoyens dans le contexte du djihadisme, les États du Sahel ont, d'une part, l'obligation de prévenir les attentats terroristes dirigés contre la vie des personnes sous leurs juridictions. D'autre part, ces États ont l'obligation de s'abstenir d'utiliser la force potentiellement meurtrière qui n'est pas absolument nécessaire. Pour ce faire, ils doivent prendre toutes les précautions requises pour épargner la vie et l'intégrité physique des personnes lors de l'organisation des opérations anti-djihadistes impliquant l'usage de la force. Cela se traduit souvent par la protection légale du droit à la vie.

---

[35] CJCEDEAO, *Affaire Madame Bintou Cissé contre République de Guinée*, Arrêt n° ECW/CCJ/JUD/10/18 du 23/04/2018, § V. 15, p. 17.

[36] CJCEDEAO, *Affaire Madame Bintou Cissé contre République de Guinée*, Arrêt n° ECW/CCJ/JUD/10/18 du 23 avril 2018, § V. 15, p. 17.

[37] CJCEDEAO, Affaire *The incorporated trustees of fiscal and civic rights enlightenment Foundation contre Nigéria*, Arrêt n° ECW/CCJ/JUD/18/16 du 7/06/2016, Cité *in Cour de justice de la CEDEAO, Recueil de jurisprudence 2016*, Abuja, mars 2023, p. 428.

[38] CJCEDEAO, Affaire *The incorporated trustees of fiscal and civic rights enlightenment Foundation contre Nigéria*, Arrêt n° ECW/CCJ/JUD/18/16 du 7 juin 2016, Cité *in Cour de justice de la CEDEAO, Recueil de jurisprudence 2016*, Abuja, mars 2023, p. 428.

B. La consécration du droit à la vie dans l'ordre juridique interne

Dans les pays du Sahel susmentionnés, l'exigence de protection du droit à la vie est ancrée dans les Constitutions (1) et les lois (2).

1. La consécration constitutionnelle du droit à la vie

La protection de la vie des êtres humains incombe d'abord aux États[39]. Il s'agit en quelque sorte de l'une de leurs obligations principales[40]. Tous les textes internationaux et nationaux insistent sur le fait que les États ont la responsabilité première de protéger la vie des êtres humains présents sur leurs territoires. Pour conférer une assise solide à cette exigence, les États susmentionnés ont tous décidé de conférer une valeur fondamentale au droit à la vie en l'insérant dans leurs Constitutions. L'article 2 de la Constitution du Burkina Faso du 11 juin 1999, énonce que « la protection de la vie, la sûreté et l'intégrité physique sont garanties »[41]. La Loi constitutionnelle n° 072-2015/CNT votée par le Conseil national de la transition et modifiant la Constitution du 11 juin 1999 n'a pas modifié les dispositions de l'article 2 sus évoquées[42]. La Constitution de la République du Mali votée par référendum le 18 juin 2023 par les citoyens maliens et promulguée le 22 juillet 2024[43] prévoit en son article 2 que « la personne humaine est sacrée et inviolable. Tout individu a droit à la vie, à la liberté, à la sécurité et à l'intégrité physique de sa personne »[44]. La Constitution du Niger prévoit des dispositions relatives au droit à la vie. L'article 11 de

---

[39] B. OGUELEMI, *La souveraineté des États du Sahel face aux défis sécuritaires*, Paris, L'Harmattan, 2018, 185 p.

[40] A.-B. FALL, « La Charte africaine des droits de l'homme et des peuples : entre universalisme et régionalisme », *Pouvoirs*, Vol. 129, n° 2, 2009, pp. 77-100.

[41] Constitution du Burkina-Faso du 11/06/1999, (en ligne) https://mjp.univ-perp.fr/constit/bf1997.htm, consulté le 23/05/2024.

[42] Voir Loi constitutionnelle n° 072-2015/CNT portant révision de la Constitution votée par le Conseil national de la transition du Burkina Faso en sa séance du 05 novembre 2015, (en linge) https://www.assembleenationale.bf/IMG/pdf/loi_072_portant_revision_de_la_constitution.pdf, consulté le 17/07/2015.

[43] Voir *Journal officiel de la République du Mali, Spécial* n° 13 du 22/07/2023, pp. 1-17, (en ligne) https://koulouba.ml/la-presidence/histoire-symboles/les-textes-fondateurs/constitution-version-actuelle/, consulté le 06//2024.

[44] Projet de Constitution de la République du Mali voté par référendum le 18/06/2023, (en ligne) https://lemagazinedumali.com/wp-content/uploads/2023/02/Projet_Constitution_version_24-02-2023-ii-1.pdf, consulté le 17/07/2023.

la Constitution nigérienne énonce que « la personne humaine est sacrée. L'État a l'obligation absolue de la respecter et de la protéger ». L'article 14 de la même Constitution ajoute que « chacun a droit à la vie »[45]. Le paragraphe 1 de l'article 33 de la Constitution du Nigéria promulguée le 5 mai 1999 et entrée en vigueur le 29 mai 1999 dispose que « toute personne a droit à la vie et nul ne peut être privé intentionnellement de sa vie, sauf en exécution de la sentence d'un tribunal pour une infraction pénale dont il a été reconnu coupable au Nigéria »[46]. L'article 18 de la Constitution tchadienne du 29 décembre 2023 énonce que « la personne humaine est sacrée et inviolable. Tout individu a droit à la vie, à l'intégrité de sa personne, à la sécurité, à la liberté, à la protection de sa vie privée et de ses biens »[47].

L'ancrage constitutionnel du droit à la vie dans les Constitutions des États du Sahel confère à ce droit un caractère fondamental[48]. Il en découle certaines conséquences juridiques. La fondamentalisation d'un droit permet de le hisser au sommet de la hiérarchie des normes dans l'ordre juridique interne[49]. De ce fait, sa protection est renforcée comparativement aux autres droits consacrés par des textes inférieurs à la Constitution. La conséquence pratique de l'ancrage constitutionnel des droits fondamentaux se traduit par le contrôle de leur respect par le juge constitutionnel[50]. Le respect des droits fondamentaux tels que le droit à la vie analysé ici s'impose à l'État et à tous ses démembrements et aux personnes privées. Ainsi, toutes les lois votées dans le cadre de

---

[45] Constitution du Niger de la VIIe République du 25 novembre 2010 http://www.cour-constitutionnelle-niger.org/documents/constitution_7eme_rep.pdf, consulté le 17/07/2023.

[46] Constitution de la République du Nigéria du 29/05/1999, (en ligne) https://www.wipo.int/wipolex/fr/text/179202, consulté le 06/05/2024.

[47] Constitution de la République du Tchad du 29 décembre 2023, (en ligne) https://www.centrerecherche.com/La-nouvelle-Constitution-de-la-Republique-du-Tchad_a819.html, consulté le 31/05/2024.

[48] A. MBATA BETUKUMESU MANGU, *Abolition de la peine de mort et constitutionnalisme en Afrique*, Paris, L'Harmattan, 2011, 197 p.

[49] L. BÉNEZECH, « La diffusion des droits fondamentaux dans l'ordre juridique interne sous l'influence de la Convention européenne des droits de l'Homme. Contribution à l'étude de la fondamentalisation des droits », *RDLF* 2019 thèse n°09, https://revuedlf.com/theses/la-diffusion-des-droits-fondamentaux-dans-lordre-juridique-interne-sous-linfluence-de-la-convention-europeenne-des-droits-de-lhomme-contribution-a-letude-de-la-f/, consulté le 19/02/2024.

[50] E. SOSSOU AHOUANKA, « Le juge constitutionnel et la protection des droits fondamentaux », *Revue béninoise des sciences juridiques et administratives*, n° 15, 2005, p. 93129.

la lutte contre le terrorisme au Sahel doivent être en conformité avec l'exigence constitutionnelle de protection du droit à la vie. Ce rappel est important, car de nombreux États soulèvent souvent le spectre de la peine de mort lorsque des homicides choquant l'opinion publique sont commis. La protection du droit à la vie par la Constitution n'empêche pas l'application de la peine de mort dans certains États[51]. Toutefois, la protection constitutionnelle de ce droit peut freiner la tentation de certaines autorités à vouloir faire croire à l'opinion que l'instauration de la peine de mort permettrait de mettre un terme à la criminalité qui entraîne les nombreux homicides. Les dispositions constitutionnelles précitées énoncent le principe de la protection du droit à la vie. Il appartient aux législateurs des pays du Sahel sus évoqués de voter des lois prévoyant les dispositions concrètes protégeant le droit à la vie.

2. La consécration législative du droit à la vie

Les Constitutions des pays du Sahel susmentionnés ont fixé le cadre général de la protection de la vie humaine dans l'ordre juridique interne[52]. Les modalités concrètes de sauvegarde du droit à la vie sont fixées par le législateur. Dans ces différents pays, la protection de la vie dans un contexte de terrorisme relève de textes variés[53]. Il s'agit de la législation de droit commun contenue dans les différents codes pénaux et de législations spéciales afférentes à la répression des infractions liées au terrorisme. Ces textes mettent en exergue la nécessité de la protection du droit à la vie des êtres humains en créant des sanctions sévères à l'encontre des individus accusés d'actes de terrorisme ayant entraîné des pertes en vies humaines. Le rôle du droit pénal dans la protection de la vie humaine n'est plus à démontrer. L'incrimination des homicides volontaires constitue l'une des solutions envisagées aux fins de protéger la vie humaine.

C'est dans ce sens que le professeur Mireille Delmas-Marty écrit ceci : « Le droit pénal protège à la fois l'espèce humaine et l'humanité

---

[51] D. CHALUS, « Les difficultés constitutionnelles de l'abolition de la peine de mort dans la Communauté des États Indépendants, *RIDC,* Vol. 54 n°4, Octobre-décembre 2002. pp. 1105-1133.

[52] B. SARR, « La garantie de la protection des droits de l'homme par le juge constitutionnel », *Afrilex*, janvier 2016, (en ligne) https://afrilex.u-bordeaux.fr/2016/01/23/la-garantie-de-la-protection-des-droits-humains-par-le-juge-constitutionnel/, consulté le07/06/2024.

[53] M.-I. KANTÉ, « Gestion des menaces terroristes au Sahel et en Afrique de l'Ouest », *Revue Africaine sur le terroriste*, 2020, Vol. 10, 1, pp. 69-83.

en incriminant d'abord les atteintes à la vie humaine, à travers les crimes très anciens liés aux diverses formes d'homicides [...]. L'incrimination de l'homicide est apparemment la plus proche du processus d'hominisation, car l'on peut penser que par son caractère universel, l'interdiction de tuer protège l'espèce humaine et constitue un mécanisme de survie »[54].

Le Burkina Faso, le Mali, le Niger, le Nigéria et le Tchad ont tous adopté des législations *sui generis* relatives à la répression des infractions procédant des actions terroristes[55]. Il s'agit là d'une tendance universelle observée dans de nombreux États. Même si elles ne sont pas encore totalement dissuasives, ces législations spéciales permettent d'organiser des poursuites à la suite d'actes terroristes commis sur le territoire d'un État. En cas de pertes en vies humaines, ces législations prévoient des sanctions très lourdes.

Au Burkina Faso, les articles 512-15 et 512-16 du Code pénal relatifs à la répression des homicides volontaires prévoient des sanctions très sévères. L'article 512-16 du Code pénal burkinabè punit d'une peine d'emprisonnement à vie les auteurs d'assassinat et de meurtre commis dans un lieu de [...] culte. Cette qualification peut être utilisée pour prendre en considération les homicides volontaires commis par les membres des organisations terroristes. L'article 512-16 du même Code prévoit une peine d'emprisonnement de onze (11) à trente (30) ans pour les personnes reconnues coupables de meurtre[56].

Les autres dispositifs de répression des homicides volontaires commis à travers les actes de terrorisme commis au Burkina Faso sont codifiés dans la loi n° 060-2009/AN du 17 décembre 2009 portant répression d'actes de terrorisme au Burkina. Son article 2 dispose : « Constituent également des actes de terrorisme, les infractions

---

[54] M. DELMAS-MARTY, « Humanité, espèce humaine et droit pénal », *Revue de science criminelle et droit pénal comparé* », 2012/3, n° 3, p. 496 ; A. TCHAGNA, « L'internationalisation des Constitutions africaines : l'exemple des Constitutions d'Afrique subsaharienne francophone », *RIDC*, Vol. 70 n°3,2018. pp. 509-542 ; I. DIAITE, « Les Constitutions africaines et le droit international », *Annales Africaines*, Dakar, 1971-1972, pp. 33-51.

[55] TH. VIRCOULON, « L'inflation des législations antiterroristes en Afrique. Parade de sécurité ou prétexte répressif ? », *in* TH. DE MONTBRIAL (dir.) *Ramses 2017. Un Monde de ruptures,* Paris, Institut français des relations internationales, « *Ramses* », 2016, pp. 276-279.

[56] Voir Loi n° 025-2018/AN portant Code pénal du Burkina Faso adopté par l'Assemblée nationale le 31/05/2018, Articles 512-15 et 512-16, (en ligne) https://faolex.fao.org/docs/pdf/bkf198257.pdf, consulté le 19/07/2023.

suivantes lorsque par leur contexte ces actes visent à intimider ou à terroriser une population ou à contraindre un État ou une organisation internationale, à accomplir ou à s'abstenir d'accomplir un acte quelconque : les atteintes volontaires à la vie […] »[57].

L'article 5 de la loi n° 060-2009/AN du 17 décembre 2009 portant répression d'actes de terrorisme au Burkina Faso souligne qu'en cas d'actes de terrorisme entraînant la mort, la peine prévue est l'emprisonnement à vie[58]. Les articles 200 et 201 de la loi n° 2001-79 du 20 août 2001 portant Code pénal du Mali énoncent que ceux qui sont reconnus coupables d'assassinats ou de meurtres seront punis de mort[59]. L'article 13 de la loi n° 08-025 du 23 juillet 2008 portant répression du terrorisme au Mali précise que : « […] lorsque l'acte de terrorisme a entraîné la mort d'une ou de plusieurs personnes, il est puni de la peine de mort »[60].

Pays affecté par le terrorisme au Sahel, le Niger a mis en place une législation pour faire face à ce fléau[61]. L'article 242 de la loi n° 61-27 du 15 juillet 1961 portant institution du Code pénal du Niger énonce que « tout coupable de meurtre sera puni à l'emprisonnement à vie. Toutefois, le meurtre emportera la peine de mort : 1) s'il a été précédé, accompagné ou suivi d'un autre crime […] »[62]. L'article 399.1.18 du Code pénal nigérien (ordonnance n° 2011-12 du 27 janvier 2011[63]) prévoit des sanctions pouvant aller jusqu'à trente (30) ans de prison pour les personnes reconnues coupables d'actes de terrorisme. Le même article précise que la peine peut aller jusqu'à la prison à vie si l'acte terroriste est commis par un membre des forces de défense et de sécurité.

---

[57] Article 2 de loi n°060-2009/AN du 17/12/2009 portant répression d'actes de terrorisme au Burkina Faso

[58] Article 5 de loi n°060-2009/AN du 17/12/2009 portant répression d'actes de terrorisme au Burkina Faso

[59] Voir article 200 et 201 de la Loi n° 2001-79 du 20/08/2001 portant Code pénal du Mali, (en ligne) https://www.droit-afrique.com/uploads/Mali-Code-2001-penal-MAJ-2016.pdf, consulté le 19/07/2023.

[60] Article 13 de la loi n° 08-025 du 23/07/2008 portant répression du terrorisme au Mali, (en ligne) https://www.unodc.org/pdf/terrorism/Loi%20n%C2%B008-025%20du%2023%20juillet%202008%20contre%20le%20terrorisme0001.pdf, consulté le 19/07/2023.

[61] S. ABDOU ASSANE, *La lutte contre le terrorisme au Niger. Les approches juridiques*, Québec Niamey, Éditions Science et bien commun, 2020, 110 p.

[62] Article 242 de la Loi n° 61-27 du 15/07/1961 portant institution du Code pénal du Niger, *JORN, Numéro spécial*, n° 7 du 15/11/1961.

[63] L'Ordonnance n° 2011-12 du 27 janvier 2011 (*JOSP* n° 03 du 11/11/2011).

Au Nigéria, la législation pénale applicable aux auteurs d'homicide volontaire est très sévère. La sanction applicable en cas d'homicide (la peine de mort) découle à la fois des codes criminels et pénaux et de la loi islamique (*Charia*)[64] appliqués dans certains États. La Loi fédérale de 1959 portant Code pénal (États du Nord), le Code pénal et le Code criminel de 1961 applicables dans le sud du Nigéria, le Code criminel ainsi que les codes pénaux islamiques prévoient la peine de mort pour beaucoup d'infractions[65]. L'article 319-1 du Code criminel du Nigéria prévoit la peine de mort à l'encontre des personnes reconnues coupables de meurtre[66]. L'article 221 du Code pénal prévoit la peine de mort pour les auteurs d'homicide volontaire[67]. Le paragraphe 2 de la section 4 de la loi antiterroriste nigériane de 2001 (*Terrorism Prevention Act* n° 10, 2011) modifiée par celle de 2013 prévoit que la mort résultant de n'importe quel acte terroriste est punie de la peine de mort [68]. L'article 302 de la loi 2017-01 du 8 mai 2017 portant Code pénal du Tchad prévoit une peine de quinze (15) à trente (30) ans à l'encontre des personnes coupables de meurtre. L'article 303 de loi sus évoquée

---

[64] D. BACH, « Application et implications de la charia : fin de partie au Nigéria », *Pouvoirs, revue française d'études constitutionnelles et politiques*, 2003, n°104, pp. 121-133 ; A.-B. NOUHOU, *Islam et politique au Nigéria : genèse et évolution de la Charia*, Paris, Karthala, 2005, 278 p.

[65] Les crimes généralement passibles de la peine capitale au Nigeria sont les suivants : vol à main armée, meurtre, trahison, conspiration en vue d'une trahison et instigation de l'invasion du Nigeria, enlèvement, viol, adultère, inceste, sodomie, etc. Pour plus de détails voir notamment, L. NKADJI NJEUKAM, « La peine de mort au Nigéria : une question de politique publique », *Revue Autrepart*, 2013/1, n° 64, pp. 21-36.

[66] Article 319.1 du Code criminel du Nigéria (*Criminal Code Acte, Punishment of murder : provision for juveniles) : provision for pregnant women. (1) Subject to the provisions of this section of this Code, any person who commits the offence of murder shall be sentenced to death* (en ligne) https://www.ilo.org/dyn/natlex/docs/ELECTRONIC/52862/60830/F-2132782999/NGA52862%20Full.pdf, consulté le 20/07/2023.

[67] Article 221 du Code pénal du Nigéria, « *(Culpable homicide punishable with death). Except in the circumstances mentioned in section 222. Culpable homicide shall be punished with death* », (en ligne) https://moj.jg.gov.ng/wp-content/uploads/2021/02/PENAL-CODE-LAW-compressed.pdf, consulté le 21/07/2023.

[68] Paragraphe 2, Section 4, *Terrorism (Prevention) Act, 2011 Act no. 10 an act to make provisions for and about offences relating to conduct carried out or purposes connected with terrorism, "(2) without prejudice to sub-section (2) of this section, where death results from any terrorist act, the penalty shall be death sentence"*, (en ligne) https://www.icnl.org/wp-content/uploads/Nigeria_tpa2011.pdf, consulté le 25/07/2023.

énonce que « tout coupable d'assassinat sera puni de la peine d'emprisonnement à vie » [69] . L'article 7 paragraphe 3 de la loi n° 003/PR/2020 du 20 mai 2020 portant répression des actes de terrorisme en République du Tchad dispose que les actes de terrorisme ayant entraîné mort d'homme sont passibles d'une peine d'emprisonnement à vie[70].

La législation portant sur la répression pénale des homicides commis durant les actions terroristes est abondante dans l'ordre juridique interne des États du Sahel. Cependant, la mise en place de lois ne suffit en elle-même. Il faut que ces lois soient appliquées pour atteindre leurs finalités. La CJCEDEAO a bien insisté sur cette exigence d'effectivité des législations nationales protégeant le droit à la vie. Elle « rappelle que l'obligation à la charge de l'État ne consiste pas seulement en l'adoption de textes législatifs ou réglementaires pour garantir le droit (consacré par la Charte). Il doit assurer l'application effective desdits textes et le respect du droit [...] sur l'étendue de son territoire national. Il ne suffit pas pour l'État d'ériger des comportements en infractions pour s'affranchir de l'obligation édictée par la CADHP »[71]. Les lois votées doivent être effectivement appliquées dans le but de conserver leur utilité sociale.

Les législations du Nigéria, du Mali, du Tchad, du Burkina Faso et du Niger[72], prévoient la peine de mort à l'encontre des personnes reconnues coupables d'homicides commis à l'occasion d'un incident terroriste. Cette législation nécessite une réflexion eu égard à la dynamique abolitionniste entamée par la communauté internationale à travers le deuxième Protocole facultatif se rapportant au PIDCP, visant

[69] Article 302 et 303 de la Loi 2017-01 du 8 mai 2017 portant Code pénal du Tchad, (en ligne) https://www.icnl.org/wp-content/uploads/Nigeria_tpa2011.pdf, consulté le 25/07/2023.

[70] L'article 7 paragraphe 3 de la loi n° 003/PR/2020 du 20 mai 2020 portant répression des actes de terrorisme en République du Tchad, (en ligne) http://www.droit-afrique.com/uploads/Tchad-Loi-2020-03-repression-actes-terrorisme.pdf, consulté le 25/07/2023.

[71]CJCEDEAO, *Affaire Samba Barry contre République de Côte-d'Ivoire*, Arrêt n° ECW/CCJ/JUD/06/16 du 20/04/2016, § 31 publié *in* Cour de justice de la Communauté, CEDEAO, *Recueil de jurisprudence (RJFCJC* 2016), pp. 136-137.

[72] L'article 242 de la loi n° 61-27 du 15 juillet 1961 portant institution du Code pénal du Niger énonce que « tout coupable de meurtre sera puni à l'emprisonnement à vie. Toutefois, le meurtre emportera la peine de mort : 1) s'il a été précédé, accompagné ou suivi d'un autre crime [...] ».

à abolir la peine de mort[73] (ONU, 15 décembre 1989) et le Protocole n° 13 à la Convention de sauvegarde des droits de l'homme et des libertés fondamentales, relatif à l'abolition de la peine de mort en toutes circonstances[74] ou encore la journée mondiale contre la peine de mort initiée par la Coalition mondiale contre la peine de mort[75] et organisée chaque 10 octobre depuis 2003[76]. Elle vise notamment à inciter les États à abolir la peine de mort et à adopter un moratoire sur les exécutions[77].

Le droit international des droits humains envisage la légalité de la peine de mort dans les législations nationales lorsqu'elle est prévue par la loi, imposée par un tribunal et est l'aboutissement d'une procédure légale régulière[78]. De nombreux États ont aboli la peine de mort,[79] car elle est considérée comme une peine inhumaine et dégradante contraire à la dignité de la personne humaine[80].

---

[73] Nations Unies, Deuxième protocole facultatif se rapportant au Pacte international relatif aux droits civils et politiques, visant à abolir la peine de mort (Onu, 15/12/1989), Adopté et proclamé par l'Assemblée générale des Nations unies dans sa résolution 44/128 du 15 décembre 1989, *UN. Doc.* A/RES/44/128.

[74] Conseil de l'Europe, Protocole n° 13 à la Convention de sauvegarde des droits de l'homme et des libertés fondamentales, relatif à l'abolition de la peine de mort en toutes circonstance, Conseil de l'Europe, *Série des Traités européens*, n° 187, Vilnius, 3. V. 2022, pp. 1-3.

[75] Il s'agit d'un collectif international d'ONG, de barreaux d'avocats et d'avocates, de collectivités locales et de syndicats dont le but est de renforcer la dimension internationale du combat contre la peine de mort.

[76] Voir pour plus de détails, N. BERNAZ, *Le droit international et la peine de mort*, Paris, La Documentation française, 2008, p. 22.

[77] H. BANDOLO KENFACK, « La dignité humaine et la question de l'abolition de la peine de mort à l'ère de la menace terroriste », *La Revue des droits de l'homme*, n° 17/2020, (en ligne) https://journals.openedition.org/revdh/8131, consulté le 22/02/2024.

[78] Voir en ce sens Cour ADHP, *Affaire Ally Rajabu et autres contre République Unie de Tanzanie*, requête n° 007/2015, Arrêt du 28 novembre 2019, § 104 ; voir également CJCEDEAO, *Affaire Linda Gomez et 7 autres requérants contre République de Gambie*, Affaire n° ECW/CCJ/APP/18/12, Arrêt ECW/CCJ/JUD/05/14 du 14/06/2014, § 37, *in Cour de justice de la Communauté CEDEAO. Recueil de jurisprudence* [RJFCJC] 2014, Abuja avril 2021, p. 72.

[79] J. THEAU, « Le droit à la vie et la peine de mort », *Dialogue*, 1982, 21(1), pp. 95-110.

[80] L'Assemblée Parlementaire du Conseil de l'Europe a adopté la Résolution 1253 le 25 juin 2001 déclarant que l'application de la peine de mort « constitue une torture et une peine inhumaine ou dégradante au sens de l'Article 3 de la Convention européenne des droits de l'homme », (en ligne) https://assembly.coe.int/nw/xml/XRef/Xref-XML2HTML-fr.asp?fileid=16922&lang=fr, consulté le 22/05/2024, voir également D. Adrien,

À l'occasion de la journée mondiale contre la peine de mort du 10 octobre 2014, le Secrétaire général des Nations Unies d'alors Ban Ki-Moon avait affirmé : « La peine de mort ne dissuade pas les crimes et son abolition peut contribuer à renforcer le respect des droits de l'homme. Le fait de tuer quelqu'un est un acte irréversible que personne ne devrait infliger à une autre personne. La peine de mort est injuste et incompatible avec les droits de l'homme »[81].

Concernant les pays du Sahel étudiés ici, le Nigéria, le Niger, le Mali et le Burkina Faso appliquent encore la peine capitale. Ces législations ne sont pas en conformité avec la jurisprudence de la Cour ADHP. Il faut souligner le fait que les instances africaines de contrôle des droits humains ont considéré que la peine de mort est contraire à la CADHP.

En ce sens, la Cour ADHP souligne ceci : « La Cour tient, [...] à réitérer sa conclusion dans ses arrêts antérieurs selon laquelle la peine de mort obligatoire constitue une violation du droit à la vie ainsi que d'autres droits consacrés dans la Charte et devrait de ce fait être abrogée des lois de l'État défendeur »[82].

La jurisprudence de la CJCEDEAO abonde dans le même sens. La CJCEDEAO a « estimé que la peine de mort est un châtiment cruel et inhumain et est incompatible avec le droit à la vie »[83]. Dès lors, le Nigéria, le Burkina Faso, le Mali et le Tchad qui ont ratifié la Charte africaine doivent modifier leurs législations nationales aux fins qu'elles soient en conformité à la jurisprudence de la Cour ADHP et de la CJCEDEAO.

Il existe des sanctions sévères contre les homicides volontaires commis au Sahel. Les législations sanctionnant ces homicides sont abondantes. Toutefois, il faut qu'elles soient appliquées pour remplir

---

« Peine de mort et droits de l'homme entre enjeu géopolitique et impératif éthique », *Études sur la mort*, vol. 141, n°1, 2012, pp. 9-24.

[81] Nations Unies, 10/10/2014, « La peine de mort est une pratique cruelle contraire au principe de dignité humaine », (en ligne) https://news.un.org/fr/story/2014/10/298102, consulté le 22/02/2024.

[82] Cour ADHP, *Affaire Igola Iguna contre République de Tanzanie*, Requête n° 020/2017, Arrêt du 1er/12/ 2022, § 55 ; voir également Cour ADHP *Ally Rajabu et autres c. République-Unie de Tanzanie* (fond et réparations) (28/11/2019), 3 RJCA 562, § 112 ; Cour ADHP, *Affaire Amini Juma c. République-Unie de Tanzanie*, Requête n° 024/2016, Arrêt du 30 septembre 2021, §§ 120 à 131 et Cour ADHP, *Affaire Gozbert Henerico c. République-Unie de Tanzanie*, Requête N° 056/2016, Arrêt du 10/01/ 2022, § 160.

[83] CJCEDEAO, *Affaire Linda Gomez et 7 autres requérants contre République de Gambie*, Arrêt n° EWC/CCJ/JUD/05/14, 14/02/2024, § 54.

leurs fonctions sociales. Et c'est là où résident les principales difficultés en termes d'effectivité du droit à la vie dans les pays du Sahel.

II. Une mise en œuvre défaillante

Les pertes en vies humaines intervenues illicitement continuent à avoir lieu dans les pays du Sahel confrontés au terrorisme. Il y a lieu de préciser que les homicides dont il s'agit ici procèdent à la fois des opérations des différentes entités terroristes (A) et de la réaction des États face aux exactions des groupes terroristes (B).

A. Les violations du droit à la vie découlant des opérations des entités terroristes

Le nombre de morts entraînés par les entités terroristes au Sahel se compte par milliers entre 2023 et 2024. Selon le Centre d'étude stratégique de l'Afrique, « en 2023, le nombre de morts imputables à la violence des islamistes militants a augmenté de 20 % pour atteindre 23 000 morts. 80 % de ces décès se sont produits au Sahel »[84]. Les médias font souvent écho des massacres de populations civiles commis par des groupes terroristes dans les différents États du Sahel impactés par le terrorisme. Ces massacres constituent une négation du droit à la vie des populations civiles (1). De plus, les opérations des entités terroristes font également de nombreuses victimes chez les forces de défense et de sécurité (ci-après FDS) (2).

1. Les massacres de populations civiles par les groupes djihadistes

Les civils subissent le plus de violation du droit à la vie dans le Sahel. Ils sont des cibles faciles à atteindre et sans défense. Cette situation est exploitée par les groupes djihadistes qui les attaquent et les tuent. Les populations civiles paient le plus lourd tribut en termes de pertes en vies humaines dans les pays du Sahel où sévissent les groupes terroristes. Elles sont souvent la cible des combattants terroristes et des forces gouvernementales qui luttent contre le terrorisme. Au Burkina Faso, au Mali, au Niger, au Nigéria et au Tchad, le nombre de victimes du

---

[84] Centre d'étude stratégique de l'Afrique, « En Afrique, les morts imputables à la violence des islamistes militants continuent de monter en flèche », 30/01/2024, (en ligne) https://africacenter.org/fr/spotlight/fr-mig-2024-afrique-morts-violence-islamistes-militants/, consulté le 07/05/2024.

terrorisme s'élève à des milliers de personnes. Ce funeste décompte est lié au fait que le Sahel est devenu l'épicentre du terrorisme dans le monde. Ces dernières années, le nombre de décès dus au terrorisme dans le Sahel dépasse largement ceux de l'Asie du Sud, du Moyen-Orient et de l'Afrique du Nord. Les *Rapports Global Terrorism Index (GTI)* de 2023 et 2024[85] publiés par l'Institut pour l'économie et la paix (IEP) mentionnent des chiffres alarmants relatifs aux décès dus au terrorisme dans le Sahel[86]. Ces chiffres concernent les incidents terroristes et leurs nombres de morts commis ces dernières années. Dans tout le Sahel, 22 074 personnes ont été tuées dans 6 408 attaques terroristes entre 2007 et 2022. Concernant les cinq pays du Sahel étudiés ici, les chiffres du *GTI* 2023 relatifs aux incidents terroristes et au nombre de victimes qu'ils ont entraîné sont inquiétants. Pour l'année 2022, le Burkina Faso a compté 310 incidents terroristes et 1135 décès, le Mali 272 incidents terroristes et 944 décès, le Niger 54 incidents terroristes et 198 décès, le Nigéria 120 incidents terroristes et 385 décès, le Tchad 6 incidents terroristes et 36 décès[87].

Il y a lieu de préciser que le *GTI* 2023 ne fait pas de distinction entre les décès des civils et des membres des FDS. Cependant, les civils, notamment les femmes[88], constituent la majorité des victimes et les incidents de 2023 ont tendance à le prouver. Concernant l'année 2023, plusieurs massacres de civils ont été répertoriés par les Nations Unies, les ONG de défense des droits humains et les médias[89]. Le *GTI* 2024 indique par exemple que le Burkina Faso a enregistré 1907 décès, le

---

[85] *Rapport Global Terrorism Index* 2024, (en ligne) https://www.visionofhumanity.org/wp-content/uploads/2024/02/GTI-2024-web-290224.pdf, consulté le 28/05/2024.

[86] Rapport *Global Terrorism Idex* 2023, publié par l'Institut pour l'économie et la paix (IEP) en mars 2023 (en ligne) https://www.economicsandpeace.org/wp-content/uploads/2023/03/GTI-2023-web-170423.pdf, consulté le 27/07/2023.

[87] Rapport *Global Terrorism Idex* 2023, publié par l'Institut pour l'économie et la paix (IEP) en mars 2023 (en ligne) https://www.economicsandpeace.org/wp-content/uploads/2023/03/GTI-2023-web-170423.pdf, consulté le 27/07/2023.

[88] TH. M. FOUTEM, « Femmes et terrorisme en Afrique : enjeux et perspectives pour une négociation qui stoppe les peines de la femme victime du terrorisme au Burkina-Faso », *Revue Africaine sur le Terrorisme*, Vol. 11, n° 3, décembre 2021, p. 57 ; L. MESSIA NGONG & A. LINDA OPHÉLIE COMLAN SESSI, « Les Femmes : Victimes de l'extrémisme violent au Mali et au Nigeria », *Revue Africaine sur le Terrorisme*, Vol. 11, n° 3/12/2021, p. 175.

[89] Voir *Amnesty International*, « Rapport 2022/2023. La situation des droits humains dans le monde », pp. 25-26, https://www.amnesty.org/fr/documents/pol10/5670/2023/fr/, consulté le 2/08/2023.

Mali 753 décès, le Niger 468 décès[90]. Le Burkina Faso est le pays le plus impacté négativement par le terrorisme dans le rapport *GTI* de 2024. Tous ces décès susmentionnés sont dus à la violence extrémiste qui sévit dans le Sahel.

Il existe beaucoup d'entités terroristes actuellement actives au Sahel[91]. Elles sont impliquées dans de nombreuses exactions affectant les populations civiles. Entre 2023 et 2024, de nombreux massacres de civils par les groupes djihadistes ont été répertoriés au Sahel. À titre illustratif, les localités de Sorgha[92], Pellé, Zanna et Nongfaïré[93] au Burkina Faso ont connu des actes terroristes ou des civils dont des femmes ont été tués à travers des actes terroristes. Au Mali, la zone de l'Aéroport de Sévaré dans la région de Mopti[94], les localités de Kani-Boson ont été le théâtre de massacres de populations civiles par des groupes djihadistes[95]. Au Niger, 18 civils ont par exemple été tués dans

---

[90] *Amnesty International*, « Rapport 2022/2023. La situation des droits humains dans le monde », pp. 25-26, https://www.amnesty.org/fr/documents/pol10/5670/2023/fr/, consulté le 2/08/2023

[91] Parmi les principaux groupes terroristes auteurs de nombreuses atteintes au droit à la vie dans le Sahel, on peut lister *Al Qaïda* au Maghreb islamique (AQMI), *Boko Haram*, *Ansar Dine, Al Mourabitoun*, une organisation militaire terroriste qui est née de la collaboration entre les enturbannés (*Al-Moulatham*) le *MUJAO.* Il y a également *Ansarul Islam*, de l'État islamique dans le Grand Sahel (EIGS) et du (GSIM) GSIM, d'AQMI), de *Jama'a Nusrat Ul-Islam Wa Al Muslimin*, de l'EIGS et de Katiba Macina. Voir (Z. ABDOU ASSANE, *La lutte contre le terrorisme au Niger. Les approches juridiques*, Québec et Niamey, Éditions science et bien commun, 2020, pp. 53-57.) ; (Commissariat général aux réfugiés et aux apatride, « Situation sécuritaire du Burkina Faso », 06 octobre 2022, (en ligne) https://www.cgra.be/fr/infos-pays/situation-securitaire-49, consulté le 16 /10/2023)

[92] *Journal Libération*, 5/07/2023, « Massacre. Au Burkina Faso, une quinzaine de civils tués dans une attaque djihadiste présumée », https://www.liberation.fr/international/afrique/au-burkina-faso-une-quinzaine-de-civils-tues-dans-une-attaque-djihadiste-presumee-20230705_JPKJLC2R65HB3FL7N756AIOBMU/, consulté le 29/07/ 2023.

[93] *Journal le Temps*, 19/05/2023, « Au Burkina Faso, des attaques attribuées à des djihadistes font des dizaines de victimes civiles », https://www.letemps.ch/monde/afrique/burkina-faso-attaques-attribuees-djihadistes-dizaines-victimes-civiles, consulté le 2/08/2023

[94] *France24*, 22 avril 2023, « Mali : plusieurs civils tués dans une attaque contre un aéroport et un camp militaires », https://www.france24.com/fr/afrique/20230422-mali-un-camp-russe-attaqu%C3%A9-par-des-jihadistes-pr%C3%A9sum%C3%A9s, consulté le 02/08/2023.

[95] *Journal RTDE.be,* 24/02/2023, « Mali : au moins 13 civils tués dans une attaque imputée à des djihadistes », https://www.rtbf.be/article/mali-au-moins-13-civils-tues-dans-une-attaque-imputee-a-des-djihadistes-11158074, consulté le 2/08/2023

la localité de Tilia dans la région de Tillabéry le 5 février 2023[96]. Le Nigéria et le Tchad ne sont pas également épargnés par le massacre des civils à travers les actes terroristes menés par les groupes djihadistes. Dans le village de Dabna dans le district de Hong (État d'Adamawa) au Nigéria, douze civils ont été tués le 3 avril 2023[97]. Le lundi 8 mai 2023, le village de Don situé dans la Province du Logone-Oriental au Tchad a connu une attaque terroriste ayant entraîné la mort de dix-sept (17) civils[98]. Ces exemples mettent en lumière les massacres des civils par les entités terroristes.

De nombreux incidents terroristes sont relayés dans les médias. Le Burkina Faso, avec 8564 victimes, est encore le pays du Sahel le plus affecté par les morts dus au terrorisme entre 2023 et 2024 selon le *GTI*. Les attaques susmentionnées sont l'œuvre de groupes terroristes identifiés ou inconnus. Il s'agit d'informations disponibles et fournies par différents centres de recherches s'intéressant au terrorisme. On compte également parmi les victimes des entités terroristes les membres des FDS.

2. Les attaques meurtrières des djihadistes contre les FDS

Les membres des FDS des pays du Sahel ont subi de nombreuses pertes en vies humaines procédant des attaques terroristes. Le 27 avril 2023, trente-trois (33) soldats burkinabè ont été tués et 12 autres blessés lors d'une attaque terroriste contre un poste militaire à Ougarou à l'est du pays. De plus, le 27 juin 2023, des dizaines de soldats burkinabè et des supplétifs de l'armée dénommés Volontaires pour la défense de la patrie (ci-après VDP) ont été tués dans deux attaques de djihadistes dans le village de Noaka dans la région du centre nord et à Kourao sur l'axe Djibo-Kongoussi dans le nord du pays. Le jeudi 3 août 2023, plusieurs militaires maliens ont été tués dans une embuscade djihadiste d'un convoi de l'armée en direction du Niger dans la région de Ménaka. Le 15 août 2023, au moins dix-sept (17) militaires nigériens ont été tués dans une attaque djihadiste près de la frontière entre le Niger et le Burkina Faso. Au Nigéria, les membres des FDS sont souvent

---

[96] *Centre d'information Internet de Chine,* 5/02/2023, « Niger : 18 civils tués dans une attaque terroriste », http://french.china.org.cn/foreign/txt/2023-02/05/content_85088977.htm, consulté le 2/08/2023.

[97] *Journal le Monde avec AFP*, « Au Nigeria, une série d'attaques fait au moins douze morts », https://www.lemonde.fr/afrique/article/2023/04/03/nigeria-une-serie-d-attaques-fait-une-douzaine-de-morts_6168129_3212.html, consulté le 2/08/2023.

[98] Journal SUDQOTIDIEN, 11 mai 2023, « Tchad : 17 civils tués dans l'attaque d'un village », https://www.sudquotidien.sn/tchad-17-civils-tues-dans-lattaque-dun-village/, consulté le 2/08/2023.

ciblés par les groupes djihadistes et plusieurs massacres de soldats y ont été répertoriés. Par exemple, le 13 août 2023, vingt-six (26) membres des forces de sécurité nigérianes ont été tués dans une embuscade tendue par des hommes armés dans le centre du pays. Le Tchad subit également des attaques contre les membres des FDS. À titre illustratif, le 23 novembre 2022, entre vingt (20) à quarante (40) soldats tchadiens ont été tués dans la Province du Lac (sud-est) dans une attaque de Boko Haram.

Ces exemples de massacres de militaires par les djihadistes susmentionnés illustrent la violation systématique du droit à la vie des soldats et suscitent une interrogation quant à leur légalité. Du point de vue du DIH, un combattant djihadiste peut-il légalement tuer un militaire ?

La réponse à la question susmentionnée est négative. Même si le DIH prévoit la licéité de la mort issue des combats, les conflits armés doivent se conduire en respectant les exigences de la légalité internationale. Ainsi, un décès d'un soldat qui pourrait être justifié par une nécessité de guerre doit remplir certaines conditions[99]. Dans un conflit armé, le recours à la force létale relève de la légalité internationale, en l'occurrence, le DIH[100]. Il a été souligné que « le DIH ne s'applique qu'aux conflits armés et ne porte donc sur les actes terroristes que s'ils sont commis dans le cadre d'un conflit armé. De tels actes commis dans des situations de violence interne ou en temps de paix ne relèvent pas du DIH »[101]. De plus, les actes terroristes sont prohibés par le droit pénal interne et le droit international[102]. Ainsi, les massacres des membres des FDS ne sauraient être qualifiés d'actes licites de guerre. De nombreux actes terroristes sont en effet qualifiés de crimes de guerre. Il s'agit en particulier des « attaques contre des civils, les attaques sans discrimination, les actes ou menaces ayant pour but principal de répandre la terreur parmi la population civile et les actes de "terrorisme" ciblant des civils au pouvoir de l'ennemi »[103]. Les homicides arbitraires ne sont pas l'apanage des groupes extrémistes.

---

[99] M. GUILLAUME, « Légitimité et légalité de l'action militaire », *Revue Inflexions*, 2017/3, n° 36, pp. 67-72.

[100] CH. Vigouroux, *Du juste exercice de la force*, Paris, Odile Jacob, 2017, 304 p.

[101] M. SASSOLI, A. A BOUVIER et A. QUINTIN, *Un droit dans la guerre ? Vol.* I, *Présentation du droit international humanitaire*, 2e édition, Genève, CICR, 2012, p. 34.

[102] H-. P. GASSER, « Interdiction des actes de terrorisme dans le droit international humanitaire », *RICR*, 1986, 68(760), pp. 207-221.

[103] M. SASSOLI, A. A BOUVIER et A. QUINTIN, *Un droit dans la guerre ? Vol.* I, *Présentation du droit international humanitaire*, *op.cit.*, p. 34.

Les FDS des pays du Sahel sont souvent accusés d'homicides arbitraires.

B. Les violations du droit à la vie découlant des opérations anti-djihadistes des FDS

La lutte contre les groupes djihadistes est devenue une priorité au sein des États du Sahel. Son échec a entraîné la résurgence des coups d'État militaires notamment au Mali, au Burkina Faso et au Niger où les gouvernements civils n'avaient aucune solution efficace face à l'expansion de la violence des groupes extrémistes [104]. Malgré l'avènement des régimes militaires au Sahel, la violence et les exactions des groupes djihadistes n'ont pas reculé. De plus, la réaction des FDS face à ce fléau est de plus en plus décriée en raison des nombreuses violations du droit à la vie dont elles sont accusées. Les homicides arbitraires sont commis à la fois sur les individus supposés appartenir aux groupes djihadistes (1) et sur les populations civiles (2).

1. Les exécutions extrajudiciaires d'individus supposés appartenir aux groupes djihadistes

Les opérations antiterroristes des FDS des pays du Sahel soulèvent de multiples interrogations relatives à leur conformité à la légalité internationale. Les États du Sahel ont la charge d'assurer la sécurité des personnes et des biens sur toute l'étendue de leurs territoires. Cette tâche relève des missions régaliennes de l'État. Cependant, l'exécution de cette tâche doit se faire dans le respect de la légalité internationale à savoir le respect des exigences relatives aux droits humains et au DIH. C'est dans ce sens que le Secrétaire général des Nations Unies d'alors, Kofi Annan, avait souligné en 2006 à la suite des attentats du 11 septembre 2001 et leurs conséquences en termes de lutte internationale contre le terrorisme[105] que : « Les États doivent veiller à ce que les mesures qu'ils prennent pour lutter contre le terrorisme soient conformes aux obligations qui leur incombent en vertu du droit

[104] A.-W. ABAZE NDOMANE, « Les coups d'État : Expression du déficit démocratique en Afrique noire francophone ? » *Revue Espace Géographique et Société Marocaine,* n° 85, 2024, pp. 177-191.

[105] B. STERN, « 11 septembre 2001 : Quelles responsabilités juridiques internationales ? », *in Mélanges en l'honneur au Doyen Gérard Cohen-Jonathan, Libertés, justices, tolérance*, Bruxelles, Bruylant, 2004, p. 1473 et s.

international, notamment les instruments relatifs aux droits de l'homme, au droit des réfugiés et au droit international humanitaire »[106].

Autrement dit, la lutte contre les groupes djihadistes ne doit pas aboutir aux massacres d'individus soupçonnés d'appartenir à ces groupes sans aucune forme de procédure légale. Le cas échant, il s'agit d'exécutions extrajudiciaires prohibées par le droit international. L'exécution extrajudiciaire s'entend ici d'une violation du droit à la vie, un homicide commis délibérément par un agent de l'État ou avec son consentement sans procès préalable offrant toutes les garanties judiciaires telles qu'une procédure équitable et impartiale.

Comme l'a fait remarquer l'Assemblée parlementaire du Conseil de l'Europe dans une résolution, « le terrorisme peut et doit être combattu par des voies qui respectent pleinement les droits de l'homme et le principe de la prééminence du droit, excluant toute forme d'arbitraire. L'injustice nourrit le terrorisme et sape la légitimité de la lutte contre ce dernier »[107]. Lutter contre le terrorisme en dehors du respect des exigences légales ne fait que renforcer le terrorisme, car une violence illégale de l'État vient s'ajouter à la violence illicite des entités terroristes.

La capture des éléments supposés appartenir aux groupes djihadistes présente de nombreux avantages dans la lutte anti-djihadiste. La capture des terroristes est essentielle aux fins de lutter efficacement contre le terrorisme. Elle favorise l'obtention d'informations permettant de remonter les filières djihadistes, de mener des interrogatoires pouvant aboutir à une meilleure connaissance des mécanismes psychosociaux du djihadisme, les origines des djihadistes, les conditions de recrutement, de formation, les zones contrôlées par ces groupes djihadistes, etc. L'exécution sommaire des individus suspectés de terrorisme prive systématiquement les services de sécurité des États d'informations très utiles pour mieux lutter contre le terrorisme. Dès lors, la capture des individus suspectés de terrorisme doit être privilégiée par les États. Ce faisant, les États remettent la justice au cœur de la lutte contre le terrorisme et l'éloignent davantage des

---

[106] Nations Unies, « S'unir contre le terrorisme : recommandations pour une stratégie antiterroriste mondiale », Rapport du Secrétaire général, 27 avril 2006, *Doc. ONU, A/60/825*, § 112, p. 26, (en ligne) https://www.un.org/french/unitingagainstterrorism/a60825.pdf, consulté le 24/10/2023.

[107] Résolution 1634 (2008) « Proposition d'une loi autorisant la détention « pré-inculpation » de 42 jours au Royaume-Uni », 2/10/2008.

clivages politiques. Ainsi, les sanctions juridictionnelles prises sur le fondement de la Constitution seront moins critiquables que celles relevant du pouvoir exécutif, en l'occurrence, les éliminations physiques des individus suspectés de terrorisme [108]. L'élimination physique des individus suspectés de terrorisme ne doit intervenir qu'en cas de nécessité absolue, c'est-à-dire, lorsqu'il n'existe aucune autre solution possible pour faire face à une situation de violence qui menacerait réellement la vie des membres des FDS ou de la population civile. La pratique des États du Sahel en matière de lutte antiterroriste a démontré plusieurs atteintes au droit à la vie constituées de multiples exécutions extrajudiciaires. Il s'agit de nombreux cas de massacres d'éléments armés supposés appartenir aux groupes djihadistes sans l'application d'aucune procédure légale. La pratique de nombreux États luttant contre le terrorisme a tendance à démontrer qu'il existerait une « norme tacite » menant à l'exécution des individus suspectés de terrorisme[109]. Cette situation n'est pas en conformité, ni avec le droit interne, ni avec le droit international liant ces États du Sahel.

Plusieurs massacres emblématiques de terroristes dans les pays du Sahel attestent l'existence d'exécutions sommaires commises par les FDS durant les opérations antidjihadistes. Au mois de février 2019, l'armée burkinabè avait déclaré avoir neutralisé 146 terroristes lors d'une vaste opération à Kain et Bahn dans le Nord. Le mouvement burkinabè des droits de l'homme et des peuples (MBDHP), quant à lui, accusait l'armée burkinabè d'« exécutions sommaires de soixante personnes » pour la seule ville de Kain. Au Mali, un rapport du Haut-commissariat des Nations Unies aux droits de l'homme accuse l'armée malienne d'avoir exécuté en mars 2022 au moins 500 personnes lors d'une opération anti-djihadiste à Moura dans le Centre du pays. L'armée malienne avait déclaré avoir tué 203 terroristes et capturé 51 autres. Ensuite, elle avait démenti les accusations de l'ONU dans un communiqué du 5 avril 2022. Le 13 mai 2020, le ministère nigérien de la Défense avait déclaré avoir tué 25 terroristes à Difa ainsi qu'une

---

[108] J-. C. MARTIN, « Les assassinats ciblés de terroristes présumés et l'argument de la nécessité », *L'État de nécessité en droit international,* Colloque de Grenoble, SFDI, 2006, pp. 297-306 ; H. TIGROUDJA, « La Cour Suprême israélienne et la protection des personnes en temps de conflit armé », *RGDIP*, 2009, pp. 555-587.

[109] *Le Club de Mediapart*, « Exécution sommaire du suspect : nouvelle norme en matière de terrorisme », Billet de Blog, 19/10/2020, (en ligne) https://blogs.mediapart.fr/horslesmurs/blog/191020/execution-sommaire-du-suspect-nouvelle-norme-en-matiere-de-terrorisme, consulté le 27/10/2023.

cinquantaine d'ennemis dans la zone du Lac Tchad sur le territoire du Nigéria dans deux opérations de la force régionale de lutte contre les djihadistes. Le Nigéria fait également partie des États accusés d'exécutions sommaires notamment sur les combattants de Boko Haram et de l'État islamique en Afrique de l'Ouest (ISWAP). Par exemple, le mercredi 18 février 2016, l'armée nigériane a affirmé avoir tué plus de 300 combattants de Boko Haram en reprenant la ville garnison de Monguno dans l'État de Borno au Nord-Est du pays. Cette ville avait été prise par les islamistes au mois de janvier 2016. Le samedi 16 avril 2022, l'armée de l'air nigériane a annoncé avoir tué plus de 70 combattants présumés affiliés à ISWAP. Le samedi 17 avril 2021, le porte-parole de l'État-Major de l'armée tchadienne a déclaré que plus de 300 terroristes ont été neutralisés et 150 autres faits prisonniers au cours d'affrontements au nord de la province tchadienne du Kanem à l'ouest du pays.

Ces exemples de tueries susmentionnés peuvent être assimilés à des exécutions sommaires prohibées par le droit international. Les organes de contrôle des droits humains chargés de veiller au respect des instruments de protection des droits humains liant les États du Sahel étudiés ici ont très souvent insisté sur l'interdiction des exécutions sommaires.

Dans l'affaire *SERAP*, la Commission africaine des droits de l'homme et des peuples a rappelé tout d'abord que : « l'article 4 de la Charte africaine des droits de l'homme et des peuples impose aux États-parties l'interdiction d'exécution arbitraire par les agents de l'État et le contrôle strict des conditions dans lesquelles une personne peut être privée de la vie par les autorités publiques »[110].

Or, les violations du droit à la vie, objet de cette analyse, interviennent toutes dans le cadre de la lutte anti-djihadiste. De ce fait, elles sont toutes commises par les membres des FDS qui sont des agents de l'État. La CJCEDEAO s'est prononcée à de nombreuses reprises contre les exécutions sommaires des citoyens par les agents de l'État. Elle avait précisé qu'un « policier, auteur du meurtre, est un agent de l'État [...] qui a le devoir de protéger ses citoyens »[111]. La Cour précise que le policier a failli à l'obligation qui est la sienne lorsqu'il tue à bout

[110] Cité *in* Cour de justice de la CEDEAO, *Affaire de Pakile Gnadawolo Kolie et autres contre République de Guinée*, Arrêt n° EWC/CCJ/JUD/25/20, 10/11/2020, § 48.

[111] Cour de justice de la CEDEAO, affaire *Thankgod Legbara David et 4 autres contre Nigéria*, Arrêt n° EWC/CCJ/JUD/18/17, 23/11/2017, § 25.

portant un citoyen[112]. De même dans l'affaire de *Pakilé Gnadawolo Kolie,* la CJCEDEAO « relève dans le cas d'espèce [...] qu'il ne fait aucun doute qu'une atteinte grave et irréversible a été portée au droit à la vie de Nyankoye Kolie et Moriba Kolie dès lors que ces derniers ont été abattus à bout portant »[113]. Cette jurisprudence abondante démontre la nécessité d'éviter toutes pertes en vies humaines intervenues en dehors du respect des exigences légales en ce domaine. Les homicides arbitraires des civils commis durant les opérations antiterroristes doivent également être évités.

2. Les pertes en vies humaines chez les civils procédant des opérations anti-djihadistes

Le massacre des civils est également relevé à travers la réaction des forces armées gouvernementales qui luttent contre le terrorisme. Des incidents attribués aux FDS ont entraîné de multiples massacres de populations civiles dans le Sahel[114]. Or, dans le préambule de la *Charte du Liptako-Gourma* instituant une Alliance des États du Sahel (Burkina Faso, Mali et Niger), les trois États précités déclarent être « conscients de la responsabilité de protéger les populations civiles en toutes circonstances »[115]. Or, le comportement des FDS de ces États n'est pas souvent en conformité avec la protection des populations civiles susmentionnée. La réaction des FDS est souvent dirigée contre les populations civiles. Certains incidents intervenus au Sahel témoignent des attaques des FDS à l'encontre des civils. La lutte antiterroriste menée par les FDS dans les pays du Sahel est émaillée de plusieurs bavures. Des massacres emblématiques de populations civiles par les FDS ont été notés et largement documentés notamment par les ONG de

---

[112] *Ibidem*, § 24.

[113] CJCEDEAO, *Affaire Pakile Gnadawolo Kolie et autres contre République de Guinée*, Arrêt n° EWC/CCJ/JUD/25/25, 10/11/2020, § 44.

[114] A. LEBOEUF, « Les armées africaines et la lutte contre le terrorisme », *RAMSES*, 2017, pp. 84-89.

[115] Alliance des États du Sahel, *Charte du Liptako-Gourma instituant l'Alliance des États du Sahel entre le Burkina Faso, la République du Mali, la République du Niger*, 16/09/2023, https://mjp.univ-perp.fr/constit/sahel2023.htm, consulté le 02/05/2023 ; pour plus de détails sur cette Charte, voir Tombouctou Institute (African Center For Peace Studies), « Charte du Liptako-Gourma : Un pacte "kaki" contre le mécanisme de sécurité collective ? », en ligne https://timbuktu-institute.org/index.php/toutes-l-actualites/item/752-charte-du-liptatko-gourma-un-pacte-kaki-contre-le-mecanisme-de-securite-collective, consulté le 02/05/2024.

défense des droits humains. Il s'agit là d'une situation déplorable attestant l'incapacité des États du Sahel à lutter efficacement contre le terrorisme. La CJCEDEAO a « soulign(é) que les agents de l'ordre, même en mission officielle sont tenus au respect des droits de l'homme internationalement garantis »[116]. Cette exigence implique le respect du droit à la vie qui doit se traduire par la protection des personnes civiles durant les opérations militaires antiterroristes.

Les incidents suivants ayant entraîné des morts chez les populations civiles tendent à démontrer l'existence de bavures des FDS des pays susmentionnés dans leurs opérations antiterroristes. Selon Human Rights Watch, l'armée Burkinabè a exécuté sommairement, au moins 223 civils dont 56 enfants dans deux villages (Nondin et Soro) le 25 janvier 2024. Le massacre de Karma commis au Burkina Faso le 20 avril 2023 a entraîné la mort de 147 civils tués par des hommes en tenue militaire. Au Mali, au moins cinq cents (500) civils ont été tués lors du massacre de Moura. Au Niger, l'armée a été accusée d'avoir tué de nombreux civils durant une opération antiterroriste visant à riposter à la mort de deux policiers occasionnés par des djihadistes. L'armée avait bombardé un site d'orpaillage clandestin proche de la localité de Tamou censé abriter les terroristes accusés d'avoir tué deux policiers. L'organisation de la société civile Tournons la page (ci-après TLP) avait estimé que la frappe aérienne avait fait beaucoup de victimes civiles alors que l'armée estimait que la frappe n'avait visé qu'un hangar dans lequel les terroristes s'étaient retranchés. De même, au Nigéria, l'armée a reconnu, après une forte pression de la communauté internationale, un bombardement dans la localité de Kwatiri dans l'État de Nasarawa en janvier 2023. Le bombardement avait touché un groupe d'éleveurs de bétail et trente-neuf civils avaient été tués. Au Tchad, la répression du jeudi 20 octobre 2022 (encore appelé Jeudi Noir) a entraîné plus de 218 morts chez les populations civiles qui manifestaient contre la prolongation de la période de transition. Même si ce massacre de populations civiles n'est pas lié à la lutte contre le terrorisme, elle constitue une atteinte au droit à la vie. Cette situation est d'autant plus regrettable que le Conseil national de transition (CNT), organe législatif de la transition, a voté une amnistie générale pour les auteurs de la répression meurtrière de 2022 au nom de la réconciliation nationale.

---

[116] CJCEDEAO, *Affaire Madame Bintou Cissé contre République de Guinée*, Arrêt n° ECW/CCJ/JUD/10/18 du 23 avril 2018, § IV. 22, p. 18.

Ces exemples de massacres de civils parmi tant d'autres attribués aux FDS méritent réflexion. En effet, il s'agit d'une situation déplorable attestant l'incurie des États à faire face à l'extrémisme violent. Dans une telle situation, les FDS ont tendance à s'attaquer aux cibles faibles et faciles à atteindre, en l'occurrence, la population civile. Cette stratégie est infructueuse, car, faute de coopération de la population civile, il est difficile pour les FDS de lutter efficacement contre les groupes djihadistes. Cette situation s'explique par les difficultés des autorités centrales des pays du Sahel à contrôler toute l'étendue de leurs territoires. Les populations civiles habitant dans les localités souvent attaquées par les terroristes peuvent fournir des renseignements très utiles aux FDS. Le massacre des civils par les FDS, en plus de constituer des violations graves du DIH, est contreproductif. Il entraîne systématiquement la méfiance des populations civiles et le manque de collaboration avec les FDS. Or, l'implication des populations civiles est indispensable au succès des opérations militaires antiterroristes. Les bavures militaires contre les populations civiles font penser que les terroristes sont des deux côtés[117]. Les civils se trouvent entre le marteau des attaques des djihadistes et l'enclume des opérations militaires antiterroristes dont ils sont souvent les cibles. Les bavures répétées des militaires contre les civils érodent la confiance des civils et leur soutien à l'égard des opérations antiterroristes.

Les victimes du terrorisme au Sahel se comptent par milliers. Les personnes humaines y sont tuées de manière violente voire barbare sans aucune forme de prise en considération de l'inviolabilité du droit à la vie. Les homicides deviennent banals de telle sorte qu'ils sont considérés comme étant des moyens parmi tant d'autres de répandre la terreur et d'atteindre leurs objectifs. Cette trivialité de la mort des êtres humains dans le Sahel nous interpelle tous ! Ces morts innombrables ne sauraient être rangés au rayon des dommages collatéraux sans aucune forme de prise de considération. Il existe un intérêt indéniable des pays du Sahel à protéger, de manière effective, le droit à la vie des individus se trouvant sur leurs territoires. Au sein de la communauté internationale surgit actuellement l'idée maîtresse selon laquelle la finalité de toute institution sociale réside dans la recherche du bien-être de la personne humaine. L'État, en tant qu'institution sociale, ne saurait

[117] O. MODERAN, H. SOULEY BAKO et P.-S. HANDY, « La lutte contre le terrorisme au Sahel inflige un lourd tribut aux civils », *Institut des études de sécurité* (ISS Today), 14/04/2021, (en ligne) https://issafrica.org/fr/iss-today/la-lutte-antiterroriste-au-sahel-inflige-un-lourd-tribut-aux-civils, consulté le 21/08/2023.

avoir d'autres desseins que la recherche du bien-être optimal de sa population. C'est dans cette optique que l'ensemble des États du Sahel a massivement adhéré aux différents instruments internationaux et régionaux de protection du droit à la vie. Une telle démarche implique des obligations mises à la charge des États.

Conclusion

Depuis quelques années, l'extrémisme violent sévit dans la région du Sahel à la faveur des crises socio-politiques. Cette situation a favorisé le terrorisme et a entraîné la réapparition des coups d'État militaires. Le Sahel qui est devenu l'épicentre du terrorisme a enregistré de nombreux décès. Ces derniers sont souvent intervenus de manière illégale voire arbitraire, soit du fait des groupes djihadistes soit du fait de la réaction des FDS face aux exactions des groupes djihadistes. Les milliers de victimes du terrorisme et de la lutte antiterroriste au Sahel sont déplorables. Il s'agit d'une violation du droit à la vie consacré dans l'ordre juridique interne des États du Sahel. Les actions terroristes qui ne peuvent légalement être justifiées, car illégales et la lutte antiterroriste menée par les FDS doivent trouver leurs limites dans le respect du droit à la vie. Ce droit sacré ne doit être violé sous aucun prétexte. La protection du droit à la vie en toutes circonstances revient à replacer la sacralité de la vie humaine au centre de toutes les préoccupations sociétales. Même dans une situation de difficulté sécuritaire, les États du Sahel doivent prendre constamment en considération l'exigence de la protection de la vie des personnes humaines se trouvant sur leurs territoires[118]. Les exigences relatives à la protection des droits humains militent en faveur de l'impératif de remettre l'être humain et la protection de sa vie au-dessus de toutes les préoccupations même durant un contexte sécuritaire complexe tel que celui qui prévaut dans les pays du Sahel affectés par le terrorisme[119].

---

[118] M.-A. A. KOUNDY, *Les vicissitudes de l'État de droit à l'preuve de la lutte contre le terrorisme au Sahel*, Paris, Le Lys Bleu éditions, 2024, 252 p.
[119] F. LONCLE F. et H. PLAGNOL, « La situation sécuritaire dans les pays de la zone sahélienne », *Rapport d'information de la Commission des Affaires étrangères*, Assemblée Nationale, n ° 4431, 6 mars 2102, p. 9.

LA PROTECTION DES DROITS DES TRAVAILLEURS MIGRANTS DANS L'ESPACE CEDEAO

Par
Nfally CAMARA
Docteur en Droit public/Enseignant chercheur à la Faculté des Sciences juridiques et politiques de l'Université Cheikh Anta Diop de Dakar (Sénégal)

Introduction

« *Les débats sur les politiques migratoires ne se déroulent pas dans un vide juridique, dans un espace de non-droit où régnait la raison d'État* »[1]. Les migrations, qui sont un phénomène vieux comme le monde, prennent aujourd'hui une importance et une place inattendues, à la fois pour les pays d'émigration et pour ceux d'immigration[2]. De nombreux Africains, femmes, hommes, enfants et jeunes, décident de migrer, seuls ou en groupe, afin d'améliorer leurs conditions de vie, de chercher de nouvelles opportunités ou de poursuivre leurs propres objectifs et projets de vie[3]. Dans cette perspective, la migration de main-d'œuvre a joué un rôle majeur pour pallier les besoins de l'agriculture, de la construction et d'autres secteurs d'activité et a ainsi contribué au développement économique de nombreux pays de l'espace CEDEAO[4].

En effet, la CEDEAO, organisation d'intégration économique et monétaire en Afrique de l'Ouest, a pour objectif, selon les termes de son Acte constitutif (traité du 28 mai 1975 révisé en 1993) de

[1] DECAUX Emmanuel, « Droits des travailleurs migrants et droit international des droits de l'homme », in *Migrations Société*, 2008/3, n° 117-118, pp. 185-198.

[2] BEN LTAIEF Leila, « Impact de la migration sur la croissance économique dans les pays de l'OCDE », *Revue européenne des migrations internationales*, vol. 34 - n° 4 | 2018, pp. 167-193.

[3] https://lemag.ird.fr/fr/migrations-africaines-au-dela-des-frontieres en ligne janvier 2022, consulté le 10 janvier 2023.

[4] OUEDRAOGO Dieudonné, « Migrations circulaires et enjeux identitaires en Afrique de l'Ouest, les Cahiers du Grecs, 3, (1), 2002, pp. 7-23.

« promouvoir la coopération et l'intégration dans la perspective d'une Union économique de l'Afrique de l'Ouest en vue d'élever le niveau de vie de ses peuples, de maintenir et d'accroître la stabilité économique, de renforcer les relations entre les États membres et de contribuer au progrès et au développement du continent africain ». Un tel projet implique la liberté de circulation des « facteurs de production » que sont les hommes, les marchandises et les capitaux. La liberté de migration des personnes est donc au cœur de cette entreprise d'intégration[5]. Mais, la décision de migrer n'est pas toujours un processus simple, il y a des cas où elle est fortement influencée par des facteurs complexes, surtout avec le contexte sécuritaire actuel de la sous-région qui amène certains États à ne pas appliquer les décisions ou recommandations des instances communautaires[6]. Il faut retenir que la discipline communautaire est la voie obligée de l'intégration. Celle-ci commence par la ratification et l'incorporation des textes communautaires dans l'ordre interne afin de mettre en œuvre les principes dégagés par les organes de la CEDEAO relativement à la protection des travailleurs migrants.

La mobilité doit être perçue dans l'espace comme un moteur de développement économique et social et pouvant contribuer dans une large mesure à la réalisation de l'intégration[7]. C'est dans ce sens que plusieurs « Protocoles » furent adoptés relativement aux « trois libertés » dont chacune a fait l'objet d'un instrument communautaire spécifique[8].

La question migratoire, saisie par le droit de la CEDEAO, est symptomatique de la volonté d'organiser, par les normes, la question identitaire de la rencontre de l'autre. La volonté conventionnelle de

---

[5] AYENI Queen Olubukola et Bassey OBEN, « Les défis de l'intégration régionale en Afrique de l'Ouest, International journal of Current innovations in Advanced Research, 2018, 1 (3), pp. 46-53.

[6] RAFID (2 novembre 2022). Migrations transfrontalières et défis sécuritaires en Afrique. RAFID. Consulté le 20 octobre 2024 à l'adresse https://doi.org/10.58079/t9c9.

[7] TRAORE Adama, le processus d'intégration dans l'espace CEDEAO, Éditions universitaires européennes, EUE, 2016, 56 p. V. P. 6.

[8] Le Protocole du 29 mai 1979 relatif à la « liberté de circulation », modifié et complété par un Protocole adopté en juillet 1989 ; le Protocole du 1er juillet 1986 sur le « droit de résidence » ; le Protocole du 29 mai 1990 sur le « droit d'établissement ». Dans le même sillage, on peut citer l'article 59 alinéa 1er du Traité (intitulé « Immigration »), aux termes duquel « Les citoyens de la Communauté ont le droit d'entrée, de résidence et d'établissement et les États membres s'engagent à reconnaître ces droits aux citoyens de la Communauté sur leurs territoires respectifs, conformément aux protocoles y afférents ».

normer l'altérité répond à une préoccupation civilisationnelle de vivre-ensemble. C'est un lieu commun de considérer la mobilité comme un prérequis à la réalisation des droits de l'homme. Ces droits codifient un idéal humaniste à travers la célébration de l'individu qui a droit de circuler librement et de travailler dans l'espace communautaire[9].

Les migrations volontaires permettent aux personnes de quitter leurs pays pour des motifs purement économiques soit à la recherche de meilleures conditions de vie ou d'emploi. Néanmoins, la décision de migrer n'est pas toujours un processus simple, il y a des cas où la décision de migrer est fortement influencée par des facteurs complexes.

En revanche, la pression de la mobilité des populations dans le cadre des migrations de ces dernières années a mis en avant le rôle de certains États dans la régulation des mouvements migratoires en adoptant soit des politiques sectorielles, soit une politique globale nationale en matière de migration[10]. Les migrations internationales et intrarégionales africaines se trouvent, dès lors, soumises à des contraintes législatives et réglementaires de plus en plus restrictives pour des considérations de sécurité intérieure ou l'exécution d'un agenda extérieur de lutte contre l'immigration européenne[11].

Ainsi, au sein de l'espace CEDEAO, les conditions de séjour et d'établissement des migrants à la recherche de mains-d'œuvre se sont détériorées sous le prétexte de la sécurité intérieure des États membres. Elles se traduisent soit par des restrictions dans l'accomplissement de leurs droits, soit par l'absence d'un cadre juridique spécifique de protection. Pour éviter le risque d'exclusion des travailleurs migrants aux avantages relatifs au travail dans les pays d'accueil, la Commission des affaires sociales de la CEDEAO, sachant que la sécurité sociale demeure une compétence nationale des États, a adopté une convention générale sur la sécurité sociale en 1993[12]. La Convention repose sur le

---

[9] NUTEFE TSIGBE Koffi et BAKAYOTA KPAYE Koffi, « La question de la libre circulation des biens dans l'espace CEDEAO (1975 - 2015) », *Revue Interventions économiques* [En ligne], Hors-série. Transformations | 2017, mis en ligne le 01 mars 2017, consulté le 16 décembre 2022.

[10] V. à cet effet, le document de politique nationale de migration du Sénégal adopté techniquement depuis 2018.

[11] TADONKI Georges, « Hypocrites Européens : le droit des Africains à l'immigration », *Outre-Terre* 2006/4, n° 17, pp. 27-31.

[12] La Convention générale de sécurité sociale de la CEDEAO a été établie en 1993 dans le but de surmonter ces difficultés. Elle a ensuite été adoptée en décembre 2012 par les ministres du Travail et des Affaires sociales de la CEDEAO et en 2013 par les chefs d'État comme Acte additionnel au Traité révisé de la CEDEAO.

principe de l'égalité de traitement entre travailleurs migrants et ressortissants du pays d'accueil et s'inspire largement des Conventions de l'OIT, notamment les suivantes : Convention (no 102) concernant la sécurité sociale (norme minimum), 1952 ; Convention (no 118) sur l'égalité de traitement (sécurité sociale), 1962 ; et Convention (no 157) sur la conservation des droits en matière de sécurité sociale, 1982. Elle s'applique aux domaines clés de la sécurité sociale et concerne tous les travailleurs ressortissants d'un État membre de la CEDEAO, ainsi que les membres de leur famille et leurs survivants. La Convention garantit la transférabilité des droits de sécurité sociale des travailleurs migrants, le cumul des droits acquis pendant la période totale d'emploi ou de cotisation et l'exportation de prestations à l'étranger. D'où l'intérêt de la présente réflexion sur « la protection des droits des travailleurs migrants dans l'espace CEDEAO ».

Le travailleur migrant s'entend « de toute personne qui va exercer, exerce ou a exercé une activité rémunérée dans un État dont elle n'est pas ressortissante[13].

L'Afrique de l'Ouest est un espace de brassage qui a toujours attiré de nombreuses populations migrantes de par sa position géographique privilégiée, tournée vers l'Atlantique et vers le Maghreb.

Sous ce rapport, la CEDEAO, au lendemain des indépendances, s'était penchée sur la question de la mobilité pour renforcer la liberté des échanges et faciliter la libre circulation des personnes dans l'espace communautaire[14]. En effet, le développement de la mobilité de travail a contribué à la mise en place de cadres juridiques relatifs à la protection des travailleurs migrants et dans une certaine mesure, les membres de leurs familles. Il existe bon nombre de conventions internationales, régionales et sous-régionales concernant les droits des personnes impliquées dans la migration de travail qui prévoient des mécanismes destinés à protéger l'être humain où il se trouve et dans n'importe quelle circonstance.

Mais, il s'avère que la politique de migration des États membres de la CEDEAO ainsi que le cadre législatif et réglementaire en matière de

[13] Voir l'article 2 paragraphe 1 de la Convention de l'ONU sur la protection des droits de tous les travailleurs migrants et les membres de leurs familles. Il existe plusieurs catégories de travailleurs migrants, notamment les travailleurs frontaliers, les travailleurs saisonniers, les gens de mer, les travailleurs d'une installation en mer etc.

[14] NDIAYE Babacar, « Comprendre l'intégration économique régionale de la CEDEAO et ses répercussions sur la mobilité des travailleurs migrants », Abidjan 2014, 13p.

migration de travail vise plutôt les travailleurs nationaux et n'accorde pas une protection étendue aux travailleurs migrants ; qu'ils soient en situation régulière ou irrégulière[15]. C'est à cette réflexion, articulant politique migratoire des États et protection des droits des travailleurs migrants dans l'espace CEDEAO, que cette contribution souhaite s'attacher.

D'ailleurs, la politique migratoire de bon nombre d'États de l'espace traite de manière marginale la situation des travailleurs migrants. Il s'agit d'une politique tournée vers la réglementation de l'émigration et de l'immigration irrégulières pour contenir ou restreindre la mobilité, en tant qu'État de départ, de transit ou d'accueil, en imposant des mesures souvent qui violent les conventions adoptées par l'État.

Dès lors, la question principale que pose la présente contribution est la suivante : les droits des travailleurs migrants dans l'espace CEDEAO sont-ils effectivement protégés par les États membres ?

L'objectif de cette contribution est d'évaluer, d'une part, à partir des instruments juridiques dont elle s'est dotée et, d'autre part, à la lumière des réalités de mise en œuvre de l'intégration économique initiée par la CEDEAO depuis sa création, la portée de la protection des travailleurs migrants. Il existe de plus en plus des politiques nationales de migration des États membres de la CEDEAO qui ne sont pas très favorables à la protection des travailleurs migrants internes et externes.

Cette réflexion ne prétend pas aborder dans son ensemble la question des migrations en Afrique de l'Ouest ; mais plutôt de voir l'état de protection des droits des travailleurs migrants sur le territoire des États membres, mais aussi des travailleurs migrants ressortissants de ces États et résidants à l'étranger.

En effet, deux conventions de l'Organisation internationale du Travail (OIT), l'une relative aux migrations internationales pour motifs économiques et l'autre instituant des normes internationales pour la protection des migrants et l'égalité de traitement, ont suscité des réticences de la part de beaucoup d'États africains, notamment le Sénégal qui n'a pas ratifié les dispositions additionnelles à la Convention sur les travailleurs migrants[16]. La Gouvernance bilatérale

[15] A retenir que les travailleurs migrants dépourvus de documents sont des migrants non autorisés à entrer, séjourner et exercer une activité rémunérée dans l'État d'emploi conformément à la législation dudit État et aux accords internationaux auxquels il est partie.

[16] Il s'agit de la Convention OIT sur la Migration pour l'Emploi (n° 97, révisée) et la Convention OIT sur la Migration dans des conditions abusives et la Promotion de

des migrations, basée sur les accords entre les États, concerne plus la migration de travail et la sécurité sociale. Le troisième instrument est la Convention internationale sur la protection des droits de tous les travailleurs migrants et des membres de leur famille adoptée par l'Assemblée générale des Nations unies le 18 décembre 1990[17]. Ce texte se présente comme le plus abouti en matière de protection de tous les travailleurs migrants en étendant cette protection aux membres de leurs familles[18].

En plus, cette convention fait état de différentes formes de migration de travail, énoncées dans l'article 2 : migrations frontalières, saisonnières, celles des gens de mer et des itinérants, celles liées à un emploi spécifique (le travail indépendant, par exemple). Elle pose la règle de « la non-discrimination » (article 7) avant de détailler tous les droits des travailleurs, reprenant certaines des formules des textes fondamentaux comme la Déclaration universelle des droits de l'homme de 1948[19]. Elle traite aussi des droits supplémentaires pour les migrants en situation régulière. Il faut mentionner que tous les droits précédemment énoncés s'appliquent aux migrants en situation irrégulière ou régulière. En procédant de la sorte, la convention cherche à protéger tous les travailleurs migrants contre les législations et les pratiques des États.

Certains États de la CEDEAO bien que partie prenante à la convention de 1990 sur la protection des droits de tous les travailleurs

---

l'égalité et du traitement des travailleurs migrants (n° 143) entrée en vigueur le 9 décembre 1978. Il faut noter qu'en sus de ces deux conventions, le Sénégal n'a pas ratifié la Convention (n° 189) sur les travailleuses et travailleurs domestiques, 2011, entrée en vigueur (septembre 2013 ; la Convention (181) sur les Agences d'emploi privée, 1997 etc.

[17] Entrée en vigueur en 2003 (le Sénégal ne l'a pas signée mais y a adhéré le 9 juin 1999.

[18] Le Préambule de cette convention stipule que face « à l'importance et [à] l'ampleur du phénomène migratoire, qui [...] affecte un grand nombre de pays de la communauté internationale » et étant donné la « vulnérabilité » des migrants et de leur famille insuffisamment protégée, il est nécessaire « d'instituer la protection internationale des droits de tous les travailleurs migrants et des membres de leur famille en réaffirmant et en établissant des normes de base ».

[19] Notamment, le droit de quitter son État et d'y revenir, droit à la vie et protection contre la torture et l'esclavage, droit d'opinion et de religion, droit à la vie privée, à la liberté et à la sécurité de la personne, droit à une justice équitable, droit à la dignité, droit à la protection diplomatique, droit à la sécurité sociale, aux soins médicaux, à l'identité culturelle, à l'éducation.

migrants et des membres de leur famille, consacrent peu d'efforts à la protection des migrants en situation irrégulière[20].

La protection des droits fondamentaux des travailleurs migrants relève d'une obligation générale des États de protéger tous les êtres humains relevant de leur juridiction contre les violations par des tiers ou des agents de l'État. Les États doivent veiller à ce que les non-nationaux ne soient pas arbitrairement privés de leurs droits fondamentaux civils et politiques ainsi que des droits économiques socio-culturels[21]. L'utilité d'une protection du travailleur migrant apparaît, en raison de la vulnérabilité dans laquelle il peut se trouver au cours du voyage ainsi que dans le cadre du séjour dans le pays d'accueil. Ces différentes analyses permettront de montrer que la question de la migration de travail ne peut être réduite aux migrants en situation régulière en application des conventions internationales, notamment celles prévoyant la protection de tous les travailleurs migrants sans aucune distinction[22]. À la lumière de ces considérations, il convient d'analyser, dans un premier temps, que la protection des droits des travailleurs migrants est stipulée dans les textes fondamentaux universels et communautaires de l'espace CEDEAO relatifs aux travailleurs migrants **(I)** avant de montrer, dans un second temps, que cette protection est obstruée par la pratique des États **(II)**

---

[20] La convention sur la protection des droits de tous les travailleurs migrants et des membres de leur famille a été ratifiée par huit pays de la CEDEAO (Burkina Faso, Cap-Vert, Ghana, Guinée, Mali, Niger, Nigeria et Sénégal), ce qui, par comparaison à d'autres régions du monde, est un nombre assez élevé. Le Bénin, la Guinée-Bissau, le Libéria, la Sierra Leone et le Togo ont signé la convention mais ne l'ont pas ratifiée. Cela signifie que la convention devient un cadre juridique mitigé dans le domaine de protection des travailleurs dans l'espace CEDEAO.

[21] KOMBILA Hileme, « Le respect des droits fondamentaux des migrants non ressortissants de l'Union européenne, informations sociales, vol. 194, n°3, 2016, pp. 1-32.

[22] BEYANI, « Quelques aspects juridiques de la migration », in Ellis St. (dir.) *Afrique maintenant*, Karthala, 1995, pp. 413-428 ;

I. Une protection des droits des travailleurs migrants stipulée

La stipulation de la protection des droits des travailleurs migrants dans l'espace CEDEAO repose sur un cadre juridique régional et international visant à garantir leurs droits fondamentaux.

La protection des droits fondamentaux des travailleurs migrants est garantie par l'affirmation de cadres juridiques **(A)**, mais aussi par la détermination des droits devant être protégés **(B)**.

A. L'affirmation de cadres juridiques de protection des travailleurs migrants

La protection des droits des travailleurs migrants est visée dans plusieurs instruments internationaux non spécifiques, mais a également conduit à l'adoption de normes protectrices qui leur sont propres. La prise de conscience du besoin de protection des travailleurs migrants par des instruments internationaux **(1)** et par des textes au niveau de la CEDEAO **(2)** va leur permettre de bénéficier de droits contribuant à l'émergence d'un statut juridique propre.

1. Le cadre juridique universel de protection

La problématique de la protection internationale des travailleurs migrants n'est pas apparue avec l'ONU, mais celle-ci a réellement fait office de précurseur en la matière à travers l'Organisation internationale du Travail (OIT)[23]. Au terme du préambule de sa Constitution, une des missions de l'OIT est de protéger les intérêts des travailleurs étrangers[24].

Si certaines conventions s'appliquent aux travailleurs migrants en vertu du principe de non-discrimination, deux conventions spécifiques

---

[23] En 1946, l'Organisation internationale du travail (OIT), devient la première agence spécialisée des Nations unies. Sa mission est de rassembler gouvernements, employeurs et travailleurs de ses États membres dans le cadre d'une institution tripartite, en vue d'une action commune pour promouvoir les droits au travail, encourager la création d'emplois décents, développer la protection sociale et renforcer le dialogue social dans le domaine du travail. En 2022, l'Organisation regroupe 187 États membres.

[24] Constitution de l'Organisation internationale du travail, 28 juin 1919, consultable sur http://www.ilo.org/dyn/normlex/fr/f?p=1000:62:0::NO:62:P62_LIST_ENTRIE_ID:2453907:NO.

ont été adoptées[25]. En 1949, la préoccupation des États est d'encadrer les modalités de recrutement et les conditions de travail des travailleurs migrants. En 1975, le contexte est celui du chômage lié à la crise pétrolière ; l'objectif est alors de prévenir la migration irrégulière et l'emploi non autorisé des migrants, tout en leur reconnaissant les droits fondamentaux de l'homme. Les deux conventions traitent de l'ensemble du processus migratoire et prévoient l'égalité de traitement entre les travailleurs étrangers et nationaux. Une autre convention est adoptée en 1996, la Convention n° 181 sur les agences d'emploi privées[26].

Au niveau des Nations Unies, l'adoption d'une convention internationale a été tardive. C'est seulement vers les années 1990 que la problématique a été prise en compte par la résolution 45/158 de l'Assemblée générale de l'ONU. Il s'agit de la Convention de New York sur la protection des droits de tous les travailleurs migrants et des membres de leur famille du 18 décembre 1990[27]. Cette convention permet, au niveau universel, d'intégrer la question du traitement des travailleurs étrangers au droit international des droits de l'homme. Jusqu'alors, des résolutions du Conseil économique et social et de l'Assemblée générale avaient donné l'alerte, mais les réticences à l'adoption d'un texte juridique contraignant expliquent l'adoption tardive de la Convention. Le projet de la Convention de New York est le fruit d'une enquête sur le trafic illicite et clandestin de main-d'œuvre issue des pays en développement. À la fin des années 1970, les Nations Unies se sont intéressées au lien entre frontières et migrations de main-d'œuvre, et aux droits de l'homme de l'étranger en général. En 1979, l'Assemblée générale a lancé le projet d'une Convention sur les droits de l'homme des travailleurs migrants et des membres de leur famille, pour lequel a été constitué un groupe de travail. L'objet du projet est de considérer que les étrangers sont des membres de la population du pays d'accueil, même en cas de séjour irrégulier. Cet objectif ambitieux ne

---

[25] Il s'agit de la Convention n°97 sur les travailleurs migrants du 1er juillet 1949 et la Recommandation n°86 de la même date. Il s'agit aussi de la Convention n°143, sur l'égalité de traitement des travailleurs migrants du 24 juin 1975, suivie d'une Recommandation n°151 adoptée le même jour.

[26] Convention n°181 sur les agences d'emploi privées du 19 juin 1997, entrée en vigueur le 10 mai 2000.

[27] DE GUCHTENEIRE Paul, PECOUD Antoine, « La Convention des Nations Unies sur les droits des travailleurs migrants : enjeux et perspectives », *Revue Homme & Migrations*, n°1271, janvier-février 2008, pp.6-19.

permettra l'adoption de la Convention qu'en 1990. Cet instrument détaillé et complet consacre et complète les avancées des autres instruments internationaux spécifiques, et concerne les différentes catégories des travailleurs migrants[28].

En effet, la deuxième partie de la Convention sur la protection des droits de tous les travailleurs migrants et les membres de leur famille de 1990, insiste sur l'application du principe de la non-discrimination à tous les travailleurs migrants s'agissant de la mise en œuvre des droits garantis par la présente convention. La convention insiste également sur une protection absolue de certaines catégories de droits comme le droit à la liberté et à la sécurité de leur personne, le droit à la protection contre la violence, les menaces et intimidations d'où qu'elles proviennent[29].

En plus, la Convention en son article 22 garantit l'interdiction de mesures d'expulsion collective et la protection dans de telles mesures. Il en est de même des droits sociaux fondamentaux, contenus dans les articles 27 à 31 de la Convention, que sont l'égalité de traitement avec les ressortissants de l'État d'emploi en matière de rémunération et d'autres conditions de travail et d'emploi, la sécurité sociale, l'accès aux soins médicaux et à l'éducation. La convention sur la protection des droits de tous les travailleurs migrants et des membres de leur famille a été ratifiée par huit pays de la CEDEAO (Burkina Faso, Cap-Vert, Ghana, Guinée, Mali, Niger, Nigeria et Sénégal), ce qui, par comparaison à d'autres régions du monde, est un nombre assez élevé. Le Bénin, la Guinée-Bissau, le Libéria, la Sierra Leone et le Togo ont signé la convention, mais ne l'ont pas ratifiée.

Malgré le caractère mitigé de la Convention dans le domaine de la protection des travailleurs dans l'espace CEDEAO du fait de cette situation disparate découlant de son champ d'application, force est de reconnaître que la Communauté a son propre cadre juridique relatif à la protection des droits des travailleurs migrants ressortissants des États membres. Ce cadre juridique communautaire a ainsi abandonné la distinction entre liberté de circulation (travailleurs salariés) et la liberté d'établissement (investissement, travailleurs non-salariés), qui

---

[28] AGBETSE Yas, « La convention sur les droits des travailleurs migrants : un nouvel instrument pour quelle protection ? », Droits fondamentaux, Revue électronique du CRDH, n° 4, janvier - décembre 2004, pp. 46-66.

[29] V. article 16 de la Convention sur la protection des droits de tous les travailleurs migrants et des membres de leurs familles le 18 décembre 1990.

conserve toute sa vigueur en droit international général selon les mots de DAILLIER Patrick[30].

2. Le cadre juridique CEDEAO de protection

La protection des travailleurs migrants dans l'espace CEDEAO réside dans les textes relatifs aux libertés de mouvement des ressortissants des États membres[31]. La CEDEAO a ainsi adopté des textes de différentes natures pour l'effectivité du Protocole sur la circulation, le droit de résidence et d'établissement. Ces textes ont pu prendre la forme de protocoles, de résolutions, de directives ou de décisions.

D'abord, le Protocole du 29 mai 1979, modifié et complété par le Protocole de juillet 1989 relatifs à la liberté de circulation dans l'espace CEDEAO stipule le droit, pour tout citoyen d'un État membre désireux de se rendre dans un autre État membre, de voyager sans avoir à présenter un visa[32]. Et, en 2006, l'organisation d'intégration renforce la mobilité des citoyens communautaires en leur accordant le droit de voyager sans visa pendant une durée maximale de 90 jours. Cette disposition est étendue aux véhicules particuliers et, dans une moindre mesure (séjour inférieur à 15 jours), aux véhicules à usage commercial. Il en est de même pour la promotion des « échanges de chercheurs et de spécialistes entre les États membres en vue d'utiliser pleinement les compétences techniques disponibles dans la communauté »[33].

En sus des protocoles symbolisant chaque étape de la réalisation du protocole de 1979, il y a le Protocole A/P3/5/82 du 29 mai 1982 portant Code de la citoyenneté communautaire qui a été annoncé par l'article 27 du Traité constitutif. En 2003, sous le prisme de la CEDEAO, a été adopté un Traité permettant aux citoyens communautaires de jouir des droits de circuler librement et de travailler dans un État membre[34]. Le

---

[30]DAILLIER Patrick et al., Droit international public, Paris, LGDJ, Lextenso éditions, 2022, 9e Ed., pp.751-752.

[31]Aux termes de l'article 59 al.1er du Traité révisé de 1993 « Les citoyens de la Communauté ont le droit d'entrée, de résidence et d'établissement et les États membres s'engagent à reconnaître ces droits aux citoyens de la Communauté sur leurs territoires respectifs, conformément aux protocoles y afférents ».

[32] V. Article 3 du Protocole du 29 mai 1979 relatifs à la liberté de circulation.

[33] Paragraphe 2 de l'article 27 du Traité de la CEDEAO.

[34] ZOGO NKADA Simon-Pierre, « La libre circulation des personnes : réflexions sur l'expérience de la C.E.M.A.C. et de la C.E.D.E.A.O », Revue internationale de droit économique 2011/1 t.XXV, pp. 113-136.

Protocole porte également sur les garanties à accorder aux bénéficiaires virtuels d'un tel droit lorsque ceux-ci font l'objet d'une mesure d'expulsion. Une telle mesure doit être notifiée à l'intéressé lui-même, ainsi qu'à l'État dont il est le ressortissant et au Secrétaire exécutif de la CEDEAO [35]. Il conforte ainsi les objectifs originaires de la Communauté, notamment en matière migratoire.

Ensuite, il s'agit du droit de résidence énoncé par le Protocole du 1er juillet 1986. Selon les termes du protocole, le droit de résidence constitue « le « droit reconnu à un citoyen ressortissant d'un État membre, de demeurer dans un État membre autre que son État d'origine et qui lui a délivré une carte ou permis de résidence pour y occuper un emploi ». Ce droit englobe, selon le Protocole, celui de répondre à des offres d'emploi, de se déplacer, de séjourner ou de résider dans un État membre afin d'exercer un emploi [36]. Il convient de préciser que, postérieurement à l'adoption de ce Protocole, une Décision de 1990 revient sur les conditions de délivrance de la carte de résident dans l'espace CEDEAO. Si l'obtention d'une telle carte doit être sollicitée auprès des autorités nationales de chaque État membre, qui disposent à cet égard d'un pouvoir discrétionnaire d'octroi ou de refus, celle-ci n'en reste pas moins une « carte CEDEAO », portant l'emblème de la Communauté, laquelle fixe au demeurant sa durée de validité (trois ans) et les conditions de son retrait (condamnation à une peine d'emprisonnement pour crime ou délit).

Le Protocole de 1986 sur le droit de résidence énonce également la condition des travailleurs frontaliers, saisonniers et itinérants et revient sur les garanties à accorder aux personnes expulsées du territoire d'un État membre. L'interdiction des expulsions en masse est affirmée (Titre V), ainsi que la nécessité juridique de fonder, de motiver les décisions d'expulsion. Même lorsqu'elles concernent des travailleurs migrants, elles doivent être notifiées aux personnes citées dans le Protocole de 1979[37]. Le texte ajoute cependant aux garanties déjà évoquées le droit, pour l'intéressé, de disposer d'un temps suffisant pour préparer sa défense (48 heures au moins), le droit d'exercer des recours–toujours suspensifs, sauf exception, et un délai « raisonnable » pour percevoir éventuellement les salaires ou prestations qui lui restent dus sur le territoire de l'État. En outre, le Protocole met en exergue l'idée

---

35 Article 11 du Protocole du 29 mai 1979 relatifs à la liberté de circulation.

36 Le droit de résidence est matérialisé par un « permis de résident », dont le Protocole décrit la procédure de délivrance en son titre III.

37 V. Article 14 du Protocole du 1er juillet 1986 relatifs au droit de résidence.

d'« acquis social », en interdisant que la mesure d'expulsion soit le biais d'une remise en question des dispositions favorables au travailleur migrant[38].

Enfin, nous pouvons mentionner le Protocole du 2 mai 1990 sur le droit d'établissement qui est défini comme un droit « reconnu à tout citoyen, ressortissant d'un État membre, de s'installer ou de s'établir dans un État membre autre que son État d'origine, d'accéder à des activités économiques, de les exercer ainsi que de constituer et de gérer des entreprises notamment des sociétés dans les conditions définies par la législation de l'État membre d'accueil pour ses propres ressortissants »[39].

En effet, le droit d'établissement recouvre notamment l'accès aux activités non salariées ainsi que la constitution et la gestion d'entreprises, lesquelles sont assimilées aux personnes physiques ressortissants des États membres. La réglementation des investissements relatifs à ces activités doit être guidée par le principe du traitement « juste et équitable » et, en conséquence, par l'exclusion de toute mesure d'expropriation ou de confiscation sur des bases discriminatoires[40].

Au surplus, il peut être mentionné la Convention multilatérale de sécurité sociale adoptée le 7 décembre 2012 lors de la Conférence des ministres du Travail et des Affaires sociales tenue à Dakar. Prolongement des conventions de l'Organisation internationale du Travail relatives à l'égalité de traitement et la conservation des droits en matière de sécurité sociale, la convention adoptée à Dakar facilite la mise en œuvre des protocoles instituant la liberté de circuler dans l'espace communautaire et offre l'opportunité aux États signataires de coordonner leurs systèmes de protection sociale. Elle crée un environnement propice à la sécurité juridique et judiciaire pour les ressortissants communautaires travaillant au sein de la communauté.

De surcroît, la convention témoigne de la volonté de l'Organisation de stabiliser les situations acquises par le travailleur migrant qui a la qualité de citoyen communautaire.

À la lumière de ces considérations, nous pouvons déterminer les droits des travailleurs protégés en matière sociale.

---

[38] Article 24 du Protocole du 1er juillet 1986 relatifs au droit de résidence.

[39] Article 1er du Protocole du 2 mai 1990 sur le droit d'établissement.

[40] Article 7 du Protocole du 2 mai 1990 sur le droit d'établissement.

B. La détermination des droits protégés des travailleurs migrants

Une personne qui migre vers un pays autre que le sien est donc une personne qui devient étrangère dans le pays d'accueil. Or, selon LOCHAK Danièle, la norme d'un État est conçue par référence à un individu « normalisé » et « c'est à cet individu, au départ, et à lui seul, qu'est reconnue l'intégralité des droits, tandis que les autres définis négativement par référence à cette norme-étalon, s'exposent à faire l'objet de discriminations » [41] . C'est pourquoi les instruments internationaux et communautaires de la CEDEAO insistent les droits fondamentaux du travailleur migrant devant être protégés **(1)**, mais aussi sur ceux de sa famille **(2)**.

1. Les droits fondamentaux du travailleur migrant

Les engagements au sein de la CEDEAO relatifs à la matière sociale renseignent sur le degré d'ouverture des États membres de l'organisation les uns envers les autres. Cette ouverture implique l'organisation de conditions favorables aux déplacements de travailleurs sur le territoire d'un État membre, d'activités commerciales et les échanges de biens et de service.

Ainsi, les États se sont engagés non seulement à établir une égalité de traitement entre travailleurs étrangers et nationaux, mais aussi à protéger les droits sociaux fondamentaux des travailleurs migrants.

En effet, l'engagement des États de la CEDEAO en faveur de l'égalité de traitement entre travailleurs étrangers et nationaux découle à la fois des instruments internationaux [42], communautaires et des législations internes des États membres. Cette égalité de traitement doit être entendue au sens large. Elle transcende le traitement salarial *stricto sensu* et emporte les problématiques relatives à l'accès à l'emploi et à l'exercice de la liberté de se syndiquer.

En premier lieu, l'esprit de la législation interne sénégalaise est arrimé aux standards internationaux en la matière. À titre d'exemple, l'article 2 du Code du travail de 1997 ne fait pas le départ entre le travailleur national et étranger. Cette confusion dans le statut de travailleur se prolonge à l'article 105 du même code qui prévoit qu'« à

---

[41] LOCHAK Danièle, « L'autre saisi par le droit », in B. BADIE et M. SADOUIN (dir.), *L'Autre*, Etudes réunies pour A. GROSSER, Paris, Presses de la Fondation Nationale de Sciences politiques, 1996, p.181.

[42] Tous les Etats de la CEDEAO ont ratifié la Convention n° 19 de l'OIT signée le 5 juin 1925 sur l'égalité de traitement des travailleurs (le Sénégal le 22 novembre 1962).

conditions égales de travail, de qualifications professionnelles, le salaire est égal pour tous les travailleurs quels que soient leur origine, leur sexe, leur âge et leur statut »[43]. Ces dispositions accréditent la volonté de se conformer à la convention susmentionnée en attribuant aux travailleurs migrants les mêmes prérogatives que les travailleurs nationaux. En l'espèce, les ressources normatives communes, postulant une identité de droits et d'obligations entre les catégories de travailleurs, sont articulées autour de l'âge minimum d'accès à l'emploi, de l'égalité de traitement en matière salariale, de l'accès à la formation professionnelle, *etc*. Ces avancées normatives se situent dans le droit fil de de l'article 1er de la Convention n° 19 relatif à l'égalité de traitement des travailleurs étrangers et nationaux en matière de réparation des accidents de travail. Il dispose que « tout membre de l'organisation internationale du travail qui ratifie la présente convention s'engage à accorder aux ressortissants de tout autre membre ayant ratifié ladite convention qui seront victimes d'accidents du travail survenus sur son territoire, ou à leurs ayants droit, le même traitement qu'il assure à ses propres ressortissants en matière de réparation des accidents du travail »[44].

Par ailleurs, il n'est pas rare que les États membres de la CEDEAO soient liés par des engagements bilatéraux qui exigent la réalisation, au profit du travailleur-migrant, des droits acquis à des prestations à long terme lorsque celui-ci travaille dans différents pays pendant une certaine période. C'est le cas particulier de l'accord du 29 mars 1974 modifié liant le Sénégal à la France.

En second lieu, les engagements internationaux consécutifs à la Convention n° 118 de l'OIT du 25 juin 1962 sur l'égalité de traitement en matière de sécurité sociale, ont nécessité la contextualisation de l'exercice du droit syndical par les travailleurs-migrants.

Les travailleurs-migrants en situation régulière ont le droit de former et d'adhérer à des organisations de travailleurs. L'article 7 du Code du travail, en reconnaissant à tout travailleur le droit d'adhérer librement à un syndicat, s'inscrit dans la perspective de l'article 2 qui s'abstient de faire une distinction entre travailleur national et travailleur migrant.

L'appartenance à un syndicat professionnel et la participation à la direction de celui-ci par un travailleur migrant sont frappées par des

---

[43] Article 105 de la loi 97-17 du 1er décembre 1997 portant Code du travail.

[44] Article 1er de la Convention n° 19 concernant l'égalité de traitement des travailleurs étrangers et nationaux en matière de réparation des accidents de travail ratifiée par le Sénégal le 22 octobre 1962.

conditions cumulatives non exigées pour le travailleur sénégalais. Outre les conditions communes à tout travailleur, fût-il national ou étranger, l'article 9 du Code du travail rajoute une domiciliation légale d'au moins 5 ans, la jouissance de droits civils et une réciprocité se traduisant par l'exigence que le pays d'origine accorde le même droit aux ressortissants sénégalais.

Sous les auspices de la CEDEAO, une Convention multilatérale de sécurité sociale a été adoptée le 07 décembre 2012 lors de la Conférence des ministres du Travail et des Affaires sociales tenue à Dakar. Elle est en quelque sorte, un prolongement des conventions de l'Organisation internationale du Travail relatives à l'égalité de traitement et la conservation des droits en matière de sécurité sociale. Elle est un mécanisme de mise en œuvre des protocoles instituant la liberté de circuler dans l'espace communautaire et offre l'opportunité aux États signataires de coordonner leurs systèmes de protection sociale. Dans la même perspective, la CEDEAO avait adopté un Projet de Directive relative à l'harmonisation du droit du travail dans l'espace[45]. Ce texte prend en considération l'égalité de traitement des travailleurs migrants avec les nationaux. Ainsi, le Préambule précise que l'affirmation d'un cadre d'harmonisation du droit du travail au sein de la CEDEAO revêt une importance déterminante, en promouvant dans les États membres de la Communauté « une culture et une pratique du Droit » en garantissant « l'égalité de chance et de traitement, les droits sociaux fondamentaux et la protection des travailleurs les plus vulnérables », en interdisant « toute politique ou pratique discriminatoire sur les lieux de travail », en faisant « respecter les libertés et devoirs des employeurs et des travailleurs », en s'imposant à l'ensemble « des acteurs privés et publics intervenant dans le champ des relations professionnelles »[46].

À cela s'ajoutent d'autres droits sociaux intimement liés à la qualité du migrant travailleur et qui doivent être respectés par les États d'emploi. Il s'agit notamment du droit à un logement décent, à l'accès aux soins de santé, à l'emploi, à l'accès à la justice et à l'éducation.

---

[45] Projet de directive d'harmonisation du droit du travail dans l'espace de la CEDEAO – Conakry 24-26/10/ 2017.

[46] Pour une étude approfondie du projet de Directive, voir AUVERGNON Philippe Présentation annotée du projet de Directive d'harmonisation du droit du travail dans l'espace de la Communauté économique des États d'Afrique de l'Ouest (CEDEAO). Forum tripartite du dialogue social de la Communauté économique des Etats de l'Afrique de l'Ouest, Octobre 2017, Conakry, Guinée, 24p.

2. Les droits des membres de famille du travailleur migrant

Selon les dispositions de la Convention de 1990 sur la protection de tous les travailleurs migrants et les membres de leur famille « les États-parties reconnaissent que la famille est l'élément naturel et fondamental de la société et qu'elle a droit à la protection de la société et de l'État, prennent les mesures appropriées pour assurer la protection de l'unité de la famille du travailleur migrant »[47].

De même, les États-parties prennent les mesures qu'ils jugent appropriées et qui relèvent de leur compétence « pour faciliter la réunion des travailleurs migrants avec leur conjoint ou avec des personnes ayant avec eux des relations qui, en vertu de la loi applicable, produisent des effets équivalant au mariage, ainsi qu'avec leurs enfants à charge, mineurs et célibataires »[48].

La Recommandation n° 151 de l'OIT, concernant les travailleurs migrants de 1975, rappelle que « toutes les mesures possibles devraient être prises par les gouvernements des pays d'emploi et des pays d'origine, pour faciliter le regroupement familial des travailleurs migrants… »[49].

Ces dispositions ont été stipulées dans les différents protocoles de la CEDEAO bien avant l'adoption de cette convention des Nations-Unies sur les travailleurs migrants.

Ainsi, au sens des protocoles, les membres de famille des travailleurs-migrants jouissent du droit de traverser le territoire d'accueil du travailleur ou même du droit au regroupement familial. Le migrant travailleur peut se faire accompagner par des membres de sa famille, la liste des ayants droit déterminée par les législations nationales des États membres[50].

Le droit d'établissement sur le territoire d'un État membre de la CEDEAO pourra profiter à la famille du travailleur migrant. Sous ce rapport, il existe une solidarité normative entre l'article 4 de la loi

---

[47] Article 44 par. 1 Convention sur la protection des droits de tous les travailleurs migrants et les membres de leur famille de 1990.

[48] Article 44 par. 2 Convention sur la protection des droits de tous les travailleurs migrants et les membres de leur famille de 1990.

[49] Article 13 paragraphe 1 Recommandation 151 de l'OIT 1975.

[50] Article 4 de la loi n° 71-10 du 25 janvier 1971 relative aux conditions d'admission, de séjour et d'établissement des étrangers au Sénégal ; Voir la loi No. L/9194/019/CTRN du 1994 portant sur les conditions d'entrée et de séjour des étrangers en République de Guinée ; Loi n°04-058 du 25 novembre 2004 Relative aux conditions d'entrée, de séjour et d'établissement des étrangers en République du Mali

sénégalaise relative aux conditions d'admission, de séjour et d'établissement des étrangers et l'article 4 de la Convention internationale sur la protection des droits de tous les travailleurs migrants et les membres de leur famille[51]. La composition de la cellule familiale est identique. La Convention fait référence aux personnes mariées aux travailleurs migrants ou ayant avec ceux-ci des relations qui, en vertu de la loi applicable, produisent des effets équivalents au mariage, ainsi que les enfants à charge et autres personnes à charge qui sont reconnues comme membres de la famille en vertu de la législation applicable ou d'accords bilatéraux ou multilatéraux applicables entre les États intéressés.

Les législations des États membres de la CEDEAO, sur la base des instruments communautaires, restent conformes à la Convention internationale sur la protection des droits de tous les travailleurs migrants et des membres de leur famille. L'adhésion des États à cette Convention conforte l'idée que les engagements internationaux relatifs à la matière sociale sont des engagements-promotion par nature attrayants pour les étrangers désirant évoluer professionnellement dans un État signataire.

À ce titre, l'article 15 prévoit que « nul travailleur migrant ou membre de sa famille ne peut être privé arbitrairement de ses biens, qu'il en soit propriétaire à titre individuel ou en association avec d'autres personnes ». Cette convention relative *a priori* à des droits économiques et sociaux — droits de la deuxième génération — renvoie également à des droits civils et politiques – droits de la première génération. Elle garantit l'emploi des travailleurs migrants tout en promouvant le respect de leur liberté et celle des membres de leur famille. C'est ce qui apparaît notamment à l'article 12.1 qui pose le principe selon lequel « les travailleurs migrants et les membres de leur famille ont droit à la liberté de pensée, de conscience et de religion ».

Ce droit implique la liberté d'avoir ou d'adopter une religion ou une conviction de leur choix, ainsi que la liberté de manifester leur religion ou leur conviction, individuellement ou en commun, tant en public

---

[51] Aux termes de l'article 4 de la Convention internationale sur la protection des droits de tous les travailleurs migrants et des membres de leur famille, l'expression « membres de la famille » désigne les personnes mariées aux travailleurs migrants ou ayant avec ceux-ci des relations qui, en vertu de la loi applicable, produisent des effets équivalant au mariage, ainsi que leurs enfants à charge et autres personnes à charge qui sont reconnues comme membres de la famille en vertu de la législation applicable ou d'accords bilatéraux ou multilatéraux applicables entre les Etats intéressés.

qu'en privé, par le culte et l'accomplissement des rites, les pratiques et l'enseignement ». En somme, les engagements communautaires et internationaux des États membres de la CEDEAO en matière de migration de travail permettent de jauger leurs capacités à rendre exigibles le droit au travail et, plus globalement, le droit du travail.

C'est dans ce sens que les États de la CEDEAO ont décidé par une Directive communautaire d'harmoniser leurs législations afin de mieux protéger les travailleurs migrants et les membres de leurs familles[52].

S'il est vrai que la CEDEAO a pris beaucoup de dispositions relatives à la mobilité, force est de reconnaitre que ces efforts répétés n'occultent point les insuffisances qui entravent la réalisation effective de la protection des travailleurs migrants dans l'espace CEDEAO.

II. Une protection des droits des travailleurs migrants obstruée

La protection des travailleurs migrants dans l'espace CEDEAO souffre d'un irrespect de la part des États membres. Cet empirisme est lui-même constitutif d'atteintes aux droits fondamentaux des travailleurs migrants dans l'espace communautaire ouest-africain **(A)**. Mais, pour faire de la mobilité de travail un socle de développement de l'espace, il est nécessaire de prendre en considération la protection des droits des travailleurs migrants de manière efficace **(B)**.

A. Les atteintes aux droits fondamentaux des travailleurs migrants

La protection des droits des travailleurs migrants fait référence au cadre législatif et règlementaire, aux normes internationales des droits de l'homme et aux normes relatives au droit international du travail. Malgré la richesse des normes de référence, il existe toujours des restrictions de certains droits des travailleurs migrants **(1)** et des entraves pour la protection de certaines catégories de migrants **(2)**, notamment les travailleurs migrants vivant à l'étranger et les travailleurs migrants irréguliers.

---

[52] Projet de directive d'harmonisation du droit du travail dans l'espace de la CEDEAO – Conakry 24-26/10/ 2017

1. Les restrictions de certains droits des travailleurs migrants

Longtemps considéré comme des pays d'immigration, d'émigration et d'exportateur de main-d'œuvre en Afrique, avant l'avènement de la migration internationale, les États de la CEDEAO sont depuis quelques années des pays d'immigration de travail. Partout dans le monde, la migration de travail soulève des difficultés d'ordre juridique et social dont l'ampleur varie suivant que les problématiques sont analysées sous l'angle des pays d'accueil, d'origine ou de transit[53].

Les États de la CEDEAO ont consenti beaucoup d'efforts pour harmoniser leur cadre juridique et institutionnel avec les instruments internationaux et communautaire en matière de protection des travailleurs migrants. Pour autant, on doit relever que cette politique n'intègre pas suffisamment la protection des travailleurs migrants[54].

Les divers instruments adoptés dans le cadre de la CEDEAO ont l'inconvénient de faire la part belle aux États dans la détermination des restrictions apportées aux libertés énoncées. Ainsi, alors, par exemple, que le Protocole de 1986 a tenté de limiter ou d'encadrer ces restrictions, la Décision déjà citée de 1990 admet sans ambages que les États ont un pouvoir discrétionnaire dans l'attribution de la carte de résident[55]. On peut donc légitimement s'interroger sur le sens de tous les efforts entrepris par le Protocole de 1986 pour éviter, précisément, que l'arbitraire des États ait cours en la matière. Plus spécifiquement, les textes qui instituent ces droits renoncent quelquefois, de manière presque désinvolte, à contrôler le pouvoir des États de restreindre ceux-ci. Ainsi encore, le Protocole de 1990 reconnaît à tout État membre de la CEDEAO le droit de porter atteinte au « droit d'établissement », non seulement pour les motifs spécifiés, mais pour « toute autre raison »[56].

L'on peut enfin évoquer la notion de « migrant inadmissible », qui figure dans le Protocole de 1979 et dans la Décision de 1990. Ce concept, forgé pour restreindre l'accès aux droits spécifiés, n'est nulle part défini. Son contenu est unilatéralement fixé par l'État qui le brandit. Cet unilatéralisme est, au moins virtuellement, générateur d'arbitraire.

---

[53] JIMENEZ Estibaliz, « Pourquoi l'immigrant est-il perçu comme une menace pour la sécurité nationale ? », Presses de l'Université de Montréal, 2010, pp. 187-197.

[54] Commission de la CEDEAO, Rapport sur les indicateurs de la migration en Afrique de l'Ouest en 2018, et publié en 2021.

[55] Article 15 Décision des Chefs d'Etat et de Gouvernement de la CEDEAO de 1990.

[56] Article 4 par. 2 et 4 du Protocole sur le droit d'établissement de 1990.

Il faut noter que quand le motif de la restriction n'est pas laissé à la discrétion de l'État, la tentative de sa détermination n'est guère satisfaisante. C'est le cas de toutes ces restrictions dues aux nécessités de l'« ordre public », de la « santé publique » ou encore de la « sécurité publique »[57]. Cela fait que dans les États de la CEDEAO, la protection des travailleurs migrants est basée ouvertement sur une distinction entre les catégories de migrants[58].

Les droits conventionnellement reconnus aux travailleurs migrants résidents font l'objet de violation. Nous n'avons pas la prétention d'exposer dans cette contribution tous les droits des travailleurs migrants faisant l'objet de violations constantes, mais plutôt de montrer quelques droits qui sont constamment violés et intrinsèquement liés au statut des travailleurs migrants. En effet, conformément aux instruments internationaux, les travailleurs migrants et les membres de leur famille sont avant tout considérés comme des individus qui doivent être protégés en leur qualité de personnes humaines[59].

La reconnaissance de la dignité inhérente à la personne humaine et le respect de sa valeur commandent de lui reconnaître toute la panoplie de droits confiés à n'importe quel autre individu. Certes l'État impose des restrictions pour la sauvegarde de la souveraineté normative (lois et règlements), mais sa posture ne doit remettre en cause le traitement minimum humanitaire et le traitement national non discriminatoire auxquels peuvent prétendre ces travailleurs migrants et les membres de leur famille.

La vulnérabilité des migrants, quand ils sont dépourvus de documents, éloignés de leur famille, liés par des contrats de travail sans aucun respect des lois et règlements nationaux, le manque d'information sur les législations des droits de l'homme et du droit du travail, doit amener l'État d'accueil ou d'origine du travailleur migrant

---

[57] Il s'agit des clauses de sauvegarde qui sont utilisées de manière arbitraire par les États surtout dans ce contexte d'insécurité en Afrique de l'Ouest.

[58] L'approche sénégalaise de la migration volontaire est basée, à l'instar d'autres pays, sur la différence entre migrations régulières et migrations irrégulières mais aussi la différence entre immigration (étrangers vivant au Sénégal) et émigration des Sénégalais à l'étranger.

[59] Comité pour la protection des droits de tous les travailleurs migrants et des membres de leur famille, Observation générale n° 2 sur *les droits des travailleurs migrants en situation irrégulière et des membres de leur famille*, 28 août 2013.

à être particulièrement vigilant sur la préservation des droits de celui-ci[60].

Aujourd'hui, il existe une inquiétude par rapport à la protection et au respect des droits des travailleurs migrants ouest-africains. Ces derniers subissent constamment des mesures et actions illégales, comme par exemple l'exploitation, la détention arbitraire et l'expulsion du pays d'accueil[61]. Toute violation d'un droit doit faire l'objet d'une sanction et éventuellement une réparation prononcée par une juridiction indépendante et impartiale. Mais en matière de violation des droits des travailleurs migrants, il est pratiquement impossible de chercher à obtenir justice surtout pour un migrant irrégulier[62].

Un autre droit fondamental conventionnellement reconnu et fréquemment violé par l'État a trait à la consultation ou à la participation des travailleurs migrants et des membres de leur famille aux décisions concernant la vie et l'administration des communautés locales[63]. À l'heure actuelle, certains États membres de la CEDEAO font très peu pour garantir aux travailleurs migrants résidents sur leur territoire le droit de participer aux affaires publiques.

En effet, les violations des droits des travailleurs migrants découlent en grande partie du manque de transparence du gouvernement dans l'élaboration de ses politiques (souvent imposées par les partenaires au développement, notamment l'Union européenne), ses opérations et ses

---

[60] DE GUCHTENEIRE Paul et PECAUD Antonio, « La Convention des Nations Unies sur les droits des travailleurs migrants », in Hommes *et Migrations*, 2008 ; n°1271, pp.6-19.

[61] La Convention de 1990 sur la protection des droits de tous les travailleurs migrants et les membres de leur famille en son article 22, prohibe toute mesure d'expulsion collective, tant des migrants en situation irrégulière que régulière.

Tout récemment, à la suite des événements du mois de juin ayant engendré des violences politiques au Sénégal, beaucoup de ressortissants guinéens au Sénégal ont fait l'objet d'expulsion en violation de cette Convention et d'autres instruments de protection des droits de l'homme.

[62] VILLANUEVA Francesco, « L'accès au droit du travail des étrangères en situation irrégulière en Espagne », *Revue Européenne des Migrations Internationales*, 2016/2, vol.32, pp.145-168. Il serait pertinent d'ouvrir les voies de recours aux associations de défense des migrants en cas de violation de leurs droits ou aux organisations de la société civile qui s'activent dans la protection des migrants.

[63]Voir l'article 42, paragraphe 2 Convention pour la protection des droits de tous les travailleurs migrants et les membres de leur famille « Les États d'emploi facilitent, conformément à leur législation nationale, la consultation ou la participation des travailleurs migrants et des membres de leur famille aux décisions concernant la vie et l'administration des communautés locales.

collaborations dans des domaines tels que les accords bilatéraux, les patrouilles maritimes aux frontières, et les expulsions de masse, ne prennent certainement pas en compte leurs besoins[64].

Ainsi, il ne s'agit pas uniquement de la restriction et/ou de la violation des droits déjà reconnus aux travailleurs, mais aussi des entraves liées soit à l'imprécision soit à l'inexistence d'un cadre juridique et institutionnel pour la protection de certaines catégories de travailleurs migrants.

2. Les entraves aux droits de certaines catégories de travailleurs migrants

La politique de migration de travail des États de la CEDEAO est de manière générale ambiguë. En effet, elle ne prend pas en compte de manière explicite la situation des travailleurs migrants irréguliers à l'intérieur comme à l'extérieur du territoire, pourtant consacrée par la Convention sur la protection des travailleurs migrants et les membres de leur famille[65].

Les États sur la base de la Convention depuis 1990 et du droit CEDEAO, doivent assurer le respect et la protection des droits des travailleurs migrants irréguliers. Ainsi, en refusant d'appliquer ces principes et règles de protection des migrants irréguliers, l'État entrave la protection des droits des migrants travailleurs irréguliers[66]. Pour la protection des migrants, les politiques nationales des États et la CEDEAO elle-même annoncent qu'il est nécessaire d'« avoir une meilleure connaissance du nombre exact de migrants nationaux,

---

[64] Il faut noter aussi que l'État ne manifeste aucune volonté de construire une relation complémentaire avec les organisations de la société civile pour une gestion efficace et globale des questions migratoires.

[65] Aux termes de l'article 2 DUDH « chacun peut se prévaloir de tous les droits et de toutes les libertés proclamées dans la présente Déclaration, sans distinction aucune, notamment de race, de couleur, de sexe, de langue, de religion, d'opinion politique ou de toute autre opinion, d'origine nationale ou sociale, de fortune, de naissance ou de toute autre situation ». Dans le souci de sauvegarde le principe de l'indistinction en matière de mobilité, le Comité des droits de l'homme a souligné que « la règle générale est que chacun des droits énoncés dans les traités de droit de l'homme doit être garanti sans discrimination entre les nationaux et les migrants ».

[66] En effet, dans le document de politique migratoire 2018, il a été mentionné comme 6e objectif spécifique, sous la rubrique 5.2 Migration, droits humains et genre, l'harmonisation de la législation sénégalaise avec les conventions internationales de protection des droits humains des migrants, afin de mieux garantir la prise en compte des droits des immigrés au Sénégal et des émigrés sénégalais. V., pp. 41-42.

notamment ceux en situation irrégulière dans les pays de transit et d'accueil, mais aussi des immigrés en situation irrégulière dans les États membres, afin de mieux gérer leur situation par rapport à leurs droits humains fondamentaux »[67].

Les États, qui sont plus des pays de départ, comptent une importante population émigrée principalement en Afrique et en Europe, accordent peu de protection étendue aux travailleurs migrants vivant à l'étranger.

Ainsi, qu'ils soient en Afrique ou en Europe, la migration de travail des ressortissants des États de la CEDEAO s'effectue dans des conditions difficiles, avec des contraintes ou sujétions particulières qui découlent essentiellement des conditions de recrutement et d'emploi[68]. En effet, les modalités de recrutement (recrutement dans le pays d'accueil une fois le migrant sur place et le recrutement dans le pays d'origine souvent avec l'entremise des agences privées) de travailleurs migrants ne donnent aucune garantie de protection aux travailleurs surtout avec le développement de la criminalité transnationale organisée[69].

Une autre entrave à la protection est liée au fait que le travailleur migrant soit objet de compétences concurrentes. Tout d'abord, le traitement du travailleur étranger est régi par la compétence territoriale exclusive de l'État d'accueil, c'est-à-dire la compétence que cet État exerce dans les limites de son territoire, à l'égard des hommes qui y vivent, des choses qui s'y trouvent, et des faits qui s'y passent. Cette compétence est exclusive, car l'État est souverain.

Par ailleurs, le travailleur migrant va être soumis à la compétence personnelle de son État national, en vertu de laquelle il peut être soumis à son ordre juridique. Cette situation soulève plusieurs difficultés : éviter que le travailleur migrant ne soit soumis à des obligations contradictoires ou identiques vis-à-vis des deux pays ; et l'acceptation par le pays d'accueil de limiter sa compétence pour accorder un certain « traitement » aux travailleurs étrangers. Ce traitement désigne le niveau de protection que le souverain territorial doit accorder,

[67] Voir, par exemple, le Document de politique nationale de migration du Sénégal, 2018, p. 41.

[68] V. FALL Papa Demba, « Migration internationale et droits des travailleurs au Sénégal », Série UNESCO : Rapports par pays sur la ratification de la Convention des Nations Unies sur les droits des migrants, Avril 2003, 40 p.

[69] GERONIMI Eduardo, « Aspects juridiques du trafic et de la traite des travailleurs migrants », secteur de la protection sociale programme des migrations internationales bureau international du travail, Genève 2003, 55 p.

conformément au droit international, aux étrangers résidant sur son territoire.

C'est donc un niveau de protection pour les travailleurs migrants que les instruments internationaux vont tenter de définir.

L'entrave à la protection des travailleurs migrants ressortissants des États de la CEDEAO à l'étranger s'analyse également sous l'angle de quelques difficultés liées à l'absence d'une organisation des voies migratoires, d'informations suffisantes sur les conditions de vie et travail dans les pays d'accueil (cette situation devient plus compliquée au cas où il n'existe pas de représentation diplomatique ou consulaire dans le pays d'accueil). Elle est relative également et de manière subséquente à l'absence de conventions de sécurité sociale pour la promotion de l'égalité de traitement entre nationaux et étrangers [70] d'une part, et, d'autre part, au maintien des droits acquis et/ou en cours d'acquisition par les travailleurs migrants qui sont amenés à changer de lieu de résidence ou qui rentrent définitivement dans leurs pays d'origine[71].

À cela s'ajoutent des situations de violations du droit à la protection de la famille et du rapprochement des familles. Une des critiques qui revient très souvent dans le discours des migrants réguliers des pays d'accueil est la lourdeur des formalités de regroupement familial. Il existe de nombreux cas de travailleurs migrants de l'espace, qui ne peuvent pas voir leurs familles en Afrique les rejoindre, en raison du fait que la législation de certains États de la CEDEAO est très restrictive en matière de regroupement familial et ainsi ne délivre que peu de visas.

Par ailleurs, il n'existe aucun cadre de protection de certaines catégories de travailleurs migrants, notamment les travailleurs domestiques, les travailleurs saisonniers et les frontaliers. Or, l'un des grands flux migratoires du début du 21e siècle touche ces catégories-là. À l'intérieur de celles-ci, on relève deux groupes plus vulnérables, qui ne font l'objet d'aucune réglementation dans les États de la CEDEAO.

---

[70] Selon FALL Papa Demba « Bon nombre de pays d'accueil ne manifestent aucun intérêt à ratifier ou à conclure un accord de sécurité sociale avec le Sénégal. C'est le cas du Gabon et de l'Italie qui, malgré les demandes répétées des autorités sénégalaises, n'ont pas répondu favorablement », « Migration internationale et droits des travailleurs au Sénégal », Série UNESCO : Rapports par pays sur la ratification de la Convention des Nations Unies sur les droits des migrants, Avril 2003, 40p, voir notamment p. 24 et s.

[71] SAYAD, Abdelmalek, La double absence. Des illusions aux souffrances de l'immigré, Paris : Éd. du Seuil, 1999, 448 p., voir la pp. 16-22.

Il s'agit d'abord des travailleurs et travailleuses domestiques qui constituent une grande partie de la main-d'œuvre du secteur informel. Pour leur accorder un statut international, la Conférence internationale du Travail a adopté le 16 juin 2011 une Convention n° 189 sur le travail décent[72] pour les travailleuses et les travailleurs domestiques entrée en vigueur en 2013[73]. Cette Convention oblige les États Parties à « [...] respecter, promouvoir et réaliser les principes et droits fondamentaux au travail et reconnaît aux travailleurs domestiques plusieurs droits »[74].

Elle impose aux États Parties par le biais de son article 5, de prendre toutes sortes de mesures législatives et réglementaires pour prohiber toute forme d'abus, de violence et harcèlement contre les travailleurs domestiques. Les États n'ayant pas ratifié cette Convention n'ont aucun cadre spécifique pour garantir une protection efficace aux travailleurs domestiques migrants installés sur leur territoire et des ressortissants de ces États basés à l'étranger.

Au Sénégal, les travailleurs domestiques migrants se retrouvent totalement exclus du champ d'application de la législation nationale du travail, notamment en ce qui concerne les jours de repos hebdomadaire, la limitation du temps de travail, le régime de salaire minimum et le paiement des heures supplémentaires.

Même lorsqu'ils sont partiellement couverts, ces travailleurs se voient souvent exclus des principales protections telles que les prescriptions en matière d'âge minimum, de congé de maternité, de sécurité sociale et de la santé au travail[75]. Le refus de payer les salaires est une violation fréquente des droits de ces travailleurs. Certaines catégories de travailleurs domestiques, entre autres ceux qui vivent au domicile de leur employeur, les enfants et les migrants, sont exposés à un risque accru d'abus.

---

[72] La Conférence Internationale du Travail (87ème session ; Bureau International du Travail, 1999) a fixé un certain nombre de critères pour apprécier un travail décent. Les plus importants de ces traits sont une rémunération appropriée, l'égalité des chances, les perspectives de développement personnel, la protection sociale, la liberté de s'exprimer pour défendre ses intérêts.

[73] Cette Convention n'est pas ratifiée par le Sénégal. La Guinée quant à elle l'a ratifiée 25 avril 2017.

[74] Voir les articles 4 et 7 de la Convention.

[75] OIT, Estimations mondiales de l'esclavage moderne Travail forcé et mariage forcé, 2021, « Selon les Estimations Mondiales de 2021, il y a, à tout moment, 50 millions de personnes en situation d'esclavage moderne, forcées de travailler ou de se marier contre leur gré.

La seconde catégorie concernée est celle des travailleurs saisonniers, prévue par la Convention 1990 sur la protection des travailleurs migrants et les membres de leur famille [76]. L'application des dispositions y afférentes est souvent matérialisée par des accords bilatéraux.

C'est dans ce sens que des accords de coopération ont été signés entre le Sénégal et l'Espagne [77] aux termes desquels des jeunes Sénégalais seront sélectionnés en tant que « travailleurs saisonniers » pour une durée déterminée et selon de garanties précises. Les inquiétudes à ce niveau résident dans le fait que le Sénégal ne dispose pas de systèmes bien réglementés pour la circulation des travailleurs qualifiés ou non. L'absence de réglementation peut entraîner à l'avenir des pratiques de recrutement abusives, comme la servitude pour dettes, le travail forcé et le trafic d'êtres humains qui sont souvent réalisés par des intermédiaires non réglementés qui promettent des emplois à l'étranger[78].

B. La nécessité d'une protection étendue des travailleurs migrants dans les États

La nécessité de protection des travailleurs migrants s'impose aux États de la CEDEAO dans le respect de ses obligations internationales, régionales et sous régionales, pour lutter contre la précarité et la vulnérabilité de ceux-ci vivant sur son territoire. L'État a aussi un rôle important à jouer pour assurer une meilleure protection à ses travailleurs migrants résidant à l'étranger et de ceux qui souhaitent revenir au pays en leur facilitant le retour et une éventuelle réinsertion professionnelle [79]. Pour atteindre ces objectifs, il est nécessaire

---

[76]L'article 2-b) Convention internationale sur la protection des droits de tous les travailleurs migrants et des membres de leur famille en donne la définition suivante : « L'expression "travailleurs saisonniers" désigne les travailleurs migrants dont l'activité, de par sa nature, dépend des conditions saisonnières et ne peut être exercée que pendant une partie de l'année ».

[77]CHAHED Nadia, Le Sénégal et l'Espagne signent deux accords de coopération, https://www.aa.com.tr/fr/afrique/le-s%C3%A9n%C3%A9gal-et-lespagne-signent-deux-accords-de-coop%C3%A9ration/2204229, Consulté le 12 novembre 2021.

[78] Pour la mise en œuvre d'une telle politique, l'Organisation Internationale des Employeurs (OIE) encourage, depuis 2018, la révision des conventions n° 97 et 143 de l'OIT afin de s'assurer qu'elles répondent aux défis migratoires actuels.

[79]OCDE, « Capitaliser sur la migration de retour en la rendant plus attractive et durable », dans Interactions entre politiques publiques, migrations et développement, Éditions OCDE 2017, Paris, p. 267 et s.

d'intégrer la protection des travailleurs migrants dans les politiques de développement **(1)** et d'inviter l'État à adapter son cadre juridique (réviser le cadre législatif et réglementaire, mais aussi procéder à la ratification des conventions internationales portant protection des travailleurs étrangers) en le conformant au droit international des droits de l'homme pour une meilleure protection des droits des travailleurs migrants. Il s'agit, sous ce rapport, d'axer la protection des travailleurs migrants axée sur le rôle de l'État **(2)**.

1. L'intégration des droits des travailleurs migrants dans les États

Le débat politique actuel sur les migrations se fonde en général sur des idées concernant les liens entre migrations, emploi et développement. Il est de plus en plus démontré que des migrations de main-d'œuvre bien gérées sont un facteur de développement durable. Selon le Bureau international du Travail, « malgré les difficultés, il est urgent de se pencher sur la gouvernance des migrations de main-d'œuvre pour répondre aux besoins du marché du travail »[80]. Le Rapport 2018 sur le développement économique en Afrique : Migration et transformation structurelle analyse les grandes caractéristiques des migrations intra-africaines et les apports des diasporas à la transformation structurelle des pays d'origine. Il met au jour de nouveaux éléments et permet ainsi à la CNUCED de faire des recommandations pratiques aux Gouvernements africains et aux parties prenantes à l'extérieur du continent[81].

Il est aujourd'hui incontestable que la contribution des travailleurs migrants au développement des pays d'origine et d'accueil et la protection de leurs droits sont indissociables. Les avancées du développement ainsi obtenues sont importantes non seulement dans les pays d'origine, mais aussi dans les pays de destination, où les travailleurs migrants fournissent leur force de travail. Les travailleuses migrantes occupent une place prédominante dans certains services particulièrement importants pour la croissance et le développement, et

---

[80] Bureau international du Travail, Rapport IV : « Migrations de main-d'œuvre Nouvelle donne et enjeux de gouvernance », Conférence internationale du Travail, 106e session, 2017, 87 p. V. 1.

[81] Conférence des Nations Unies sur le commerce et le développement (CNUCD), « Le développement économique en Afrique : les migrations au service de la transformation structurelle », Conseil du commerce et du développement, Soixante-cinquième session, première partie Genève, 4-12 juin 2018, 11p.

ce tant dans les pays d'origine que dans les pays de destination. C'est en ce sens que les objectifs pour le développement durable (ODD) accordent une place de choix aux migrations de travail comme facteur de développement pour les États d'origine (les transferts de fonds et les transferts de compétences et de technologie peuvent soutenir les objectifs globaux de développement), que pour les États de destination (les migrations de main-d'œuvre peuvent satisfaire les besoins importants du marché du travail)[82].

Dans leur pays d'origine, ils contribuent au développement en allégeant les tensions du marché du travail, en y transférant de l'épargne, en améliorant leurs compétences et en y investissant. S'il est acquis et admis que les migrants drainent une manne financière vers leur pays de provenance, en revanche, leur contribution à la société et à l'économie des pays d'emploi semble souffrir d'une négation, ou en tout cas, d'une insuffisance de reconnaissance.

La protection des droits des migrants est encore confrontée à des difficultés. Dans les pays de destination, ils participent au développement en répondant à la demande de main-d'œuvre, en faisant augmenter la demande de biens et de services notamment, lorsqu'ils perçoivent une rémunération décente, et en les faisant bénéficier de leur esprit d'entreprise.

À la lumière de ces considérations, il est pertinent de soutenir que le renforcement de la protection des droits des migrants et la valorisation de leur contribution servirait à capitaliser leur potentiel qui aurait nécessairement un impact positif dans la planification du développement[83].

Ainsi, la protection des droits des travailleurs migrants se positionne comme un précédent indispensable à l'intégration, moyen de capitalisation des ressources de croissance, de développement et d'enrichissement que constituent les migrants[84].

---

[82] L'ODD 8 Promouvoir une croissance économique soutenue, inclusive et durable, un emploi productif et un travail décent pour tous stipulé dans la Cible 8.8 protéger les droits du travail et promouvoir un environnement de travail sécurisé pour tous les travailleurs, y compris les travailleurs migrants, en particulier les femmes migrantes, et ceux qui ont un emploi précaire.

[83] Voir LUCAS Robert, « intégrer les questions migratoires dans la planification du développement », Cahiers des migrations internationales n°93F, Bureau international du travail, Genève 2009, 42 p.

[84] Voir Protocole au Traité instituant la Communauté économique africaine relatif à la libre circulation des personnes, au droit de séjour et au droit d'établissement adopté à Addis Abeba le 29 janvier 2018.

L'intégration contribue à réduire les inégalités et les frustrations préjudiciables à une coexistence pacifique entre migrants et nationaux, renforçant du coup leur motivation et leur rendement.

La question de la protection et de la garantie des droits des travailleurs migrants (en situation régulière et irrégulière) n'est pas simplement une question de gouvernance en matière de migrations[85]. Protéger les droits des travailleurs migrants bénéficie également aux pays de destination en empêchant le développement d'une sous-catégorie de travailleurs dépourvus de protection, ce qui porte préjudice aux travailleurs nationaux en sapant leurs conditions de rémunération et d'emploi. Bien entendu, pour les travailleurs migrants eux-mêmes, la protection des droits humains et des droits au travail améliore à de nombreux égards leur potentiel de rémunération et de développement personnel, ainsi que celui de leur famille[86].

Les travailleurs migrants offrent un autre exemple montrant que la promotion des droits et des libertés des migrants en situation régulière et irrégulière ne compromet pas la souveraineté, mais renforce l'État. La protection des droits des travailleurs migrants est fondamentale pour assurer la stabilité et le développement de l'État.

En effet, dans un monde interdépendant où la mobilité de la main-d'œuvre ou la circulation transfrontalière des personnes à la recherche d'un emploi est un élément essentiel parce que ces travailleurs contribuent au développement économique et humain des pays où ils travaillent et où ils comblent les lacunes du marché du travail et répondent aux besoins essentiels en matière de compétences.

Toutefois, leur aptitude à être économiquement productifs et à contribuer au développement à la fois de leur pays et de leur pays de résidence dépend du degré de leur intégration ainsi que des conditions de vie et de travail dans le pays où ils se sont établis[87].

---

[85] BADIE, Bertrand ; BRAUMAN, Rony ; DECAUX, Emmanuel ; DEVIN, Guillaume ; WIHTOL de WENDEN, Catherine, Pour un autre regard sur les migrations. Construire une gouvernance mondiale, Paris : Éd. La Découverte, 2008, 126 p

[86] Haut-Commissariat aux droits de l'homme (2006). Migration et développement, une approche par les droits de l'homme, pp. 3-5 ; 8-10 www.ohchr.org/english/bodies/cmw/docs/

[87] Haut-Commissariat des Nations Unies aux droits de l'homme, « Migration et développement : Une approche centrée sur les droits de l'homme », pp. 8-9 ; voir également Emmanuel Decaux, « Droits des travailleurs migrants et Droit international des Droits de l'Homme » in *Migrations Société,* 2008/3, n° 117-118, pp.185-198.

En promouvant les droits des travailleurs migrants, les États peuvent gérer la migration de manière à favoriser un environnement de vie et de travail stable pour les migrants. La protection des droits des travailleurs migrants est principalement une obligation qui incombe à l'État.

2. La protection des travailleurs migrants axée sur le rôle de l'État

Alors que la zone de libre-échange continentale africaine (ZLECA) prend forme, les pays africains accorderont une plus grande attention à la question des migrations et à la manière dont elles peuvent être facilitées pour générer des dividendes économiques plus importants.

En 2023, le Kenya et le Rwanda ont rejoint la Gambie, les Seychelles et le Bénin dans la fraternité des pays qui s'engagent à offrir une exemption de visa à tous les Africains.

Même si l'on est encore loin de l'objectif du protocole de 2018 relatif à la libre circulation des personnes de l'Union africaine, à savoir une circulation panafricaine pour les Africains, cette évolution témoigne d'une dynamique en ce sens[88].

Pour être respectés et protégés, les Droits de l'Homme en général et les droits des travailleurs migrants doivent être connus. L'application peut emprunter la voie de la nationalisation, en ce sens que l'État doit s'approprier l'essence des règles internationales des Droits de l'Homme en les transformant en normes nationales. En fait, si la plupart des dispositions des conventions en matière de protection des travailleurs migrants sont suffisamment claires pour ne pas souffrir de failles dans l'exécution, les plus importantes d'entre elles nécessitent pourtant l'intervention de l'État. L'application nationale constitue le complément nécessaire à l'adoption des conventions. En droit international, cette exigence commande la prise par l'État de mesures internes. Cette obligation met à la charge de l'État de conformer à tous les niveaux (central, local, administratifs, etc.) son droit interne à ses obligations internationales. Les principes généraux des droits de l'homme imposent aux États des obligations positives et négatives attachées aux droits énoncés dans une convention. Celles-ci supposent une obligation négative de respecter les droits (s'abstenir de tout acte qui violerait les droits), des obligations positives de protéger les droits (de toute violation par les tiers).

---

[88] Williams Wendy, « Frontières en évolution : La crise des déplacements de population en Afrique et ses conséquences sur la sécurité », Rapport d'analyse n° 8 du CESA, Centre d'études stratégiques de l'Afrique, 13 janvier 2020, pp. 1-66.

Ainsi en adhérant aux conventions internationales relatives à la protection des droits des travailleurs, les États ont pris l'engagement de respecter et d'appliquer leurs dispositions, mais aussi d'en diffuser le contenu. Outre l'obligation fondamentale de sauvegarder la dignité humaine, l'État a l'obligation de prendre des mesures législatives et règlementaires propres à assurer l'exécution de ses engagements conventionnels.

Les questions soulevées seraient sans doute superflues s'il s'avérait que tout ou partie des États membres de la CEDEAO n'avaient pas ratifié les Protocoles en question ou, en application de ceux-ci, pris les mesures d'application internes adéquates. Le constat est toujours de mise qu'en matière d'expulsions d'étrangers, les pratiques administratives des États soient parfois aux antipodes de leurs obligations communautaires, les garanties prévues étant parfois délibérément méconnues. De la même manière, nous pouvons constater une application jurisprudentielle inexistante des normes communautaires en matière migratoire dans l'espace CEDEAO. Les instruments communautaires sont largement ignorés dans les tribunaux, à la fois par les plaideurs et par ceux qui rendent la justice.

On peut l'affirmer que l'État n'a pas daigné, à ce jour, adopter une véritable politique de migration, encore moins une politique de migration de travail cohérente à l'intérieur et à l'extérieur de son territoire. Il n'est intervenu que d'une façon négative et fragmentaire dans le but de lutter contre l'émigration irrégulière de ses ressortissants[89]. L'État va accroitre ainsi son rôle dans le système de régulation des migrations en posant davantage les règles du jeu que doivent suivre les employeurs et les travailleurs migrants sur son territoire et souscrire des accords de coopération franche et équilibrée pour la protection de ses ressortissants à l'étranger. Il doit également mettre en œuvre des structures de contrôle, de coordination pour une meilleure application des droits dans la relation de travail.

Si des initiatives louables ont été prises par l'État sénégalais dans ce sens à l'endroit de ses ressortissants installés à l'étranger, il n'en est pas de même pour les travailleurs migrants basés sur son territoire et qui se trouvent en situation irrégulière[90].

---

[89] CLAIRE Rodier « Externalisation du contrôle des flux migratoires : comment et avec qui l'Europe repousse ses frontières », *Migrations Société*, vol. 116, no. 2, 2008, pp. 105-122, p. 113.

[90] Stratégie nationale contre la migration irrégulière du Sénégal, adopté le 27 juillet 2023, n'est pas favorable à la protection des migrants irrégulier. Cette situation met

La démarche de l'État du Sénégal est de privilégier la participation au développement des migrants sénégalais établis à l'étranger en faisant fi des problèmes quotidiens auxquels ils sont confrontés dans les pays d'accueil.

À côté des initiatives nationales centrées sur le rôle de l'État dans la protection des travailleurs migrants, des initiatives régionales doivent aussi être prises pour coordonner les structures ou administrations du travail dans les États membres[91].

De même, la coopération bilatérale peut être optimisée pour faire correspondre les compétences et les attributs des migrants aux besoins des économies d'accueil, ce qui maximiserait l'impact des mouvements transfrontaliers sur le développement. Cette approche permet aux décideurs de distinguer les différents types de mouvements de population et de concevoir des politiques migratoires pour chacun d'entre eux.

Conclusion

La réglementation, impliquée par la volonté même d'instituer un espace économique unique, suscite des interrogations à trois niveaux : celui de l'identification même des bénéficiaires des libertés en question, celui des restrictions apportées à ces libertés et dont les États semblent totalement rester maîtres, et celui de l'effectivité même des textes adoptés, soit que leur acceptation formelle par les États fait défaut, soit que, ratifiés ou acceptés, leur application concrète pèche. Une autre question mérite d'être posée : dans quelle mesure le juge peut-il apporter sa contribution à la définition des principes ou les droits en cause ; en d'autres termes, peut-on, à côté des *sources textuelles*, envisager la perspective d'une *source jurisprudentielle* dans le domaine de la migration en général et de la migration de travail en particulier.

---

sa stratégie nationale en contradiction avec la Convention sur la protection des droits de tous les travailleurs migrants mais aussi de ses engagements découlant du droit communautaire

91 Voir Projet de directive d'harmonisation du droit du travail dans l'espace de la CEDEAO – Conakry 24-26/10/ 2017. L'article 56 affirme le droit de « Tous les employeurs ou toutes les organisations d'employeurs, d'une part, et toutes les organisations de travailleurs, d'autre part » de « négocier et de conclure des conventions collectives », mention étant faite à nouveau de la convention OIT n° 98 et renvoi étant fait aux conditions fixées par la législation et la pratique nationales ». Cette convention n° 98 a été ratifié par l'ensemble des États membres de la CEDEAO.

Malgré les efforts consentis au niveau des États membres de la CEDEAO, il n'existe pas, à proprement parler, une politique commune de migration, au sens où les États seraient dépossédés d'un tel pouvoir de détermination au profit de la CEDEAO. La politique actuelle de la CEDEAO dans le domaine de la migration est de « mettre en cohérence » les différentes politiques nationales.

Il faut le mentionner sans aucune exagération, que le développement par l'intégration de l'espace CEDEAO passera nécessairement par sa propre politique migratoire de protection des travailleurs migrants internes et externes. Malheureusement en la matière la CEDEAO s'aligne sur des standards internationaux et renvoie notamment à des instruments juridiques universels (Convention des NU sur les travailleurs migrants, Convention NU sur les droits des migrants et de leurs familles, Convention de Palerme contre la criminalité transnationale organisée. Elle fait rarement référence aux instruments juridiques africains ou communautaires africains.

En définitive, il faut noter que la CEDEAO ne se pose pas comme une organisation interétatique, mais plutôt comme une organisation des seuls Chefs d'État. La création de l'Alliance des États du Sahel (AES) au sein de l'espace ouest-africain en est une parfaite illustration.

DEUXIÈME PARTIE
L'APPROCHE ÉTATIQUE DE LA PROTECTION DES DROITS FONDAMENTAUX DANS L'ESPACE CEDEAO

LES CAUSES DE L'INEFFECTIVITÉ DE LA JUSTICIABILITÉ DES DROITS SOCIAUX DEVANT LE JUGE CONSTITUTIONNEL GUINÉEN

Par ***Sadou DIALLO***
Docteur en droit public/Enseignant-Chercheur à l'Institut Supérieur de Formation à Distance
Email : sadou4209@gmail.com

Introduction

La protection des droits sociaux en République de Guinée est accompagnée par une garantie de justiciabilité devant le juge constitutionnel[1]. Cette possibilité demeurant fondamentale pour leur effectivité se trouve très rarement empruntée par les justiciables afin de revendiquer leur jouissance. Cette situation amène donc à réfléchir sur ***les causes à l'origine de l'ineffectivité de la justiciabilité des droits sociaux devant le juge constitutionnel en République de Guinée***.

Une cause s'entend comme la raison principale à l'origine de la non-satisfaction d'une situation ou d'un fait qui impliquerait une réponse. Autrement dit, c'est ce qui pourrait amener à se poser des questions sur l'origine de ce fait ou de cette situation qui se pose à travers une interrogation afin de trouver des réponses adéquates. Dans cette étude, il s'agit ainsi de trouver la réponse à l'interrogation qui permet de montrer les problèmes ou les obstacles qui empêchent la concrétisation réelle de la justiciabilité des droits sociaux devant le juge constitutionnel guinéen.

En ce qui concerne, l'ineffectivité c'est la non-matérialité d'une action, d'un acte ou d'un fait qui ne faciliterait pas la jouissance

[1] La consécration des droits sociaux fondamentaux dans les différentes constitutions qu'a connue la Guinée a été suivie par la création des Cours constitutionnelles, chargées de la garantie de l'exercice des droits fondamentaux et des libertés publiques. Voir article 103 de la Constitution du 22 mars 2020 ; article 96 de la Constitution du 7 mai 2010 ; article 140 de la Constitution de l'avant-projet de 2024.

effective d'une chose. Autrement dit, c'est la résultante d'une situation dans laquelle cette prérogative n'est pas appliquée. Elle implique par exemple pour la justiciabilité le fait de ne pas être utilisé. Ainsi, le degré d'utilisation dans les rapports entre l'État et les individus est loin d'être appliqué. Il s'agit ainsi d'une absence de réalisation dans les pratiques sociales de cette possibilité de justiciabilité qui permet de revendiquer et de jouir d'un droit social par le titulaire.

Quant à la justiciabilité, au sens du Professeur Abdoulaye SOMA, c'est l'invocabilité juridictionnelle. C'est aussi, la sanctionnabilité juridictionnelle [2] des droits sociaux. De même, c'est la garantie juridictionnelle [3]. Les droits sociaux fondamentaux sont donc justiciables. Un droit justiciable est donc un « *droit qui peut être invoqué devant une juridiction et sur lequel celui-ci peut se prononcer* »[4]. C'est encore « *un droit par lequel il est possible de recourir à un tribunal pour le faire protéger* »[5]. Ainsi, la justiciabilité des droits sociaux désigne la faculté pour le titulaire d'une prérogative juridique d'un droit social fondamental d'attaquer le destinataire principal de la règle juridique sur le terrain judiciaire contre sa violation afin d'obtenir son application ou sa réparation [6]. À cet effet, cette justiciabilité se fait devant le juge des droits fondamentaux. Il s'agit à cet effet du juge constitutionnel qui est l'organe juridictionnel en charge de se prononcer sur les questions touchant fondamentalement le respect de la Constitution. C'est donc la juridiction particulière qui centralise et

---

[2] Abdoulaye SOMA, *Traité de Droit constitutionnel général,* éd LIBES, 2022, p 498.
[3] *Ibidem.*
[4] HCNUDH, DESC, manuel destiné aux institutions des droits de l'Homme, *op.cit,* p 91.
[5] Etienne Ala KOFFI, *Subjectivisme et objectivisme dans le droit sur l'invention des médicaments*, Thèse, 2012, Université de Toulouse 1 capitole, Droit privé, p 283.
[6] Voir par exemple Sadou Diallo, *Le droit de l'Homme à la santé dans l'espace CEDEAO,* Thèse, 2022, UTS, pp 100-104 Tatiana GRUNDLER, « Le juge et le droit à la protection de la santé », in *Revue du droit sanitaire et social,* Sirey, Dalloz, 2010, pp 835-846 ; Emmanuel GUEMATCHA, « La justiciabilité des droits sociaux en Afrique : l'exemple de la Commission africaine des droits de l'Homme et des peuples », in *Revue des droits de l'Homme*, n°1, 2012, pp 140-157. MWENEDA Alfred, « De la justiciabilité des droits humains sociaux en droit international », in *Journal of humanities and social science*, 2017, 18 p ; Parfait OUMBA, « La CIJ et la problématique des droits de l'Homme, HAL, 2013, 18 p ; Parfait OUMBA, « De la normativité à la justiciabilité du droit à la santé en Afrique : le cas des malades du VIH/SIDA », Université catholique de l'Afrique centrale, 7 p ; Diane ROMANE, « La justiciabilité des droits sociaux ou les enjeux de l'édification d'un état de droit social », in *Revue des droits de l'Homme,* n°1, 2012, pp 1-41.

monopolise la compétence juridictionnelle de garantie des normes constitutionnelles et, partant, la *juridiction* des droits fondamentaux[7].

Il faut rappeler que dans l'histoire du constitutionnalisme guinéen, il a toujours été reconnu au juge constitutionnel la compétence de se prononcer sur les questions concernant les droits fondamentaux garantis dans la Constitution. Le juge constitutionnel est donc le juge des droits sociaux fondamentaux. Il détient l'exclusivité en tant que juridiction spéciale de juger de la violation des droits sociaux contenue dans la Constitution. Il est ainsi le seul à connaitre des préjudices qui pourraient venir du destinataire c'est-à-dire de (l'État guinéen nous soulignons) envers les titulaires c'est-à-dire les bénéficiaires (la population) des droits sociaux.

Les droits sociaux sont des prérogatives juridiques de la personne humaine consacrées dans des textes constitutionnels et internationaux dans le domaine social afin de permettre une réduction des inégalités économiques et dans l'objectif d'assurer une justice sociale. Il s'agit donc comme l'affirme Diane ROMANE, ceux qui concernent le bien-être des membres de la société. C'est-à-dire ceux qui visent à assurer des conditions de vie conformes à la dignité humaine[8]. Ainsi, ce caractère fondamental des droits sociaux selon Véronique CHAMPEIL — DESPLATS découle d'un accord pour les élever à ce rang avec les conséquences juridiques qui lui sont associées[9]. Ils ont ainsi des destinataires[10] et des titulaires.[11]

Historiquement, les droits sociaux ont émergé au début du XXe siècle, notamment à l'occasion des révolutions mexicaines et russes de 1917. Ils correspondent à une conception de l'État providence agissant comme la promotion du bien-être économique et social. Ce sont des droits de « créances » « d'égalités » et leur réalisation implique une prestation de la part de l'État[12]. Ces droits sociaux fondamentaux dont l'objet est la sauvegarde de la dignité humaine appartiennent à la catégorie des droits fondamentaux de protection. Ce sont des veilleurs

[7] Abdoulaye SOMA, *Traité de Droit constitutionnel général*, éd LIBES, 2022, p 536

[8] Diane ROMANE, « La justiciabilité des droits sociaux ou les enjeux de l'édification d'un état de droit social », in *Revue des droits de l'Homme*, *op.cit*, p 8.

[9] Véronique CHAMPEIL-DESPLATS, « Les droits sociaux : éléments de définition », *in* Diane ROMANE (dir), *La justiciabilité des droits sociaux : vecteurs de résistance,* Paris, Pédone, 2012, p 21.

[10] Il 'agit de l'Etat et de ses organes.

[11] Il s'agit des personnes physiques et morales.

[12] Joël ANDRIANTSIMBAZOVINA (dir), *Dictionnaire des droits de l'Homme*, Paris, Puf, 1ère édition, 2008, p 160.

de nuit de la dignité humaine, destinés à la protéger de toutes agressions, de toutes effractions et de toutes intrusions illégitimes ou illégales quand elle se trouve en l'état, c'est-à-dire dans sa forme naturelle[13]. Parmi les droits sociaux de protection garantie en Guinée figure, le droit à la santé, le droit au logement et le droit à l'éducation. Ces prérogatives juridiques fondamentales visent à protéger la dignité des Guinéens contre les privations ou les expulsions illégitimes, illégales et injustifiées, provenant notamment de la part des organes de l'État[14] guinéen.

Leur finalité c'est donc de protéger et de préserver la dignité des Guinéens de toute atteinte extérieure provenant de l'État puisqu'étant le destinataire principal. Cette protection des droits sociaux ne serait effective qu'à travers leur justiciabilité devant les tribunaux. En principe, la justiciabilité étant une garantie de la protection des droits sociaux, permet, à cet effet, aux individus de réclamer la jouissance de leurs droits devant les tribunaux. À souligner que la seule consécration normative d'un droit social de l'homme ne suffit pas à le rendre effectif. La justice doit intervenir pour sanctionner d'éventuelles violations par l'État ou ses organes. Ainsi, sans sanction, sans protection, sans juridiction, les droits sociaux pourraient n'être que de la calligraphie constitutionnelle[15].

Après son accession à l'indépendance le 2 octobre 1958, la République de Guinée a adhéré à la protection des droits sociaux. L'idée étant de garantir tous les domaines de la vie sociale, afin de parvenir à un développement intégral, pour le bien-être des populations[16]. Conscient des difficultés auxquelles sont confrontés sa population dans le domaine de la santé, de l'alimentation, du logement, du travail et de la sécurité sociale, la République de Guinée s'est très vite intéressée à garantir la protection juridique de ces domaines dans le cadre des instruments des droits de l'Homme. Ainsi, plusieurs engagements ont été pris par l'État guinéen. Cette volonté s'est matérialisée par l'adoption de textes juridiques, et également par la mise en place d'institutions de protection des droits sociaux.

---

[13] Abdoulaye SOMA, *Traité de Droit constitutionnel général*, *op.cit*, p 436

[14] *Ibidem.*

[15] *Ibid.* 473.

[16] Emmanuel KAGISYE, « Environnement juridique et institutionnel des affaires en Afrique : cas de la Communauté économique des États de l'Afrique de l'Ouest » HAL, 2017, p 2.

En ce qui concerne l'adoption des textes juridiques, cette consécration apparait à trois niveaux. D'abord au niveau universel, la Guinée est partie à plusieurs instruments universels des droits de l'Homme dans lesquels sont garantis les droits sociaux[17]. À travers ces instruments juridiques, la Guinée s'est engagée à promouvoir les droits sociaux qui y sont consacrés[18]. Ensuite au niveau régional africain, cette prise en compte est répertoriée dans les instruments africains des droits de l'Homme[19]. Ces mêmes engagements à assurer leur effectivité sont aussi pris par la République de Guinée[20]. Enfin à l'interne, cette consécration peut être répertoriée à travers les premières constitutions adoptées après les indépendances et également dans celles en vigueur à travers des dispositions explicites ou non[21].

La mise en œuvre effective de ces droits sociaux devrait permettre à la population guinéenne de bénéficier d'une diversité de moyens leur permettant de mieux en jouir. En contribuant à l'amélioration des droits sociaux de sa population, la République de Guinée devrait bénéficier d'un capital humain productif nécessaire à son développement socio-économique. En outre, cette volonté de protéger les droits sociaux a conduit à la création d'organes juridictionnels en charge des droits de l'Homme au niveau interne. Ainsi à travers les différentes constitutions adoptées par la Guinée, il figure la création d'organes spécialisés notamment les Cours constitutionnelles dont parmi leurs compétences figure la protection et la promotion des droits sociaux. La population serait ainsi en droit de les saisir pour revendiquer leur violation. Ces organes sont ainsi compétents à rendre des décisions visant à protéger et à condamner la violation des droits sociaux des individus vivants en République de Guinée.

Cependant, malgré l'existence d'une garantie et d'une protection, la mise en œuvre des droits sociaux par le justiciable reste confrontée à des défis énormes qui continuent d'entraver leur effectivité. À noter que

[17] On peut citer la DUDH de 1948 et le PIDESC de 1966.
[18] L'article 2 du PIDESC stipule que « L'État s'engage à agir au maximum de ses ressources disponibles, en vue d'assurer progressivement le plein exercice des droits reconnus dans le présent Pacte par tous les moyens approprié, y compris en particulier l'adoption de mesures législatives.
[19] On peut citer la CADHP de 1981, la CADBEE de 1990, le Protocole II de la CADHP relatif aux droits des femmes de 2003.
[20] L'article 1 de la CADHP stipule que « Les États membres de l'OUA, partie à la présente charte, reconnaissent les droits, devoirs et libertés énoncés dans cette charte et s'engagent à adopter des mesures législatives ou autres pour les appliquer ».
[21] Voir par exemple celle de 2010, 2020 et la Charte de la transition de 2024.

leur faible justiciabilité, comme le notent Ludovic HENNEBEL et Hélène TIGROUDJA, est liée au fait que le contenu des obligations mises à la charge de (l'État guinéen) est essentiellement programmatoires et non directement et immédiatement exigible[22]. Les Guinéens dans une large majorité, malgré leur consécration et les voies de recours disponibles dans les textes internationaux, régionaux et nationaux de protection[23] n'utilisent pratiquement pas la voie judiciaire pour réclamer leur jouissance en cas de violation. Cette situation difficile de la protection des droits sociaux à travers le juge des droits fondamentaux contraste significativement avec l'inexistence d'une jurisprudence abondante. Depuis la création de ces organes juridictionnels, ceux-ci n'ont examiné aucune affaire pour violation des droits sociaux. Dès lors, il y a lieu de se poser la question qui consiste à savoir ***quelles sont les causes principales qui empêchent une véritable justiciabilité des droits sociaux devant le juge constitutionnel guinéen ?***

L'étude repose sur un double intérêt. L'intérêt théorique réside dans le fait qu'il s'agit de la première à aborder la question de l'ineffectivité de la justiciabilité des droits sociaux en République de Guinée. C'est donc un apport doctrinal qui vient combler l'absence d'analyse dans ce domaine des droits fondamentaux. Quant à l'intérêt pratique de l'étude, il s'agit d'une analyse sur la difficile émergence d'une jurisprudence constitutionnelle des droits sociaux à travers leur justiciabilité devant le juge des droits fondamentaux guinéen. À cet égard, il repose sur l'analyse des obstacles à l'origine de cette ineffectivité du principe juridique de la justiciabilité des droits sociaux en République de Guinée.

---

[22] Ludovic HENNEBEL, Hélène TIGROUDJA, *Traité de droit international des droits de l'Homme,* Pédone, Paris, 2016, p 1198.

[23] Selon le CODESC, les questions relatives à l'application du PIDESC au niveau national doivent être envisagées à la lumière de deux principes du droit international. Selon **le premier,** tel qu'il est énoncé à l'article 27 de la Convention de Vienne sur le droit des Traités qui stipule qu': « une partie ne peut invoquer les dispositions de son doit interne comme justifiant la non-exécution d'un Traité ». En d'autres termes, les États doivent modifier, le cas échéant, l'ordre juridique afin de donner effet à leurs obligations conventionnelles ; **Le second principe** est énoncé à l'article 8 de la DUDH en ces termes : « Toute personne a droit à un recours effectif devant les juridictions nationales compétentes contre les actes violant les droits fondamentaux qui lui sont reconnus par la Constitution ou par la loi ». cf. Paragraphe 3 de l'observation générale n°9 ; voir aussi HCNUDH, DESC, « manuel destiné aux institutions des droits de l'Homme », *op.cit*, p 26.

Notre objectif est de montrer que le faible taux de la justiciabilité des droits sociaux en République de Guinée par les justiciables est lié non seulement à la méconnaissance des textes juridiques consacrant formellement des prérogatives juridiques des droits sociaux et des moyens de recours qui sont offerts, mais également de montrer que cela résulterait d'une situation provoquée, soutenue et entretenue par l'État guinéen. En cause, la nature particulière de leur réalisation qui nécessiterait beaucoup de moyens financiers et en cas de violation des sommes énormes pour leur réparation.

Je parlerai d'abord de la méconnaissance de l'existence des droits sociaux fondamentaux par les justiciables **(I).** J'évoquerais ensuite l'indifférence de l'État guinéen à encourager la justiciabilité des droits sociaux fondamentaux **(II).**

I. La méconnaissance de l'existence des droits sociaux par les justiciables

Les justiciables guinéens dans une large majorité méconnaissent la consécration constitutionnelle des droits sociaux. Or, elle est fondamentale, essentielle et indispensable pour l'existence d'une justice constitutionnelle de garantie des droits sociaux. Ainsi, l'ignorance d'une part, de la consécration formelle des droits sociaux **(A)** et, accentuée, d'autre part de l'ignorance des voies de recours par les justiciables guinéens fait que la justiciabilité des droits sociaux est ineffective **(B).**

A. L'ignorance de leur consécration dans des textes juridiques

Une large majorité des justiciables guinéens titulaires de la garantie constitutionnelle des droits sociaux ignorent leur consécration dans des textes juridiques. Le manque d'information, de vulgarisation est à l'origine de cette méconnaissance des droits sociaux pour ces titulaires. On est en face d'une population analphabète, qui dans sa majorité n'est point informée de la codification des normes juridiques sociales qui garantirait la dignité humaine des Guinéens dans le domaine social notamment de la santé, de l'éducation et du logement entre autres. D'une part, les titulaires méconnaissent leur consécration dans les constitutions **(1).** D'autre part, ils ignorent leur consécration dans les instruments régionaux et internationaux des droits de l'Homme auxquels la Guinée est partie **(2).**

1. Une méconnaissance des droits sociaux contenus dans les constitutions

Les justiciables guinéens dans leur majorité méconnaissent les différents droits sociaux contenus dans la Constitution or, la consécration constitutionnelle des droits sociaux est un élément pour l'existence d'un système de justice constitutionnelle de garantie[24]. Cette source formelle au sens de Francis HAMON et Michel TROPER est « *cet instrument juridique dont les règles, quel que soit leur objet, sont énoncées selon la forme constitutionnelle* [25] ». Vlad CONSTANTINESCO et Stéphane PIERRE-CAPS le définissent comme « *toutes les règles, quel que soit le statut des textes qui les contiennent, et qui ont un contenu constitutionnel, c'est-à-dire qui aménagent les pouvoirs publics de l'État, énonçant et garantissant les droits des citoyens*[26] ». À cet égard, l'accessibilité à ces prérogatives juridiques sociales garantie dans la Constitution pour les titulaires est fondamentale pour l'effectivité d'un véritable système de justice constitutionnelle de garantie. Cette faculté serait donc primordiale pour faire entendre leurs causes[27]. En effet, les droits sociaux ont toujours fait l'objet de consécration constitutionnelle. Il existe une concrétisation juridique de la reconnaissance des droits sociaux dans les différentes constitutions qu'a connue l'État guinéen. Ils font donc l'objet de constitutionnalisation dans l'État guinéen. Ils sont identifiables dans des normes juridiques constitutionnelles.

Par exemple dans la Constitution du 22 mars 2020, deux droits sociaux y étaient consacrés. On pouvait lire à l'article 18, que toute personne a droit au travail, au libre choix de son emploi ou de sa profession et à la libre entreprise. À l'article 21, chacun avait droit à la santé et au bien-être physique et mental[28]. Dans l'avant-projet de la nouvelle constitution qui devrait être adoptée par référendum, en plus de ces deux droits mentionnés, son article 24 garantit à toute personne le droit à un logement décent, l'État guinéen crée les conditions nécessaires à l'exercice de ce droit. De même, à l'article 21 l'État guinéen garantit à toute personne le droit à l'éducation et à la formation.

---

[24] Abdoulaye SOMA, *Traités de Droit constitutionnel général, op.cit* p 509

[25] Francis HAMON, Michel TROPER, *Droit constitutionnel,* 30ème édition, LGDJ, p 41.

[26] Vlad CONSTANTINESCO, Stéphane PIERRE-CAPS, *Droit constitutionnel*, PUF, 2004, p 182.

[27] Abdoulaye SOMA, *Traités de Droit constitutionnel général, op.cit* p 518.

[28] Pour celle du 7 mai 2010, voir les articles 15 et 20.

Ainsi, ces droits sociaux étant codifiés dans ces instruments constitutionnels constituent ce que le professeur Abdoulaye SOMA qualifie de charte constitutionnelle[29] des droits sociaux fondamentaux. En théorie, cette garantie constitutionnelle est essentielle pour revendiquer la jouissance des droits sociaux devant le juge constitutionnel garant de leur respect. La source juridique de leur justiciabilité repose donc sur leur constitutionnalité. Cette garantie constitutionnelle étant primordiale pour la saisine du juge. Or, celle-ci n'est pas suffisante pour garantir son effectivité si la majeure partie des titulaires censés revendiquer leur respect ignore leur consécration constitutionnelle. C'est à cet égard aussi que les droits sociaux contenus dans les instruments régionaux et internationaux des droits de l'Homme sont aussi méconnus par les titulaires.

2. Une méconnaissance des droits sociaux consacrés dans les textes régionaux et universels des droits de l'Homme

L'existence des droits sociaux contenus dans les instruments régionaux et universels des droits de l'Homme auxquels est partie la Guinée est largement méconnue par les titulaires[30]. Cette consécration conventionnelle est un élément essentiel pour l'existence d'un système de justice constitutionnelle de garantie des droits sociaux. En effet, ces droits sociaux sont ainsi consacrés et identifiables explicitement dans ces instruments des droits de l'Homme reconnus non seulement dans les préambules des différentes constitutions, mais également par leur ratification par l'État guinéen.

Ainsi, différents droits sociaux sont implicitement garantis dans les préambules des constitutions guinéennes, où on peut noter leurs attachements aux respects des instruments juridiques régionaux et universels des droits de l'Homme cités dans les préambules des constitutions. C'est l'exemple de la Constitution de 2010 et 2020, dans lesquelles le peuple proclame son attachement aux idéaux et principes, droits fondamentaux de la personne humaine et devoirs tels que consacrés dans la Charte des Nations Unies de 1945, la DUDH de 1948, les pactes de 1966, la CADHP et ses protocoles additionnels, l'Acte constitutif de l'UA de 2002, le Traité révisé de la CEDEAO de 1993 et

[29] Abdoulaye SOMA, *Traités de Droit constitutionnel général, op.cit,* p 512.

[30] Par instruments régionaux et universels, il est fait référence aux différentes conventions ou traités des droits de l'Homme. Ces instruments s'entendent.

les textes internationaux en la matière ratifiés par la République de Guinée[31].

Ainsi, ces dispositions des droits sociaux internationalement et régionalement reconnues et acceptées par l'État guinéen s'appliquent dans son ordonnancement juridique. C'est donc une condition préalable. À cet effet, le Professeur Mactar Kamara souligne que *« pour que l'individu puisse invoquer une règle du DIDH devant les juridictions nationales, il faudrait au préalable que l'État qui a la juridiction sur lui admette que la règle internationale fait partie de son droit interne* [32]*»*. Ces instruments juridiques étant en vigueur rien ne peut non plus s'opposer à ce que les individus invoquent directement leurs droits sociaux internationalement garantis devant les juridictions nationales, ni même aux avocats de plaider les droits sociaux de leurs clients ou aux juges de motiver leurs décisions en se fondant sur les droits humains applicables devant eux dans les contentieux horizontaux interindividuels ou verticaux opposant l'individu à l'État [33].

C'est l'exemple de la Déclaration universelle des Droits de l'Homme (DUDH) qui reconnait le droit à la sécurité sociale. Son article 22 stipule que : « *toute personne, en tant que membre de la société, a droit à la sécurité sociale, elle est fondée à obtenir la satisfaction des droits économiques sociaux et culturels indispensables à sa dignité* ». Quant à son article 25, il est affirmé que toute personne a droit à un niveau de vie suffisant pour assurer sa santé, son bien-être et ceux de sa famille, notamment par l'alimentation, l'habillement, le logement, les soins médicaux, ainsi que les services sociaux nécessaires. C'est aussi le cas de l'article 23 dans lequel le droit à toute personne au travail est garanti. De même, à l'article 26 il est garanti le droit à l'éducation[34].

Sur le plan régional africain, ces mêmes dispositions existent. À titre d'exemple, la charte africaine des droits de l'Homme et des peuples (CADHP) reconnait à son article 15 le droit au travail à toute personne. À son article 16 il est consacré le doit de jouir du meilleur état de santé

---

[31] Lire les préambules.

[32] Mactar KAMARA, « De l'applicabilité du Droit international des droits de l'Homme dans l'ordre juridique interne », *in ACDI*, n°4, 2011, p 102.

[33] Abdoulaye SOMA, « L'applicabilité des Traités internationaux de protection des droits de l'Homme dans le système constitutionnel du Burkina Faso », *op.cit*, p 12.

[34] Voir pour le PIDESC article 11 (le droit à un niveau de vie suffisant), article 12 (le droit à la santé), article 13 (le droit à l'éducation), article 7 (le droit au travail). Pour la CADHP, voir article 15 (le droit du travail), article 16 (le droit à la santé), article 17 (le droit à l'éducation).

à tous. Quant à l'article 18, il est affirmé que toute personne a droit à la santé. En étant parti à ces différents instruments juridiques des droits de l'homme, il est fait obligation à l'Etat guinéen de prendre toutes les mesures nécessaires à la réalisation progressive et satisfaisante de ces droits sociaux tout en veillant à l'élimination de toutes formes de discrimination et en veillant à l'égalité de tous devant la loi[35]. Cette consécration étant fondamentale pour leur garantie est méconnue par les titulaires. Ce qui rend leur justiciabilité difficile. Cette situation n'est pas du tout suffisante pour leur garantie effective en cas de violation.

Cela s'explique théoriquement par une méconnaissance de l'existence par les individus de ces normes de garanties ainsi que des obligations qui en découlent. À cet effet, il apparaît une absence de revendication des droits sociaux devant le juge des droits fondamentaux. Même en cas de violation ces individus n'ont aucune connaissance de l'existence de leur base juridique afin de revendiquer leur violation. Ainsi, en n'ayant aucune idée sur leur garantie constitutionnelle, régionale et universelle, cette ignorance se répercute sur le manque de connaissance des voies de recours formelles pour revendiquer leur violation ou la jouissance.

B. L'ignorance de l'existence des moyens de recours pour leur revendication

Les titulaires des droits sociaux guinéens ignorent dans leur large majorité l'existence des moyens de recours pour revendiquer leur justiciabilité. Les bénéficiaires c'est-à-dire les sujets au profit desquels les dispositions juridiques produisent des effets protecteurs [36] méconnaissent l'existence des normes juridiques de la justiciabilité des droits sociaux fondamentaux. J'évoquerais d'abord celles concernant les voies de recours pour la saisine **(1).** J'aborderais ensuite celles concernant la compétence du juge des droits sociaux fondamentaux **(2).**

1. Une méconnaissance des normes constitutionnelles et conventionnelles de recours

Les titulaires des droits sociaux en Guinée dans une large majorité méconnaissent l'existence des normes de recours offerts pour

---

[35] cf. Article 4 de la CADHP de 1981.

[36] Abdoulaye SOMA, *Droit de l'Homme à l'alimentation et sécurité alimentaire en Afrique*, Thèse, Genève, 2009, p 67.

revendiquer la jouissance ou leur violation. Les normes de recours formels consacrés dans les normes constitutionnelles ou conventionnelles sont méconnues des personnes. Cette garantie étant une garantie formelle à l'accessibilité du juge des droits sociaux. C'est un élément central au cœur de la saisine du juge pour se prononcer sur le contentieux des droits sociaux.

Cette garantie est identifiable dans des instruments des droits de l'Homme, et offre ainsi la possibilité à tout individu de saisir une juridiction compétente. Par exemple dans la Constitution de 2020, cette possibilité était garantie comme un droit fondamental à part. Il s'agit de l'article 13 qui stipulait que « *toute personne a droit, dans un délai raisonnable et en pleine égalité, à ce que sa cause soit entendue équitablement et publiquement par un tribunal compétent, qui décidera, soit de ses droits et obligations, soit du bien-fondé de toute allégation en matière civile ou pénale dirigée contre elle* ». Cette même possibilité se trouve par ailleurs garantie dans l'avant-projet de la future constitution qui devrait être adoptée par referendum. Par exemple son article 11 stipule que « *Toute personne a droit à ce que sa cause soit entendue équitablement, dans un délai raisonnable, par une juridiction compétente et indépendante. Elle a le droit de s'adresser au juge pour faire valoir ses droits contre l'État, ses préposés ou toute autre personne* ». Ces dispositions garantissent explicitement cette possibilité à s'adresser directement à un juge constitutionnel.

Dans les conventions internationales et régionales auxquelles est partie la Guinée garantissent aussi cette possibilité. C'est le cas de l'article 8 de la DUDH qui reconnait à toute personne le droit à un recours effectif devant les juridictions nationales compétentes contre les actes violant les droits fondamentaux qui leur sont reconnus par la Constitution ou par la loi. Ainsi, légalement tout Guinéen a le droit à ce que sa cause soit entendue, dont la possibilité pour lui de saisir une juridiction nationale compétente de tout acte violant les droits sociaux reconnus dans la DUDH, le PIDESC, la CADHP, la Constitution, les règlements et les coutumes en vigueur. Dans la CADHP reconnut comme faisant partie du bloc de la constitutionnalité, il est aussi consacré cette possibilité. À son article 7 alinéa 1-a il est stipulé que *« Toute personne a droit à ce que sa cause soit entendue, ce droit comprend : le droit de saisir les juridictions nationales compétentes de tout acte violant les droits fondamentaux qui leur sont reconnus et garantis par les conventions, les lois, règlements et coutumes en vigueur.* ».

Il faut souligner que sans une garantie formelle des voies de recours judiciaire la saisine du juge des droits sociaux fondamentaux serait inopérante. On ne peut saisir une juridiction sans que cette possibilité ne soit juridiquement reconnue formellement. Il est donc primordial de faire connaitre aux individus la garantie des voies de recours de saisine de la juridiction compétente. Il s'agit ainsi d'un élément central, essentiel au cœur de la justiciabilité des droits sociaux. Or, à l'état actuel des choses, l'existence de cette garantie formelle de recourir au juge des droits sociaux demeure ineffective. Une large majorité des Guinéens sont déconnectés de ces privilèges juridiques des voies de recours. Ainsi, cette ignorance formelle de l'existence des moyens de recours rend la justiciabilité des droits sociaux inopérants. À cet égard, les différents juges constitutionnels, juges des droits sociaux n'ont jamais été saisis de la violation et de l'invocabilité des droits sociaux garantis dans les différentes constitutions guinéennes ou conventions auxquelles la Guinée est partie. On constate ainsi une difficile émergence d'une jurisprudence des droits sociaux prononcée par le juge constitutionnel guinéen. Cela est encouragé par la méconnaissance des normes de compétences du juge des droits sociaux.

2. Une méconnaissance des normes de compétence du juge des droits sociaux

Les titulaires guinéens des droits sociaux méconnaissent l'existence des normes de compétence de l'organe juridictionnel en matière du contentieux des droits sociaux. En réalité, ces règles juridiques de compétences existent dans les constitutions. À cet effet, l'on peut citer comme les constitutions de 2010 et de 2020, qui ont toujours garanti une compétence formelle aux juridictions constitutionnelles de juger de la violation des droits sociaux. Il s'agit par exemple de l'article 96 de la Constitution de 2010 qui stipulait que « *la Cour constitutionnelle juge de la violation des droits fondamentaux et des libertés publiques par les pouvoirs publics, les agents de l'État et les citoyens* ». Dans celle de 2020, particulièrement à l'article 103, la Cour constitutionnelle était reconnue comme la juridiction compétente en matière des libertés et droits fondamentaux et garants de leur exercice[37].

Néanmoins, l'existence de cette garantie formelle de la compétence du juge constitutionnel n'a pas favorisé une jurisprudence abondante.

[37] Pour l'avant-projet constitutionnel de 2024 voir l'article 140.

Elle est pauvre puisqu'elle n'existe quasiment pas. Les décisions judiciaires des droits sociaux sont inexistantes. Le droit à la santé, le droit au logement, le droit à l'éducation, le droit à l'alimentation ainsi que le droit à l'eau n'ont fait l'objet d'aucune garantie jurisprudentielle devant les juridictions constitutionnelles qu'a connu la Guinée. Cette situation résulterait du type de mécanisme de saisine instauré depuis la mise en place du juge constitutionnel, juge des droits sociaux. En effet, les différentes constitutions qu'a connues la Guinée ont toujours intégré le mécanisme indirect de saisine du juge des droits fondamentaux. Dès lors, les modalités d'accessibilité aux juges ont toujours été telles que consacrées dans les différentes constitutions de manière indirecte. C'est-à-dire à la place du véritable titulaire, ce sont d'autres entités qui saisissent le juge des droits sociaux. Il n'est accessible qu'à travers une tierce personne qui agisse au nom et pour le compte du titulaire.

Ainsi, la consécration juridictionnelle constitutionnelle précédente n'offrait pas cette possibilité. Celle du 7 mai 2010 évoquait la possibilité pour les citoyens de saisir l'Institut National des Droits Humains (INDH)[38]. Quant à celle du 22 mars 2020, elle évoquait l'adoption d'une loi dans laquelle figuraient les institutions qui devaient saisir la Cour constitutionnelle[39]. Cette procédure apparait très complexe vu la lourdeur administrative des institutions étatiques. Cette complexité de la procédure de saisine directe par des plaintes individuelles est une sorte de restriction qui ne permet pas de saisir de façon satisfaisante le juge constitutionnel pour constater la violation des droits sociaux et ordonner leur respect. Ces procédures étant lourdes et complexes. Dès lors, il se crée un désintérêt pour le titulaire des droits sociaux. N'ayant aucune possibilité de saisir directement le juge. D'où la nécessité de se poser la question sur l'utilité de la saisine indirecte, si le titulaire lui-même ne peut le faire directement[40]. Ainsi, l'absence de la justiciabilité de ces droits sociaux par l'inexistence des mécanismes directs de saisine[41] rend l'accessibilité au juge des droits fondamentaux

[38] cf. Article 96.

[39] cf. Article 109.

[40] Il faut noter qu'avec l'avant-projet de la nouvelle constitution de 2024, cette lacune est corrigée en attendant son adoption par referendum. Par exemple à son article 143 il est accordé à toute personne de saisir directement, par voie d'action, la Cour constitutionnelle.

[41] C'est celui qui permet aux titulaires des droits fondamentaux de saisir eux-mêmes le juge constitutionnel, juge des droits fondamentaux contre les actes ou faits du destinataire faisant grief. Comme c'est le cas au Benin, au Gabon, en Allemagne, etc. Voir Abdoulaye SOMA, *Traité de Droit constitutionnel général*, *op.cit.* p p 518-519.

sans intérêt. L'État guinéen étant le destinataire principal profite de cette situation. Il reste ainsi indifférent à encourager la justiciabilité des droits sociaux.

II. L'indifférence des autorités à ne pas encourager la justiciabilité des droits sociaux

La justiciabilité des droits sociaux n'est pas encouragée par les autorités guinéennes. Normalement, dans le respect de leur obligation minimum de mise en œuvre, elles devraient encourager leur justiciabilité devant le juge constitutionnel. Il faudrait rappeler que les droits sociaux sont des droits de créances. Ce sont des droits dont la mise en œuvre nécessite beaucoup de moyens financiers, et les mesures de réalisations le plus souvent demandées sont économiques. Elles sont le plus souvent énormes **(A).** En plus, les sanctions auxquelles l'État guinéen serait exposé en cas de condamnation par le juge des droits fondamentaux seraient probablement irréalisables pour lui en fonction des ressources disponibles (B).

A. Le poids financier de leur réalisation

La réalisation des droits sociaux fondamentaux nécessite un financement économique énorme. Ce qui voudrait dire que l'État guinéen doit dépenser de fortes sommes d'argent pour protéger la dignité de l'Homme sur le plan social. En effet, les droits sociaux sont appelés « ***droits-créances*** » et leur réalisation implique des dépenses financières élevées **(1).** L'État guinéen étant le destinataire principal[42] est en principe soumis aux différentes obligations juridiques qui faciliteraient leur effectivité. Il doit ainsi agir au maximum de ses ressources disponibles. Or, vu les ressources en sa possession pour assurer leur réalisation progressive, l'État guinéen demeure réticent quant à ne pas honorer l'obligation positive fondamentale de mise en œuvre des droits sociaux **(2).**

1. Le coût budgétaire élevé de leur réalisation

[42] Il s'agit ainsi des acteurs auxquels s'adressent les règles juridiques reconnaissant cette prérogative de l'Homme ou encore les personnes juridiquement responsables de la mise en œuvre de ce droit. Abdoulaye SOMA, *Droit de l'Homme à l'alimentation et sécurité alimentaire en Afrique*, Thèse, Genève, 2009, p 75.

L'effectivité des droits sociaux repose sur un certain comportement que doit adopter l'État guinéen pour assurer leur sauvegarde, soit que ce comportement consiste en une abstention de faire, ou soit ce comportement consiste à une obligation de faire. Pour cette dernière par exemple, il peut s'agir de ces obligations qui imposeraient à l'État guinéen d'adopter des mesures budgétaires pour assurer leur pleine réalisation. Il doit ainsi à travers ses organes donnés des directives pour que soient adoptés des budgets conséquents pour que soit mis à disposition au minimum l'essentiel des ressources à sa disposition pour leur satisfaction.

L'État guinéen consacre d'énormes ressources financières au minimum de ses ressources disponibles. Rien qu'à évaluer le budget annuel élevé consacré aux ministères en charge de la réalisation des projets et programmes sociaux. À cet effet, ce poids financier trop lourd consacré par le budget national[43], l'amène à juste garantir quelques-uns de ces droits sociaux comme prérogative juridique pour l'individu dans les différentes constitutions.

Par exemple dans la Loi ordinaire L/2023/… 0026/CNT portant loi des finances pour l'année 2024, des sommes énormes ont été allouées à des ministères indispensables à la réalisation de certains droits sociaux comme l'éducation, la santé, l'alimentation. À l'enseignement préuniversitaire et de l'alphabétisation, il a été voté un budget de 2 472 047 565 milliards de GNF de dépenses de personnel, de biens et de services ; au ministère de la Santé et de l'hygiène publique, un budget de 2 185 842 486 milliards de GNF en dépenses de personnel, de biens et de services ; au ministère de l'Agriculture et de l'Élevage, un budget de 1 511 223 120 milliards de GNF en dépenses de personnel, de biens et de services, etc.

Ces droits sociaux positifs impliquent une revendication active des individus et une intervention de l'État agissant au titre de débiteur[44]. Cet état de fait conduit vraisemblablement l'État guinéen à choisir une consécration limitée. Cette situation comme le note le Professeur Abdoulaye SOMA s'explique du fait que ce sont des droits et libertés qui s'interposent et s'imposent dans les rapports entre l'État et les individus dans le but d'assurer à ces derniers que leurs besoins vitaux

[43] Lire Loi ordinaire L/2023/…0026/CNT portant loi des finances pour l'année 2024.

[44] François RANGEONS, « Les Droits libertés Droits créances : La contradiction du préambule de la Constitution » de 1946, p 173

élémentaires seront garantis, soit pour empêcher des nuisances du premier, soit par l'effet institutionnel de celui-ci[45].

À cet effet, ces droits sociaux nécessitent la fourniture des prestations aux individus. Comme le souligne François RANGEONS, ils donneraient à leurs détenteurs la faculté d'exiger ou du moins de réclamer de l'État la fourniture des prestations[46]. Leur effectivité est donc soumise sur une intervention croissante et constante de l'État. À cet égard, l'État guinéen en tant que débiteur est tenu en principe à des devoirs que lui imposent les obligations juridiques à travers la création des services publics en charge de la fourniture des prestations aux individus de protéger et d'assurer l'exercice concret[47]. Or, l'individu guinéen ne pourrait contraindre l'État à remplir ses obligations juridiques que dans le cadre judiciaire en l'attaquant devant le juge des droits sociaux fondamentaux.

Dans l'histoire du constitutionnalisme guinéen, la garantie des droits sociaux s'est toujours limitée explicitement à deux ou trois prérogatives juridiques sociales. La peur de ne pas satisfaire une panoplie de ces droits sociaux amène l'État guinéen à agir ainsi. Il en consacre d'autres et il en délaisse certains. Par exemple, il a toujours consacré le droit à la santé, le droit à l'éducation et le droit au logement comme des droits sociaux fondamentaux. Par ailleurs, d'autres droits sociaux comme le droit à l'alimentation et le droit à l'eau n'ont jamais fait l'objet de garantie constitutionnelle explicite. Il est évident que plus il existe plusieurs droits sociaux, plus leur satisfaction nécessiterait d'énormes moyens financiers. Ainsi, par peur de ne pas honorer les différentes obligations juridiques qui en découleront, l'État est plus réticent quant à tous les garantir au même moment comme prérogative juridique de l'individu. Par exemple, l'obligation de mise en œuvre supposerait pour l'État guinéen d'adopter des mesures appropriées d'ordre législatif, administratif, budgétaire, judiciaire, incitatif ou autres pour adopter un

[45] Abdoulaye SOMA, *Traités de Droit constitutionnel général, op.cit* p 414.
[46] François RANGEONS, « Les Droits libertés Droits créances : La contradiction du préambule de La Constitution » de 1946, *op.cit* p 170.
[47] *Ibidem* p 176.

budget élevé[48]. Elle se compose de l'obligation de faciliter[49] d'assurer[50] et de promouvoir[51]. À l'interne, elle suppose donc pour l'État guinéen d'adopter des mesures appropriées d'ordre législatif, administratif, budgétaire, judiciaire, incitatif ou autres pour assurer la pleine jouissance de la justiciabilité des droits sociaux. Dès lors, il revient à l'État guinéen d'assurer la vulgarisation des instruments juridiques consacrant les droits sociaux et de faciliter la connaissance des juridictions compétentes en matière de droits sociaux en cas de violation. Il doit en principe se soumettre à ses obligations spécifiques de mise en œuvre. Ainsi, face à cette obligation, l'État guinéen se trouve ainsi dans une situation délicate au risque de ne pas honorer l'obligation fondamentale de mise en œuvre indispensable à l'effectivité d'une véritable justiciabilité des droits sociaux.

2. Le risque de ne pas honorer l'obligation de mise en œuvre

L'État guinéen se retrouve dans un dilemme de ne pas pouvoir respecter l'obligation fondamentale de mis en œuvre à laquelle il s'est engagé à rendre effectif. L'obligation de mise en œuvre est celle qui bien évidemment la plus importante quant à la justiciabilité effective des droits sociaux. Par exemple, pour ce qui est du droit à la santé

---

[48] cf. le Principe 6 des directives de Maastricht relatives aux violations des DESC ; voir aussi HCNUDH, DESC, « manuel destiné aux institutions des droits de l'Homme », *op.cit* pp 19-22. Voir aussi le paragraphe 33 de l'observation générale n° 14 du CODESC sur l'article12 du PIDESC ; Melik OZDEN, « Le droit à la santé : un droit humain fondamental stipulé par l'ONU et reconnu par des Traités régionaux et de nombreuses constitutions nationales », *op.cit*, p 47

[49] L'État guinéen devrait prendre des mesures pour permettre aux particuliers et aux communautés de jouir du droit à la santé et de les aider à le faire.

[50] L'État guinéen est tenu également d'assurer l'exercice d'un droit énoncé dans le pacte, lorsqu'un particulier ou un groupe de particuliers sont incapables, pour des raisons échappant à leur contrôle, d'exercer ce droit avec les moyens dont ils disposent.

[51] Le droit à la santé requiert à l'État, qu'il mène des actions tendant à assurer, maintenir ou rétablir la santé de la population. Il s'agit d'améliorer la connaissance des facteurs favorisant l'obtention de résultats positifs en matière de santé, de logement, d'éducation de sécurité sociale, de l'alimentation et de l'eau c'est-à-dire appuyer la recherche et la diffusion d'informations ; veiller à ce que les services sociaux soient adaptés au contexte culturel et que les individus puissent bénéficier de l'effectivité de la justiciabilité des droits sociaux de groupes vulnérables ou marginalisés. L'État guinéen devrait à cet effet diffuser une information appropriée sur les modes de connaissances des droits sociaux et de la possibilité d'accéder à la justice.

garantie dans les diverses constitutions l'obligation ***de mettre en œuvre*** suppose pour l'État guinéen d'adopter des mesures budgétaires qui s'imposent pour assurer sa pleine réalisation [52]. Des mesures budgétaires pour construire des hôpitaux, acheter des matériels médicaux ainsi que de faciliter économiquement l'accès à tous aux soins médicaux.

Concernant par exemple l'obligation de donner effet au droit à l'alimentation qui n'est pas garanti, cela signifierait pour l'État guinéen de s'employer activement pour améliorer l'accès des populations aux ressources et moyens disponibles pour assurer leur subsistance y compris leur sécurité alimentaire et à promouvoir l'utilisation de ces ressources et moyens[53].

Quant à l'obligation de mettre en œuvre le droit à l'eau non garantie aussi, elle requiert à l'État guinéen de prendre des mesures budgétaires pour assurer sa pleine réalisation[54]. À cet effet, l'État guinéen doit veiller à ce que l'eau soit hygiénique, non salubre et toxique. Tout en mettant en place des systèmes de surveillance pour veiller à ce que les eaux protégées ne soient pas contaminées et de surveiller les zones aquatiques infestées de vecteurs de maladies [55] qui constituent une menace à la santé humaine[56]. Mettre en place des systèmes de gestion de l'eau, notamment les techniques durables de récupération des eaux de pluies et d'irrigation pour les femmes et les agriculteurs de façon équitable [57]. L'effectivité de ces différents éléments nécessite bien évidemment des moyens financiers à disposition.

Cette obligation correspond à une conception de l'État providence agissant comme le promoteur du bien-être économique et social. Son

---

[52] cf. le Principe 6 des directives de Maastricht relatives aux violations des DESC ; voir aussi HCNUDH, DESC, « manuel destiné aux institutions des droits de l'Homme », *op.cit* pp 19-22. Voir aussi le paragraphe 33 de l'observation générale n° 14 du CODESC sur l'article12 du PIDESC ; Melik OZDEN, « Le droit à la santé : un droit humain fondamental stipulé par l'ONU et reconnu par des Traités régionaux et de nombreuses constitutions nationales », *op.cit*, p 47

[53] HCDH, « le droit à une alimentation suffisante », fiche d'information n°34, pp 22-23.

[54] HCDH, « Le droit à l'eau », fiche d'information n°35, 2003, p 31.

[55] Ces maladies sont celles transmises par les insectes (paludisme, dengue, filariose, fièvre jaune très présentent dans l'espace CEDEAO), les mollusques aquatiques (Schistosomiase) et par des vertébrés (Zoonose).

[56] cf. Paragraphe 8 d'observation générale n°15 (2002) du CODESC sur « le droit à l'eau » les articles 11 et 12.

[57] cf. Paragraphe 7 de l'observation générale n°15 (2002) du CODESC sur « le droit à l'eau » les articles 11 et 12.

effectivité nécessiterait ainsi de moyens financiers énormes que l'État guinéen ne dispose pas. Ce qui d'ailleurs, en plus, des ressources internes issues des impôts et taxes, des ressources extérieures sont appelées pour financer les projets et programmes politiques adoptés pour la réalisation de ces droits sociaux. À cet effet, vu les moyens financiers à sa disposition, l'État guinéen éviterait le risque de ne pas se soumettre à des sanctions économiques qui pourraient sembler irréalisables.

B. Les sanctions économiques irréalisables pour l'État guinéen

La non-satisfaction des droits sociaux fondamentaux pourrait exposer l'État guinéen à des sanctions économiques lourdes pour satisfaire l'essentiel des obligations juridiques générales des droits sociaux. La peur ou le risque de ne pas satisfaire économiquement leur réalisation conduit l'État à ne pas encourager leur justiciabilité. Il est fréquent que lorsque l'État est sanctionné dans un procès des droits de l'Homme, on puisse l'imposé des indemnités économiques énormes **(1)** ou bien des sanctions financières coûteuses pour financer des projets socio-économiques **(2)**.

1. Le risque de se soumettre à des mesures d'indemnisations économiques énormes

Le risque pour l'État guinéen à se soumettre à de mesures d'indemnités est énorme. Il est au courant du risque élevé des mesures d'indemnités que pourrait l'imposer le juge des droits sociaux fondamentaux en cas de sanction. Il préfère être très prudent au risque de se soumettre à des indemnités financières énormes. À cet effet, il est donc conscient que les sanctions économiques devant le juge des droits fondamentaux sont susceptibles d'être énormes. Il peut s'agir de fortes sommes d'argent qui lui seraient imposées afin de réparer le préjudice subi par l'individu ou les groupes d'individus.

Face à une telle situation l'État guinéen trouve souvent l'intelligence de garantir quelques-uns. À cet égard, les différentes constitutions dans la plupart des cas se sont limitées à la consécration explicite d'un nombre restreint de droits sociaux. En effet, la réalisation de ces droits sociaux impose de lourdes obligations financières, d'informations et de vulgarisations des mécanismes de recours juridictionnels des droits sociaux. Plus il existe assez de droits sociaux violés à la fois, plus il existerait une possibilité de décaisser d'énormes sommes d'argent pour indemniser les victimes. Ainsi, conscient de ses faibles moyens financiers, il évite de tomber dans ce piège des obligations juridiques qu'il s'est lui-même engagé à réaliser.

Par ailleurs concernant les sanctions, le juge des droits fondamentaux pourrait aussi exiger à ce que soient financé des projets sociaux indispensables à la satisfaction des droits sociaux. Leur garantie effective reposant sur le financement des projets et programmes sociaux conduit à cet effet l'État guinéen à plus de méfiance au risque de se soumettre à des sanctions économiques coûteuses.

2. La méfiance aux risques de se soumettre à des sanctions économiques coûteuses

Le juge des droits sociaux peut éventuellement dans ses décisions amener l'État guinéen à prendre des mesures économiques pour financer les projets et programmes sociaux indispensables pour la satisfaction minimale des droits sociaux. Il peut lui imposer très certainement de respecter les obligations juridiques générales notamment celles contenues dans l'article 2 du PIDESC· À cet effet, il pourrait l'obliger à assurer l'essentiel de l'obligation fondamentale minimum. Cette *obligation fondamentale minimum des droits sociaux fondamentaux i*mpliquerait pour l'État guinéen d'assurer au moins, la satisfaction de l'essentiel de chacun des droits sociaux[58]. Elle ne sera effective qu'avec l'imposition de l'obligation immédiate c'est-à-dire celle d'agir. Par exemple, cette obligation impliquerait pour l'État guinéen au regard des droits sociaux d'adopter immédiatement des mesures pour mettre en œuvre celles contenues dans les constitutions et les instruments régionaux et internationaux des droits de l'Homme constitutionnellement garantis.

Ainsi, sur le plan sanitaire, il pourrait s'agir par exemple de la construction des hôpitaux et centres de santé ; de l'achat de matériels médicaux ; du recrutement des professionnels et agents de santé ; de financer des programmes de lutte contre certaines maladies (campagnes de vaccination et de sensibilisations contre les maladies) pour faciliter l'accessibilité, la disponibilité, la qualité et la quantité de la satisfaction de la dignité humaine dans le domaine sanitaire.

---

[58] Lire par exemple le principe 9 des directives de Maastricht relatives aux violations des DESC.

Sur le plan du logement, il s'agirait par exemple, de la construction des logements sociaux pour les démunis ; de faciliter l'accès à des prix réduits à des logements convenables par des subventions pour faciliter l'accessibilité, la disponibilité, la qualité et la quantité de la satisfaction de la dignité humaine dans le domaine du logement.

Sur le plan éducatif, il s'agirait par exemple de la construction des écoles, de l'achat des matériels scolaires ; du recrutement et de la formation des enseignants pour faciliter l'accessibilité, la disponibilité, la qualité et la quantité de la satisfaction de la dignité humaine dans le domaine éducatif.

Il faut rappeler déjà qu'il existe un engagement de sa part à respecter les normes juridiques mises en œuvre des droits sociaux contenus dans les instruments régionaux et universels qu'il a lui-même ratifié. À cet effet, dans l'article 2 alinéa 1 du PIDESC, l'État guinéen s'est engagé à agir, tant par son effort propre que par l'assistance et la coopération internationales, notamment sur les plans économiques et techniques au maximum de ses ressources disponibles, en vue d'assurer progressivement le plein exercice des droits sociaux par tous les moyens approprié y compris en particulier l'adoption des mesures législatives[59] pour le financement des plans ou projets adoptés en vue de leur réalisation effective.

À cet égard, disposant de ressources limitées, plusieurs projets sociaux indispensables à l'effectivité des droits sociaux sont non réalisés et leur effectivité nécessiterait d'énormes financements. Ainsi, la peur de ne pas honorer l'obligation fondamentale de mise en œuvre des droits sociaux serait au cœur de ce refus à ne pas prendre des engagements auxquels il ne pourrait honorer. Sachant bien évidemment que ces moyens sont limités et ne pouvant pas seulement se consacrer uniquement à ces domaines sociaux il évite très généralement de garantir plusieurs droits sociaux fondamentaux au risque de se voir soumettre à des sanctions financières coûteuses pour réaliser des projets et programmes sociaux que pourrait imposer le juge des droits fondamentaux.

---

[59] À ce propos on peut citer la Loi de finances budgétaires. Généralement il est accordé à chaque ministère un budget de mise en œuvre de sa politique gouvernementale. Par exemple dans le domaine social, des ministères comme la santé et l'hygiène publique, l'éducation nationale et l'enseignement supérieur, l'habitat et le logement ainsi que de l'agriculture disposent chacun des fonds votés à travers la loi des finances pour l'effectivité de leurs missions respectives.

Conclusion

En somme, la justiciabilité des droits sociaux en République de Guinée souffre d'une certaine effectivité pratique. L'inexistence d'une jurisprudence sur les droits sociaux est réelle. Il existe une difficile émergence d'une jurisprudence des droits sociaux. Le juge des droits fondamentaux n'est en aucun cas responsable de cette ineffectivité, la raison est qu'il ne peut se prononcer sur une décision que lorsqu'il est saisi par le titulaire pour violation des droits sociaux par l'État guinéen. Or, le justiciable guinéen est indifférent quant à la procédure à suivre. Cela s'explique par la méconnaissance par le titulaire de la garantie des droits sociaux ainsi que des voies de recours dans les instruments juridiques nationaux, régionaux et universels des droits de l'homme. Cet état de fait complique davantage leur justiciabilité devant le juge constitutionnel. En principe, lorsqu'il est saisi, il est dans l'obligation de rendre une jurisprudence. Celle-ci pourrait être soit en faveur du justiciable en condamnant ainsi l'État, ou bien, soit en défaveur du titulaire donnant ainsi gain de cause à l'État. Cette absence d'une saisine occasionnelle ou constante du juge des droits fondamentaux par les justiciables guinéens permet à l'État de se soustraire à ses obligations spécifiques de mise en œuvre des droits sociaux.

La protection des droits et libertés fondamentaux en droit sénégalais : analyse des mécanismes normatifs et institutionnels

Par Dr Ibrahima MANDIANG,
Enseignant-Chercheur à la Faculté des Sciences juridiques et politiques de l'UCAD (Sénégal).
Email : mandiang20@gmail.com

Introduction

L'Homme en tant qu'être humain ne peut pas vivre seul, sa vie nécessite toujours la présence de ses proches. Pour reprendre les propos d'Aristote *« l'homme est un animal social »*[1]. Cet Homme qui vit en société est titulaire des droits qui sont innés et inhérents à sa personne ainsi des libertés qu'il peut mener individuellement et d'autres collectivement. Il est évident que les droits et libertés appartiennent naturellement à l'Homme. Par conséquent, cette reconnaissance remonte depuis l'antiquité, dans la pensée judéo-chrétienne à travers la fameuse formule de Mathieu dans l'évangéliste : « rendez à César ce qui est à César, et à Dieu ce qui est à Dieu »[2]. Ce passage montre déjà le caractère spirituel et sacré de la personne humaine.

Les rapports entre l'État et les particuliers sont bâtis sur un déséquilibre de pouvoirs. Cela s'explique bien évidemment du fait que la première est constamment à la quête perpétuelle de satisfaction d'une mission d'intérêt général ou de service public. Tandis que les seconds ne cherchent que leurs simples intérêts personnels. Ainsi pour parler comme Jean Rivero « *le mobile de toute personne physique est la poursuite de désirs personnels, d'une satisfaction individuelle alors que le mobile de toute personne morale est la poursuite de l'intérêt général dont les contours varient selon les époques et selon les*

---

[1] WOLFF(Francis), *Aristote et la Politique*, Cairn info, Cairn info, 2008, p 27.
[2] La pensée judéo-chrétienne

circonstances »[3]. En effet, pour atteindre son objectif, l'Administration en tant que bras séculier de l'État s'est équipée d'un nombre important de pléthores de prérogatives de puissance publique (PPP) au détriment des particuliers. Alors, face à cette situation de faiblesse de l'Homme, il est opportun, de mettre en place des instruments normatifs, institutionnels et juridiques à dimension nationale et supranationale capables de mettre l'Homme à l'abri contre la puissance de l'administration et contre toute sorte de pouvoir extérieur.

L'individu a longtemps le désir d'habiter à un endroit où sa sécurité est abritée. C'est d'ailleurs, à ce sens qu'on peut envisager toute la pertinence des propos d'Adama Ndiaye, conseiller à la Cour suprême du Sénégal, lorsqu'il écrit : « *l'Homme a toujours rêvé de vivre dans une société idéale garantissant ses droits individuels, collectifs et sa liberté face à la toute-puissance des pouvoirs. L'on peut dire que la quête conflictuelle ou pacifique de cet idéal ou de ces idéaux lui a finalement permis d'obtenir leur consécration dans beaucoup de déclarations universelles ou autres textes supranationaux repris par moult chartes fondamentales de plusieurs pays* » [4]. De ce fait, pour mener à bien ses activités et s'épanouir pleinement en toute tranquillité dans la société, la garantie de ses droits et libertés doit être absolument assurée par la puissance publique. Ainsi, la question relative à la protection des droits humains demeure préoccupante pour tout État de droit démocratique. C'est dans cette logique, que le Sénégal dès son accession à la souveraineté internationale a vite instauré l'État de droit et la démocratie dans sa constitution comme modèle les plus appropriés pour une protection significative de ceux-ci. Étant donné que, l'État de droit préconise un État soumis à un ensemble de normes juridiques au même titre que les particuliers. Par ailleurs, l'État de droit se définit précisément comme un État où l'autorité s'exerce conformément à des règles connues d'avance, et qui reconnait aux citoyens des droits qu'ils peuvent faire valoir à l'encontre du pouvoir[5]. Ce qui s'oppose à l'État de police dont la volonté des dirigeants demeure presque la seule règle de droit ; ainsi que le pouvoir arbitraire qui est exercé en dehors des normes juridiquement préétablies.

---

[3] RIVERO(Jean), « Dualité de juridiction et protection des libertés », *RFDA* 1990, p.736.

[4] NDIAYE(Adama), Conseillé à la Cour suprême « *La jurisprudence sénégalaise en matière de protection des droits et libertés* » www.coursuprême.sn (consulté le 01 Septembre 2024) du 26 au 27 novembre 2018, p1.

[5] LOCHAK(Danièle), *Les droits de l'Homme* : la découverte, 2009, 57 p.

L'État de droit s'assoit intrinsèquement sur la protection les droits et libertés fondamentales. Dans cette perspective, le professeur Demba Sy a écrit dans un de ses articles que : « *remettre en cause des libertés garanties par la loi revient ainsi à contester l'existence de l'État de droit* »[6]. En effet, le défi totalitaire a conduit au dépassement de la conception purement formelle reposant sur l'idée de la hiérarchie des normes, au profit d'une conception substantielle privilégiant la garantie de la sécurité juridique et des libertés fondamentales. Sous ce rapport, le passage de l'État de police vers un État de droit est un tournant décisif pour la promotion des droits et libertés de l'Homme. Dans cet ordre d'idée, Rémond Carré de Malberg affirme que l'État de droit, « *c'est un État qui, en même temps qu'il formule les prescriptions relatives à l'exercice de sa puissance administrative, assure aux administrés, comme sanction de ses règles un pouvoir juridique d'agir devant une autorité juridictionnelle, à l'effet d'obtenir l'annulation, la réformation ou en tous cas, la non-application des actes administratifs qui les auraient enfreintes* »[7].

Il est important de souligner que le Sénégal a manifesté son attachement à l'État de droit. C'est dans cette dynamique, qu'il énonce dans sa Constitution dès son Préambule, que « *Le peuple sénégalais souverain* […] *proclame le respect et la consolidation de l'État de droit dans lequel l'État et les citoyens sont soumis aux mêmes normes juridiques sous le contrôle d'une justice indépendante et impartiale* »[8] (sic). Dans cette posture, force est de constater que la soumission de l'administration et les administrés au droit constitue un gage pour une préservation subséquente des droits et libertés, car elle encadre, limite et canalise l'action des pouvoirs publics. Dans ce même ordre d'idée, Léon Duguit fait remarquer que « *les hommes qui détiennent le pouvoir sont souvent soumis au droit tout en étant liés par le droit* »[9]

L'égalité des citoyens devant la loi, qui constitue par ailleurs, la pierre angulaire de l'État de droit. Dans cet état, les citoyens sont soumis aux mêmes normes juridiques sous le contrôle d'une justice

---

[6] SY(Demba), « *Protection des libertés publiques : Quelles solutions juridiques, institutionnelles et politiques ?* » https://data.over-blog-kiwi.com.0/83/28/45, (consulté le 01 juillet 2024), 2020, p. 12.

[7] Reymond Carré de Malberg, sa perception de la définition de l'Etat droit.

[8] Cf le préambule de La Constitution sénégalaise du 22 janvier 2001.

[9] DIGUIT(Léo), L'Etat, *Le droit objectif et la loi positive, 2 volumes, 1901-1903*, cité par G. Lebreton, Libertés publiques et droits de l'Homme, 4 e édition, Paris, Armand Colin, 1999, p.26

indépendante[10].Dans cet esprit, cette égalité prévoie que tous les citoyens sont égaux devant la règle de droit sans distinction de race, d'ethnie, de religion, etc. Comme l'atteste l'article premier de la déclaration universelle des droits de l'Homme et du citoyen de du 26 août 1789 lorsqu'il dispose : « *tous les hommes sont nés libres et égaux en droit et en dignité* »[11]. Elle offre aux justiciables la possibilité selon les procédures diverses d'intenter des recours contre toute violation présumée de leurs droits. C'est à l'aube de cette conception de l'État de droit et de la démocratie qu'il faut cerner le vrai sens de la protection des droits et libertés. Bref, dans un État de droit, au-delà de la soumission de l'État au droit, celui-ci vise aussi à protéger substantiellement les droits et libertés des citoyens.

En outre, la démocratie reste un baromètre permettant d'apprécier le degré de protection des droits et libertés de l'Homme dans un État donné. Elle peut être définie comme un système politique dans lequel le pouvoir est attribué aux citoyens, qui ont à la fois un droit de participation et de contrôle de la gestion des affaires publiques[12]. Le peuple détient un pouvoir considérable dans la mesure où d'une part, il peut influencer directement les décisions du gouvernement par le biais du référendum et d'autre part, à travers ses représentants. D'où la perception du 16e président américain d'Abraham Lincoln lors qu'il avance : « *la démocratie c'est le gouvernement du peuple pour le peuple et par le peuple* »[13]. Cette démocratie est particulièrement censée de protéger et promouvoir les libertés et droits humains. En cela, les régimes démocratiques comme le Sénégal assument en principe le respect des droits fondamentaux reconnus à la personne humaine, notamment à travers la doctrine de l'État de droit. La démocratie constitue en outre un paramètre dans lequel les citoyens disposent une marge de manœuvre d'exprimer toutes leurs opinions par toute forme prévue par la loi et dans les conditions prescrites par celle-ci.

Il est clair que le Sénégal s'est fortement inspiré aux différents textes internationaux et communautaires comme source protectrice des droits et libertés. Cette rencontre nous offre aujourd'hui de revisiter le cadre

---

[10] La définition de l'Etat de droit retenu par le constituant sénégalais dans le préambule de La Constitution du 22 janvier 2001.

[11] Cf, l'article premier de la DDHC de 1789.

[12] ILLY(Ousseni), « Les principes démocratiques devant le juge africain des droits de l'homme », www.afrilex.ubordeaux-4.fr, p.15, (consulté le 10 Aout 2024)

[13] Définition de la démocratie d'Abraham Lincoln, seizième président des Etats-Unis, énoncée dans son discours de Gettysburg du 19 novembre 1863.

normatif et institutionnel de la protection des droits et libertés fondamentaux dans l'espace CEDEA depuis 2010.

C'est dans un contexte mondial de promotion, de préservation et de protection des droits et libertés que s'inscrivent tout le sens et la pertinence du sujet de ma communication portant sur **« la protection des droits et libertés au Sénégalais : analyse des mécanismes normatifs et institutionnels »**

En effet, les notions de droits et de libertés font penser à des concepts voisins à savoir : les droits de l'Homme, libertés publiques et droits fondamentaux. Les droits de l'Homme ressortent du droit naturel. Le professeur RIVERO, soutient à juste titre dans son cours de droit que « *la notion de droit de l'homme se situe en dehors et au-dessus du droit positif alors que celle des libertés publiques recouvrent des droits reconnus et aménagés de façon plus ou moins libérale pour les autorités politiques* ». Le juge Kéba MBAYE affirmait que « *les droits de l'Homme se présente donc comme un ensemble cohérent de principes juridiques fondamentaux qui s'appliquent partout dans le monde tant aux individus qu'aux peuples qui ont pour but de protéger les prérogatives inhérentes pour tout homme et à tous les hommes pris collectivement en raison de l'existence d'une dignité attachée à leur personne et justifiée par la condition humaine* »[14]. En somme, on peut retenir que les droits de l'Homme, sont des droits naturels tenant à l'essence même de l'être humain. Quant aux libertés publiques, elles désignent une consécration juridique des droits de l'Homme et bénéficient de la protection par la loi. Selon le lexique des termes juridiques, elles sont des droits de l'Homme reconnus, définis et protégés juridiquement [15] . Dès lors, les libertés publiques sont l'ensemble des droits, libertés individuelles et collectives garantis par les textes législatifs et dont par l'État. Ceci étant, il advient de souligner que les libertés ne sont dites publiques que si l'État intervient pour les reconnaitre et les aménager quel que soit l'objet de cette liberté. Elles relèvent donc du droit positif. Plusieurs classifications coexistent et s'accroissent, qui illustrent la richesse et la diversité des libertés publiques. Il y a lieu de différencier que les libertés individuelles sont celles qu'un individu peut exercer en solitaire sans se rejoindre à autrui. Ce sont des libertés que la personne peut jouir individuellement et

---

[14] MBAYE (Kéba), *Les droits de l'Homme en Afrique*, Paris, édition *A*, Pédone, 1992, p 312.

[15] La définition des libertés publiques par le lexique des termes juridiques

isolément. Par exemple : la liberté d'opinion, liberté de circuler. A contrario, les libertés collectives sont les libertés que les individus ne peuvent exercer qu'en commun, c'est l'exemple de la liberté de manifestation, la liberté de réunion, etc.

Quelle est la portée effective du système de protection des droits et libertés au Sénégal ? Ces derniers bénéficient-ils de mécanismes ou des instruments de sauvegarde véritablement fiables et efficaces ? N'existe — t-il pas des limites dans la mise en œuvre des droits et libertés ? Ces questions montrent à bien des égards que notre sujet d'étude, est d'une actualité brûlante. Au regard de ces considérations, nous essaierons de démontrer qu'il y a une consécration du cadre normatif et institutionnel de la protection des droits et libertés fondamentaux au Sénégal **(I),** mais que cette protection est limitée du fait de l'existence de nombreuses entraves **(II).**

I. Le cadre normatif et institutionnel de la protection des droits et libertés fondamentaux consacré au Sénégal.

Il s'agit d'un cadre normatif étendu avec l'existence d'instruments juridiques nationaux, régionaux et internationaux **(A).** Ce qui a nécessité le renforcement et la garantie des mécanismes institutionnels de protection des droits et libertés au Sénégal **(B).**

A. Le cadre normatif étendu de la protection des droits et libertés fondamentaux.

Différents textes régionaux et internationaux constituent le cadre normatif de protection des droits et libertés d'une part **(1),** d'autre part, nous avons des normes endogènes qui relèvent de la souveraineté dans l'État et englobent le cadre normatif interne de protection des droits et libertés **(2).**

1. Le cadre normatif externe réaffirmé de la protection des droits et libertés.

Ce cadre est constitué des textes internationaux et régionaux. S'agissant des textes internationaux en général, sur le plan international, les pays se sont associés pour élaborer un certain nombre de textes relatif aux droits de l'homme. À ce titre, le droit international traite la plupart du temps les questions rattachées au respect des droits et libertés de l'être humain. À ce point de vue, les droits et libertés fondamentales existent depuis longtemps, mais la nouveauté est qu'ils ont un sujet de prédilection entre les États. Dès lors, pour coordonner la volonté des États, le droit international public prévoit la notion de « traité » et le définit conformément à l'article 2 paragraphe1 de la convention de Vienne sur le droit des traités de 1969 comme un accord international conclu par écrit entre États et régi par le droit international, qu'il soit consigné dans un instrument unique ou dans deux ou plusieurs instruments connexes, et quelle que soit sa dénomination particulière[16]. À cette issue, on assiste à une prolifération de conventions qui traitent exclusivement les droits de l'Homme.

À cet égard, retenons que le terme « droit de l'homme » n'est pas seulement le fruit d'une pensée théorique, ainsi pour être symboliquement appréciable, ces droits doivent faire l'objet d'une déclaration. C'est sous ce prétexte naissent les premières déclarations dont nous pouvons citer celle des droits américains de 1776 qui reconnait à cette époque les droits comme la liberté, l'égalité, et propriété[17]. Ainsi cette déclaration a inspiré grandement celle française des droits de l'Homme et du citoyen de 1789. Il faut bien comprendre le sens de cette déclaration et de tenir en compte du contexte historique dans lequel elle a été rédigée. Puisqu'elle inaugure la période révolutionnaire en inscrivant dans le droit la fin des privilèges qui étaient le propre de la société aristocratique dans l'ancien régime. Il est important préciser que dans « déclaration », il y a l'idée selon laquelle les droits sont énoncés de manière explicite et portés à la connaissance de tous. De ce fait, elle énonce les droits et libertés que les États membres de cette déclaration sont contraints de respecter. Dans cette pensée, ils doivent les restaurer, et aménager les voies pour leurs exercices dans les limites fixées par la législation nationale. À ce titre, l'article 10 de la DDHC en est une pertinente illustration, lorsqu'il dispose que « *nul ne doit être inquiété pour ses opinions, même religieuse, pourvu que leur manifestation ne trouble pas l'ordre public établi par la loi* »[18]. Alors, en devenant partie à un traité international qui touche les droits de l'individu, les États assument des obligations et des devoirs au titre du droit international et s'engagent à respecter, protéger et satisfaire les droits de l'Homme. Étant donné que la

[16] Voir l'article 2 alinéa 1 de la convention de Vienne sur le droit des traités de 1969, intitulé aux fins de la présente convention.
[17] La déclaration d'indépendance américaine, proclamée en 1776.
[18]Cf l'article 10 de la DDHC de 1789.

reconnaissance de la dignité inhérente à tous les membres de la famille humaine et de leurs droits égaux et inaliénables constitue le fondement de la liberté, de la justice et de la paix dans le monde[19].

La gratitude des droits naturels à l'homme devient un patrimoine commun de toute l'humanité et le respect incombe à toute organisation politique. À ce stade, la DDHC témoigne que « le but de toute association politique est la conservation des droits naturels et imprescriptibles de l'Homme. Ces droits sont la liberté, la propriété, la sureté et la résistance à l'oppression »[20] a ces propos liminaires, le Sénégal a bien manifesté son intention d'appartenir à l'ensemble des textes qui prétendent à protéger les droits humains. C'est pour cette raison le préambule de sa constitution affirme son attachement aux droits fondamentaux tels que définis dans la Déclaration des droits de l'homme et du citoyen (DDHC) de 1789[21] et dans la DUDH du 10 Décembre 1948 [22] . Sous l'influence conjuguée de ces textes internationaux, l'État du Sénégal s'arrange à conférer les droits et libertés une fonction plus sociale, plus concrète, en proclamant des droits-créances dont lui imposant en principe des prestations. C'est dans ce courant d'idée que le constituant sénégalais a eu l'élégance de placer tous les textes traitant les droits et libertés de l'Homme au sommet de sa constitution.

C'est ainsi que son préambule fait référence et affirme « *son adhésion à la Déclaration des droits de l'homme et du citoyen de 1789 et aux instruments internationaux adoptés par l'organisation de nations unies et l'organisation de l'unité africaine, notamment la déclaration universelle des droits de l'homme du 10 décembre 1948, la convention sur l'élimination de toutes les formes de discrimination à l'égard des femmes du 18 décembre 1979, la convention relative aux droits de l'enfant du 20 novembre 1989 et la charte africaine des droits de l'homme et des peuple du 27 juin 1981* »[23]. Toutes ces conventions et chartes auxquelles le Sénégal a ratifié place l'Homme dans un État qui lui garantit ses droits les plus absolus sans prendre en considération

---

[19] Voir le préambule DUDH de 1948.

[20] Cf article 2 de la Déclaration des Droits de l'Homme et du Citoyen de 1789.

[21] Cf la Déclaration des Droits de l'Homme et du Citoyen, adopté le 20 août 1789, contenant 17 articles.

[22] Cf la déclaration universelle des droits de l'homme et du citoyen, adoptée le 10 décembre 1948 par l'Assemblée Générale des Nations Unies, proclamant les droits de l'homme et les libertés fondamentales.

[23] Cf le préambule de La Constitution sénégalaise du 22 janvier 2001

aucun aspect subjectif. Pour preuve, la DUDH précise que « *tous les êtres humains naissent libres et égaux en dignité et en droits* » [24]. L'Etat du Sénégal a donc la responsabilité d'encadrer l'exercice des droits et libertés tout en assurant l'égalité de tous devant la loi comme la DDHC l'a mentionné dans ce passage « la garantie des droits de l'Homme et du Citoyen nécessite une force publique : cette force est donc instituée pour l'avantage de tous, et non pour l'utilité particulière de ceux auxquels elle est confiée » [25]. En outre, la même déclaration retrace la liberté d'expression que tout citoyen a le droit de jouir. Cette liberté est vitale dans la mesure où chacun a le besoin de manifester ses pensées, sa vision des choses sans porter atteinte l'intégrité et l'honneur d'autrui. Sous ce rapport, évoquons cette phrase de laquelle de la DDHC « La libre communication des pensées et des opinions est un des droits les plus précieux de l'homme : tout Citoyen peut donc parler, écrire, exprimer librement, sauf à répondre de l'abus de cette liberté dans les cas déterminés par la Loi »[26]. Dans ce même postulat, la protection des droits et libertés par les textes internationaux est aussi éclatante à travers certaines dispositions de la DUDH. Ainsi, elle souligne, la liberté de circulation qui est fondamentale pour tout citoyen. Donc toute personne a le droit de circuler librement et de choisir sa résidence à l'intérieur d'un État[27]. La liberté de réunion est posée par la DUDH en indiquant que « toute personne a droit à la liberté de réunion et d'association pacifiques »[28]. La DDHC et la DUDH ont été complétées par deux pactes à savoir le pacte international relatif aux droits civils et politiques du 16 décembre 1966 et le pacte international relatif aux droits économiques sociaux et culturels, entré en vigueur le 3 janvier 1976. Ces deux pactes s'inspirent de ces déclarations et s'inscrivent dans la même dynamique de protection des droits et libertés de l'Homme.

Pour preuve, le jour même de l'adoption de la déclaration, le 10 décembre 1948, l'Assemblée générale demandait à la Commission des droits de l'homme de préparer un projet de pacte relatif aux droits de l'homme, étant entendu que la jouissance des libertés civiles et politiques et celle des droits économiques, sociaux et culturels sont liées entre elles et se conditionnent mutuellement. Dans cette atmosphère, le

---

[24] Cf l'article premier de la Déclaration Universelle des Droits de l'Homme du 10 décembre 1948.

[25] Cf article 12 de la Déclaration de droits de l'Homme et du Citoyen de 1789.

[26] Cf article 11 de la DDHC.

[27] Cf l'article 13 alinéa premier de la DUDH du 10 décembre 1948.

[28] Cf l'article 20 alinéa premier DUDH du 10 décembre 1948.

premier pacte exhorte les États-parties à s'engager pour la jouissance de certains droits par ses citoyens en disposant que « les États parties au présent Pacte s'engagent à assurer le droit égal des hommes et des femmes de jouir de tous les droits civils et politiques énoncés dans le présent Pacte »[29]. À la lumière de ces dispositions, nous pouvons retenir que chaque citoyen a le droit de jouir librement de son droit de vote. En sus, il a le droit de créer ou d'appartenir à un parti politique afin de conquérir à l'expression du suffrage. En cela, le deuxième pacte donne l'obligation à chaque État signataire du Pacte d'assurer aux titulaires leurs droits économiques et sociaux dans les conditions limitées par la loi.

S'agissant des instruments juridiques régionaux, la création d'un système continental cohérent de protection des droits de l'Homme en Afrique répond à un mouvement international plus large d'élaboration de systèmes régionaux de protection des droits de l'homme, initié par l'adoption de la Convention européenne de sauvegarde des droits de l'homme et des libertés fondamentales en 1950[30] suivie de la mise en place d'une Cour européenne des droits de l'Homme[31]et par l'entrée en vigueur de la Convention américaine des droits de l'Homme en 1969[32] créant la Cour interaméricaine des droits de l'Homme. Dans ces circonstances, l'organisation de l'unité africaine a été créée et remplacée plus tard par l'U.A. En conséquence, l'U.A est une organisation internationale à partir de laquelle est adoptée la Charte africaine des droits de l'homme et des peuples. La Charte constitue désormais un moyen de protection et de promotion non seulement des droits de l'homme, mais aussi des droits des peuples en tant qu'entités sociales. Les États membres de l'organisation de l'unité africaine, partis à la présente Charte, reconnaissent les droits, devoirs et libertés énoncés

---

[29] Cf l'article 3 du Pacte international relatif aux droits civils et politiques, conclu à New-York le 16 décembre 1966, Approuvé par l'Assemblée fédérale le 13 décembre 19911 Instrument d'adhésion déposé par la Suisse le 18 juin 1992 Entré en vigueur pour la Suisse le 18 septembre 1992.

[30] Convention de Sauvegarde des droits de l'Homme et des Libertés fondamentales, amendé par le Protocole n° 15, à compter de son entrée en vigueur le 1er août 2021.

[31] Cour européenne des droits de l'Homme, institué par le conseil de l'Europe.

[32] Convention américaine des droits de l'Homme, adopté le 22 novembre 1969 lors d'une réunion de la plus plupart des États du continent américain à San José, Costa Rica, elle est entrée en vigueur le 18 juillet 1978, la suite d'un onzième dépôt des instruments de ratification, de la part de Grenade

dans cette Charte et s'engagent à adopter des mesures législatives ou autres pour les appliquer[33].

Toujours, parmi les systèmes régionaux de protection des droits et libertés dont le Sénégal est partie intégrante, nous pouvons citer le cas de la CEDEAO. En effet, elle était construite purement pour favoriser l'intégration et le développement économique de la communauté. Toutefois, beaucoup évènements malheureux ayant conduit la violation de la dignité humaine ont fait foison ces dernières décennies. Exemple les guerres en Siéra Léone et au Libéria ont marqué amplement l'esprit des défenseurs des droits de l'homme en Afrique de l'Ouest. C'est pour cela, il fallait une organisation communautaire comme la CEDEAO qui s'oriente vers la protection et la promotion des droits de l'homme conformément aux dispositions de la Charte africaine des droits de l'homme et des peuples[34].

En dehors du cadre normatif externe de protection des droits et libertés dont le Sénégal a amplement adhéré, nous avons aussi de l'autre côté un cadre normatif interne de protection desdits droits et libertés.

2. Le cadre normatif interne précisé de la protection des droits et libertés

« L'État de droit n'évoque plus seulement l'existence d'un ordre juridique hiérarchisé, mais encore un ensemble de droits et libertés inscrits dans des textes de valeur juridique supérieure : par la suite, la hiérarchie des normes devient un moyen de protection de ces droits[35] ». En tant qu'État de droit démocratique, le Sénégal a prévu dans son ordonnancement juridique des droits et libertés invocables par tout citoyen. Ainsi, les droits et libertés occupent une place très importante dans l'ordre juridique interne. Ce cadre normatif interne est relatif à la protection constitutionnelle d'une part et législative des droits et libertés au Sénégal d'autre part .

S'agissant de la protection constitutionnelle, l'État de droit est défini initialement comme un Etat dans lequel aussi bien l'administration et

---

[33] Cf l'article premier de la Charte africaine des droits de l'homme et des peuples, adoptée le 27 juin 1981 à Nairobi, Kenya, lors de la 18e Conférence de l'Organisation de l'Unité Africaine (OUA). Entrée en vigueur le 21 octobre 1986 après ratification de la Charte par 25 Etats. 49 des 52 membres de l'OUA l'ont ratifié.

[34] Cf article 4(g) du protocole révisé de la CEDEAO du 24 juillet 1993 ;

[35] CAMARA (Mamadou Badio), son allocution prononcée lors d'un séminaire portant sur « l'Etat de droit au Sénégal », à Dakar du 10 au 12 mars 2015, p.1 disponible sur www.coursuprême.sn, (consulté le 01 octobre 2024).

les administrés sont soumis au droit, le Sénégal a consacré les droits et libertés dans son environnement constitutionnel global pour assurer la sécurité juridique de ses citoyens. Les constitutions sont filles des libertés[36]. D'ailleurs, la constitutionnalisation des droits et libertés répond à une nécessité historique, puisqu'ils ont été déjà pris en compte par beaucoup de déclarations que le Sénégal a ratifiées.

Tous ces droits et libertés sont consacrés expressément dans le corpus constitutionnel et doivent être exercés librement. De ce fait, ils sont opposables aux pouvoirs publics. À tout point de vue, elles permettent à l'Homme de jouir amplement dans l'État de droit purement démocratique. En sus, le droit d'aller et de venir est constitutionnellement garanti pour tout citoyen. C'est là toute la pertinence des dispositions de l'article 14[37] de la Constitution. Le droit de grève aussi est reconnu et consacré par la constitution malgré, son exercice est du ressort de la loi. Dans la même mouvance d'idée, la révision constitutionnelle, adoptée lors du référendum du 20 mars 2016 consacre de nouveaux droits relatifs aux ressources naturelles, le droit à un environnement sain. On peut constater que, le constituant sénégalais a commencé à rappeler le propriétaire des ressources naturelles en vertu de l'article 25-1 alinéa premier de la Constitution révisée par la loi n° 2016-10 du 5 avril 2016.

L'adoption de cet article répond à la découverte récente du pétrole et du gaz. Ces ressources doivent être exploitées et gérer dans la transparence pour aboutir à un résultat escompté et permettent aux citoyens d'en jouir amplement. Il convient de relever que les droits humains ne sont pas seulement protégés par la Constitution, ils sont aussi coulés dans les textes législatifs. D'ailleurs, dans le même cadre normatif interne de protection des droits et libertés, le législateur joue aussi un rôle non négligeable.

S'agissant de la protection législative, traditionnellement, les droits humains sont protégés doublement au niveau interne. Ceci étant, le constituant sénégalais proclame les droits et libertés dans la Constitution, mais ces droits s'exercent dans les conditions prévues par la loi. C'est la Constitution elle-même qui donne des compétences propres au pouvoir législatif en matière des droits et libertés à son

---

[36] ARDANT(Philippe), « *Les constitutions et libertés* » https://revue-pouvoirss.fr/les-constitutions-et- les- libertés, 1998, p. 61. (Consulté le 03 octobre 2021)

[37] Tous les citoyens de la République ont le droit de se déplacer et de s'établir librement aussi bien sur l'étendue du territoire national qu'à l'étranger.

article 67[38]. (Gouverneur, Préfet ou sous-préfet), après avoir être informé trois jours francs au moins et quinze jours francs au plus avant la manifestation, ne peut interdire cette liberté qu'à deux conditions : une menace réelle de trouble à l'ordre public, insuffisances des forces de sécurité pour s'y opposer[39]. L'exercice des libertés publiques, doivent en principe être autorisé et encadré en même temps par l'autorité administrative sauf en cas exceptionnel. Comme dit la doctrine « *en matière de liberté, l'autorisation est le principe, l'interdiction l'exception* ». Au regard de ces idées, on peut affirmer sans risque se tromper que le législateur par l'intermédiaire du représentant de l'État, veille à la protection des droits de l'individu.

Le Code pénal à son tour, garantit droits et libertés à travers certaines dispositions. Il en est ainsi celles qui prévoient « *lorsqu'un fonctionnaire public, un agent, un préposé ou un membre du Gouvernement, aura ordonné ou fait quelque acte arbitraire, ou attentatoire soit à la liberté individuelle, soit aux droits civiques d'un ou de plusieurs citoyens, soit à la Constitution, il sera condamné à la peine de la dégradation civique* »[40]. En ce sens, la jouissance de la liberté individuelle notamment celle d'aller et de venir est largement protégée par le CP. En effet, il réprime toute action attentatoire à l'exercice de cette liberté. Cette protection est faite particulièrement contre les fonctionnaires dépositaires de la force publique. Entre autres, toute arrestation arbitraire ou illégale et séquestration faite par un particulier est punie par les dispositions de l'article 334 du CP[41]. Dans cette même lancée, le législateur veille au respect du droit à la vie privée et sanctionne les abus de pouvoir de l'Etat et ses agents ayant entrainé la violation de domicile des citoyens à travers l'article 164 du CP[42].

---

[38] Cf article 67 de La Constitution du 22 janvier 2001.

[39] Articles 14 de la loi n°78-02 du 29 janvier 1978 relative aux réunions publiques.

[40] Article 106 de la loi n°2016- 29 du 08 novembre 2016, modifiant et remplaçant la loi n°65-60 du 21 juillet 1965 portant code pénal du Sénégal.

[41] Article 334 du code pénal qui dispose que : « seront punis de la peine des travaux forcés à temps de dix à vingt ans ceux qui, sans ordre des autorités constituées et hors les cas où la loi ordonne de saisir des prévenus, auront arrêté, le détenu ou séquestré des personnes quelconques. Quiconque aura prêté un lieu pour exécuter la détention ou séquestration subira la même peine. Seront également punis de la même peine ceux qui auront conclu une convocation ayant pour objet d'aliéner soit à titre gratuit, soit à titre onéreux, la liberté d'une tierce personne.

[42] Article 164 de code pénal qui dispose que tout fonctionnaire de l'ordre administratif ou judiciaire, tout officier de justice ou de police, tout commandant ou agent de la force publique qui, agissant en sa dite qualité, se sera introduit dans le domicile d'un

Par ailleurs, les droits politiques (les droits électoraux) sont singulièrement protégés par le législateur par le biais du code électoral. Ces droits renvoient en « *diverses prérogatives reconnues aux citoyens et à travers lesquelles ils peuvent participer à la vie politique : droit de vote et d'éligibilité, droit à des élections régulières et sincères, droit de créer librement des partis politiques et d'y adhérer* »[43]. L'ensemble de ces droits est garanti par la loi électorale. À ce juste titre, l'article L.27 du code électoral rappelle à son alinéa que le droit de vote est reconnu des membres du corps militaires et paramilitaires à tous grades ainsi qu'aux fonctionnaires qui en sont privés par leur statut particulier[44].

Le Code de la famille de sa part, protège quelques droits liés à la personne humaine. Il en est ainsi des droits de la personnalité juridique. Cette dernière commence de la naissance et cesse au décès[45]. Il s'agit des droits fondamentaux et inaliénables qui assurent à l'Homme la protection des attributs de la personnalité parmi lesquels, le droit à l'honneur qui est rattaché à la dignité humaine en fonction du sentiment que l'on a sur sa propre dignité et le sentiment que les autres ont de notre dignité. Pour protéger ce droit, le législateur sénégalais a prévu des sanctions comme le délit de diffamation ou d'injures publiques dans les articles 258 et 262 du Code pénal. Le droit à l'image, en vertu duquel, toute personne peut s'opposer à ce qu'on ne puisse utiliser son image sans son consentement qu'elle n'y soit autorisée expressément ou tacitement[46].

En tant que quatrième pouvoir, la presse sénégalaise est élevée à la dignité constitutionnelle et bénéficie d'une protection spécifique de la loi. À ce propos, l'article 11 de la Constitution précise que la création d'un organe de presse pour l'information politique, économique, sportive, sociale, récréative ou scientifique est libre et n'est soumise à aucune autorisation préalable. Le régime de la presse est fixé par la loi. Le code de la presse encadre l'exercice de la profession de la presse.

---

citoyen contre le gré de celui-ci, hors les cas prévus par la loi, et sans les formalités qu'elle a prescrites, sera puni d'un emprisonnement de six mois à deux ans, et d'une amende de 25.000 à 150.000 francs, sans préjudice de l'application du second alinéa de l'article «106 »

[43] GAUDIN(H), RIAS(S), MARGUENAUD (J.P), *Dictionnaire des droits de l'Homme*, PUF, 1104 p.

[44] La loi 2021-35 portant code électoral du Sénégal à son article L.26.

[45] Article premier alinéa 1 de la loi n°72-61 du 12 juin 1972 portant code de la famille du Sénégal.

[46] CORREA(L), *Dans son cours de droit des personnes*, Université Assane Seck de Ziguinchor, p 35.

B. Les mécanismes institutionnels renforcés de protection des droits et libertés au Sénégal

Ce sont des garanties de techniques procédurales **(1)** et l'intervention du juge constitutionnel et judiciaire **(2).**

1. Les garanties de techniques procédurales

C'est le recours pour excès de pouvoir d'une part et d'autre part la procédure du référé administratif.

S'agissant du recours pour excès de pouvoir (REP), la Cour suprême est juge en premier et en dernier ressort de l'excès de pouvoir des autorités administratives ainsi de la légalité des actes des collectivités territoriales [47] . Pour garantir les droits des citoyens, l'action administrative doit se dérouler selon des règles de référence préétablies et non de façon arbitraire ou selon la seule volonté de l'administration[48].

Dans l'affaire Alioune TINE, le juge de la Cour suprême avait annulé l'arrêté du préfet de Dakar portant interdiction d'une manifestation contre le FESMAN à la place de l'Obélisque, faute d'allégation d'éventuel trouble à l'ordre[49]. Dans cette même logique, dans l'arrêt Parti Démocratique Sénégalais contre État du Sénégal le juge administratif a annulé l'arrêté interdisant un sit-in du parti, devant le ministère de l'Intérieur, au motif que l'acte incriminé s'était borné à invoquer les menaces de trouble à l'ordre public sans établir une insuffisance des forces de sécurité nécessaires à son maintien.

S'agissant du référé administratif, hormis, le recours pour excès de pouvoir, intenter devant le juge administratif pour la sauvegarde des droits et libertés, un moyen plus rapide et efficace est aussi mis en place à savoir la procédure du référé administratif. Il existe plusieurs types de référés parmi lesquels on retient principalement trois : le référé-liberté, la suspension, le référé conservatoire. Le référé suspension est un moyen de recours permettent d'obtenir la suspension d'une décision administrative résultant d'un doute sérieux de sa légalité. Il a remplacé

---

[47] L'article premier de la loi n°2017 – 09 du 17 janvier qui énumère les compétences de la Cour suprême.

[48] KHOUMA(Ousmane), « Le contrôle de la légalité externe des actes administratifs unilatéraux par le juge sénégalais, un exemple de transposition de la jurisprudence française », www.revueafrilex.ubordeaux-4, 2015, p. 3. (Consulté le 23 septembre 2024).

[49] C.S, 19 octobre 2011, Alioune TINE c/ Etat du Sénégal, Bulletin des arrêt n°35 inédit.

le sursis à l'exécution dans l'ancienne législation. Aux termes de l'article 83 sur la Cour suprême, « il est institué un juge des référés en matière administrative. Il statue pour des mesures qui présentent un caractère provisoire. Il n'est pas saisi du principal et se prononce dans les meilleurs délais. Est juge des référés, le premier président de la Cour suprême ou le magistrat qu'il désigne à cet effet »[50].

2. Les autres techniques innovées de garantie

Il s'agit d'une part du recours devant le juge constitutionnel et de l'intervention du juge judiciaire d'autre part.

Concernant le recours devant le juge constitutionnel, c'est à partir des années 1990, fut institué une juridiction constitutionnelle chargée du contentieux constitutionnel généralement dénommée Cour ou Conseil constitutionnel, désormais étoffée de toute une batterie de dispositions destinées à faire primer les droits fondamentaux et appelée de les protéger[51]. C'est dans le processus de démocratisation que plusieurs pays africains ont mis sur pied des juridictions constitutionnelles spécialisées et autonomes. En effet, l'importance accordée aux droits et libertés fondamentales dans les démocraties libérales a conduit le Sénégal à mettre en exergue des voies de recours spécifiques pour en assurer l'effectivité. Ces recours montrent à tel point est essentiel le rôle du juge constitutionnel en matière de défense des droits et libertés.

Les compétences de juge constitutionnel sénégalais sont mentionnées au niveau de l'article 92 de la constitution sénégalaise du 22 janvier 2001. Cet article précise que le Conseil constitutionnel connait la constitutionnalité des lois et des engagements internationaux, des conflits de compétences entre le pouvoir exécutif et le pouvoir législatif, ainsi que les exceptions d'inconstitutionnalité soulevées devant la Cour d'appel et la Cour suprême. Le Conseil constitutionnel peut être saisi par le Président de la République pour avis. Le Conseil constitutionnel est juge de la régularité des élections et les consultations référendaires et en proclame les résultats. Le contrôle par voie d'action est considéré comme un contrôle objectif, préventif, en ce sens il s'agit d'un procès fait contre une loi. Il est un contrôle fermé, car n'étant pas ouvert à tous. En réalité seules les autorités et particulièrement le

---

[50] Article 83 de la loi organique n°2017- 9 du 17 janvier 2017 sur la Cour suprême.

[51] BALDE(Sory), *La convergence des modelés constitutionnels. Études des cas en Afrique subsaharienne*, édition Publibook, Paris, 2011, p 381.

Président de la République, les députés représentant au moins le deuxième de l'Assemblée nationale.

Concernant l'intervention du juge judiciaire, naturellement, dans un régime démocratique on distingue trois types de pouvoir : celui de voter les lois (législatif), celui de faire respecter la loi et l'ordre public (exécutif) et celui de trancher les litiges (judiciaire). Ces pouvoirs doivent indépendants l'un de l'autre pour permettre à chacun d'assurer pleinement sa mission. En effet, l'indépendance du pouvoir judiciaire ressort clairement par l'article 88 de la Constitution lorsqu'il dispose que « *le pouvoir judiciaire est indépendant du pour exécutif, et du pouvoir législatif. Il est exercé par le Conseil constitutionnel, la Cour suprême, la Cour des comptes et les Cours et tribunaux* »[52].

Le juge judiciaire a toujours été considéré comme le juge « naturel » de la protection des droits et libertés. C'est pourquoi, le constituant sénégalais conformément à l'article 91 de la constitution, a choisi de confier le pouvoir judiciaire le garant des droits et libertés défini par la Constitution et par la loi. Le principe de la reconnaissance au juge comme le garant des droits humains est une tradition en droit sénégalais. En matière civile comme en matière pénale, le juge joue un rôle de garant des droits de la personne. Dans cette acception, il assure le respect des conditions de principe qui gouvernent le procès. Dans le procès pénal par exemple, plusieurs principes dirigent la procédure pénale. Les principes sont cités dans la quasi-totalité des instruments internationaux, comme la Déclaration universelle des droits de l'Homme, la Charte africaine des droits de l'Homme et des peuples et le pacte international relatif aux droits civils et politiques. Tous ces instruments sont visés par le préambule de la Constitution du Sénégal et leur respect incombe au juge judiciaire. Parmi ces principes nous pouvons citer d'abord la présomption d'innocence qui est consacrée par la déclaration universelle des droits de l'Homme du citoyen de 1789 à son article 9[53].

Ce principe signifie que toute personne poursuivie est présumée innocente jusqu'à ce que sa culpabilité ait légalement établi par un tribunal compétent. Il est fondamental dans la procédure pénale

---

[52] L'article 88 de la Constitution du Sénégal du 22 janvier 2001

[53] Article 9 de la Déclaration Universelle des droits de l'Homme et du Citoyen de 1789 qui admet que « tout homme étant présumé innocent jusqu'à ce que qu'il ait été déclaré coupable, s'il est jugé indispensable de l'arrêter, toute rigueur qui ne serait pas nécessaire pour s'assurer de sa personne doit être sévèrement réprimée par la loi »

rattachant aux libertés individuelles. Il appartient donc au ministère public en tant que représentant de la société d'apporter des preuves pour la culpabilité de la personne accusée. Au cas contraire, le juge est tenu de l'acquitter lorsque la preuve sur sa culpabilité est insuffisante ou s'il existe un doute. Dans le fond, cette présomption d'innocence est un droit subjectif qui appartient à toute personne, elle vise à protéger les individus non encore jugés définitivement contre les jugements de valeur sur sa culpabilité, que ce soit par les magistrats, les autorités politiques ou toute autre personne[54].

En outre, le droit à la présomption d'innocence est consacré et garanti par l'article 11 de la Déclaration universelle des droits de l'Homme qui dispose à cet effet que : « *toute personne accusée d'un acte délictueux est présumée innocente jusqu'à ce que sa culpabilité ait été légalement établie au cours d'un procès public où toutes les garanties nécessaires à sa défense lui auront été assurées.* »

Le droit à la défense constitue est un principe directeur dans le procès pénal dont le juge judiciaire en veille sur son respect. C'est la possibilité offerte à toute personne poursuivie d'être assisté par un avocat dès les premières heures de l'interpellation. Cette règle a été consacrée par l'article 5 du Règlement n° 5 relatifs à l'Union Économique et Monétaire Ouest-africaine[55].

II. Les entraves à la protection des droits et libertés fondamentaux au Sénégal

L'effectivité de la protection des droits de libertés au Sénégal ne s'apprécie pas uniquement sur des bases théoriques c'est-à-dire sur le cadre normatif et institutionnel mis en place. Il faut donc aller loin pour jauger leur niveau de garantie. L'expérience pratique nous renseigne que la protection des droits de l'homme connait beaucoup de limites dans leur mise en œuvre. Ce qui nous parait logiquement d'examiner d'une part la relativité de la protection des droits et libertés **(A)** et

[54] SENE(Cheikh), Cours de procédure pénale, à l'Université Alioune DIOP de BAMBEY, 2019, p 7.

[55] L'article 5 du Règlement n°5 relatifs à l'harmonisation des règles régissant la profession d'avocat au sein de l'UEMOA du 25 septembre 2014 qui dispose que « les avocats assistent leurs clients dès leur interpellation, durant l'enquête préliminaire, dans les locaux de la police, de la gendarmerie, ou devant le parquet.

d'autre part, le contournement justifié de la protection desdits droits **(B)**.

A. Une protection relative des droits et libertés

La limitation des droits et libertés en droit sénégalais ressort de différentes natures. Ce qui sera l'occasion d'analyser dans un premier temps les limites pratiques **(1)** et dans un second temps, les limites théoriques (**2**).

1. Les limites d'ordre pratiques

Le constituant sénégalais a réservé au législateur le droit de déterminer et de fixer des spécifications, de réglementations des libertés fondamentales. Dans ce sillage, la loi peut restreindre les conditions d'exercices d'une liberté publique en adaptant aux circonstances particulières sans toutefois supprimer les droits existants. Selon le doyen Prosper WEIL, « *la soumission de l'administration au droit et au contrôle du juge administratif relève d'un miracle* »[56].

En effet, l'administration qui décide de manière délibérée à se soumettre à la règle de droit, peut aussi la déroger si les situations l'exigent. Par conséquent, la soumission de l'administration au principe de la légalité n'est pas absolue. Certains événements difficiles, imprévisibles, graves peuvent permettre à l'administration de pouvoir agir sans respecter scrupuleusement la légalité. Pour dire qu'il peut arriver que certaines circonstances anormales exigent temporairement un traitement particulier de certaines libertés. Dans ce sillage, il est prévu dans la Constitution et certaines catégories de lois[57] des régimes dans lesquels le l'administration centrale peut prendre des mesures d'urgence. Dans ce cas d'espèce, elle dispose alors des prérogatives à restreindre les droits et libertés. Deux régimes d'exceptions légales

[56] WELL(Prosper), *Le droit administratif*, Que sais-je ? 17e édition, 1997, p 1.

[57] Loi n°69-29 du 29 avril 1969 relative à l'Etat d'urgence et à l'Etat de siège, modifiée et remplacée par la loi n°2021-18 du 19 janvier 2021 relative à la gestion des catastrophe naturelles et sanitaires.

constituent le fondement de limitation des libertés publiques à savoir : l'état d'urgence[58] et l'état de siège[59].

Brièvement mentionné par l'article 69[60] de la Constitution du 22 janvier 2001, l'état d'urgence est défini comme un état de crise qui renforce les pouvoirs des autorités civiles en matière de sécurité des personnes et en conséquence, les libertés qu'elles soient individuelles ou collectives sont limitées. Trois cas justifient la déclaration de l'état d'urgence :

— Un péril résultant d'atteintes graves à l'ordre public ;
— Menées subversives compromettant la sécurité intérieure ;
— Événements présentant le caractère de calamité publique.

Quand ces situations se présentent, le Président de la République peut déclencher l'état d'urgence. Toutefois, la prolongation de cet état d'urgence au-delà de douze jours doit être autorisée par l'Assemblée nationale. Les décisions des autorités administratives qui seraient être illégales en période normale peuvent devenir légales parce qu'il apparait nécessaire de réglementer la bonne marche du pays. Les pouvoirs de police de l'administration sont très étendus. C'est ce qu'on peut qualifier de dictature légale[61]. En cas de déclaration de l'état d'urgence, l'exercice des libertés publiques peuvent être interdire par l'autorité compétente. Il résulte de l'article 3 de la loi 69-29 du 29 avril 1969 relative à l'état d'urgence et l'état de siège qui dispose que « *la déclaration de l'état d'urgence donne pouvoir à l'autorité compétente de réglementer ou interdire la circulation des personnes, des véhicules ou des biens dans certains lieux et à certaines heures, d'instituer des zones de sécurité où de séjour des personnes est réglementé ou interdit ;*

[58] L'état d'urgence désigne un régime exceptionnel, mis en place par un gouvernement, en cas d'atteinte grave à l'ordre public, de trouble à l'ordre public ou de calamités nationales. Il se traduit par un renforcement des pouvoirs de l'autorité administrative, notamment des pouvoirs de polices, des restrictions de certaines libertés publiques ou individuelles pour des personnes considérées comme dangereuses : contrôle de la presse, limitation de circulation des personnes ou des véhicules, expulsions du territoire, interdiction de réunion, assignation à résidence.

[59] L'état de siège quant à lui est un dispositif juridique généralement mis en œuvre par le gouvernement en cas de péril imminent (insurrection armée ou invasion étrangère) pour la nation. Il comme conséquences : l'armée remplace la police pour la sécurité publique ; certaines libertés de l'État de droit (circulation, manifestation, expression) sont fortement restreintes.

[60] Article 69 de la Constitution dispose que « l'état d'urgence, comme l'état de siège est décrété par le président de la République »

[61] Dictature légale signifie un gouvernement qui prend des décisions hors la loi pour régler une situation précise.

d'interdire le séjour dans tout ou une partie ou de plusieurs circonscriptions visées par l'article 2 ; toute personne cherchant à entraver de quelque manière que ce soit l'action des pouvoirs publics ; d'interdire à titre principal ou particulier, tous cortèges ou défilés, rassemblements, manifestations sur la voie publique »[62]. En filigrane, l'autorité administrative peut procéder à des réquisitions, à des assignations à résidence, à la fermeture de lieux de culte ou public. Le régime de l'état d'urgence est prononcé suite à l'atteinte grave à l'ordre public ou calamité publique.

En ce qui concerne l'état de siège, il proclamé aussi par décret en cas de péril imminent résultant à une insécurité à main armée ou d'une guerre extérieure. Dans ce cas d'espèce, les pouvoirs des autorités civiles en matière de maintien de la sécurité sont transférés aux autorités militaires. La déclaration de l'état d'urgence entraine automatiquement la restriction des libertés individuelles étant donné que les pouvoirs de police sont considérablement élargis. Au demeurant, les mesures de police interdites aux autorités militaires en temps normal deviennent légales. Aux termes de l'article 15 de la loi n° 69 — 29 du 29 avril 1969 relative à l'état d'urgence et l'état de siège « *l'état de siège peut être dans tout ou une partie du territoire de la République du Sénégal en cas de péril imminent pour la sécurité intérieure et extérieure de l'État. Le décret instituant l'état de siège détermine la ou les circonscriptions territoriales dans lesquelles il entre en application [...] Dans les circonscriptions territoriales, la déclaration de l'état de siège met fin à l'état d'urgence si celui-ci y était en vigueur* ». En somme, les deux types de circonstances légales exceptionnelles constituent une menace grave à l'exerce des libertés individuelles et collectives à l'image de la liberté de circulation, la liberté d'aller et de venir, la liberté d'expression, liberté de manifester, liberté de réunion. D'où l'adage « *situation exceptionnelle, mesure exceptionnelle* »

L'avènement de la pandémie à covid-19 a beaucoup contribué à la restriction des droits et libertés. Avec l'adoption de l'arrêté ministériel n° 007782 du 13 mars 2020 portant interdiction provisoire de manifestations ou rassemblements [63]. En vertu de cet arrêté, la

[62] Article 3 de la loi n°69 -29 du 29 avril 1969 relative à l'état d'urgence et l'état de siège.

[63] Article premier de l'arrêté ministériel n°007782 du 13 mars 2020 fixant l'interdiction provisoire de manifestations ou rassemblements dispose que « Sont interdits sur l'étendue du territoire national, pour des raisons de sécurité liées à la propagation du covid-19, toutes manifestations ou rassemblements de personnes dans

jouissance des droits et libertés était profondément encadrée. En outre, les limites à l'exercice des libertés publiques étaient plus manifestes avec l'institution de l'arrêté ministériel n° 09789 du 12 mars 2020 portant interdiction temporaire de circuler[64], qui avait institué le couvre-feu[65] dans toutes les régions. En plus, les actes du gouvernement peuvent être source d'entorse aux libertés fondamentales dans la mesure où ils échappent au contrôle du juge. On distingue principalement d'une part des actes relatifs au rapport entre le gouvernement et les pouvoirs constitutionnels. Par exemple la décision de la convocation des électeurs aux élections législatives, la décision de participation à l'initiative des lois.

D'autre part, les actes relatifs aux relations internationales, comme ceux relatifs à la négociation ou à la conclusion des traités. L'ensemble de ces actes ne peut pas faire l'objet d'un contrôle de la part du juge. Cela revient à dire que même ces types d'actes violent les droits et libertés, les citoyens ne peuvent en aucun cas les contester devant l'autorité judiciaire. Par ailleurs, il y a les pouvoirs exceptionnels du Président de la République.

S'il existe une menace grave et immédiate sur les institutions de la République, l'intégrité territoriale ou les engagements internationaux ou l'irruption sur le fonctionnement régulier des pouvoirs publics, le président peut faire usage de ses prérogatives exceptionnelles prévues par l'article 52 de la constitution. L'utilisation de ces prérogatives constitutionnelles peut aller jusqu'à restreindre ou limiter l'exercice normal des droits et libertés des citoyens.

Sur le plan constitutionnel, les pouvoirs du président sont très étendus. En effet, c'est lui qui nomme formellement le chef du gouvernement[66], les autres ministres ; signe les décrets[67] ainsi que les

---

les lieux ouverts ou clos », www.imprimerie-nationale.gouv.sn(consulté le 12 octobre 2023).

[64] Article premier de l'arrêté ministériel n°008207 du 24 mars 2020 portant interdiction temporaire de circuler.

[65] Le couvre-feu est une mesure de police ou un ordre militaire consistant en une interdiction temporaire de sortir de chez soi à certaines heures. Le couvre-feu apparaît comme une modalité de mise en œuvre de l'état de siège car aboutissant à un dessaisissement des autorités civiles au profit des autorités militaires

[66]En vertu de l'article 49 de la Constitution, le Président de la République nomme le premier ministre et met fin à ses fonctions.

[67] Article 43 de la Constitution le Président de la République signe les ordonnances et les décrets.

traités internationaux ; nomme les fonctionnaires[68] et dispose du droit de grâce[69]. Tous ces pouvoirs énumérés montrent à bien des égards la puissance du chef de l'État au Sénégal. Par la suite, sa suprématie entraine un impact négatif sur les droits et libertés.

Le Président de la République nomme les juges et les procureurs d'autres facteurs d'ordre subjectifs limitent la protection des droits et libertés.

2. Les limites d'ordre théorique

Reconnus et garantis par les différents instruments internationaux et nationaux, les droits et libertés fondamentales revêtent un caractère sacré dans les démocraties modernes. Leur pleine jouissance témoigne de la vitalité de l'État de droit et leur protection apparait aujourd'hui comme un objectif[70]. Le Sénégal a longtemps pris des dispositions pour garantir tous les droits de l'homme. C'est pour cela, il a été considéré parmi les États de droit les plus démocratiques en Afrique de l'Ouest. De ce fait, les règles qui y sont dégagées sont applicables aussi bien à l'administration que par les citoyens. Pourtant ce principe n'est pas figé, car il y'a des cas l'administration ne respecte plus le droit de façon rigoureuse. Cette dérogation à la règle de droit entraine immédiatement la limitation subjective des droits et libertés. Ces limites subjectives s'analysent à travers par les circonstances exceptionnelles (paragraphe 1) et par les troubles à l'ordre public (paragraphe 2).

B. Le contournement justifié de la protection des droits et libertés au Sénégal

Plusieurs facteurs tendent à remettre en cause l'idéal de protection des droits et libertés au Sénégal. Sur le plan politique actuel, l'intérêt général est assidûment utilisé par les gouvernants pour justifier la limitation des droits et libertés accentuée par les menaces des nouvelles technologies **(1),** et la lutte contre le terrorisme **(2).**

---

[68]Article 44 de la Constitution dispose que le Président de la République nomme aux emplois civils. Voir aussi l'article 45 qui précise que le Président est la chef suprême des armées, il nomme à tous les emplois militaires et dispose de la force armée.

[69] Article 47 de la Constitution dispose que le Président de la République a le droit de faire grâce.

[70] OUEDRAOGO(Ouseini), « La limitation des droits fondamentaux par l'ordre public en droit constitutionnel béninois et burkinabé », www.afrilex.u-bordeaux4.fr, p 1. Consulté le 14 septembre 2024).

1. Les menaces des nouvelles technologies

Avec la mondialisation, les TIC gagnent de plus en plus le terrain. En effet, ils peuvent menacer la vie privée, notamment en créant des incidences sur les droits de l'homme et sur l'action humaine. Aujourd'hui, avec la numérisation de la société, on assiste fondamentalement à des modifications des relations entre les individus et entre l'individu et l'administration. De ce fait, les TIC bouleversent nos habitudes en favorisant certaines libertés ou droits fondamentaux, mais tout en les affaiblissant, par des limites. La liberté individuelle est plus menacée par les technologies de l'information et de la communication du fait qu'elle est liée à la vie privée des personnes. Pour éviter la violation du droit à la vie privée, le Sénégal a institué une commission des données à caractères personnels[71]. Cette commission a été mise en place pour lutter contre aux différentes formes d'atteintes aux droits et libertés des personnes. Par ailleurs, dans l'exposé des motifs de la loi n° 2008-12 du 25 janvier 2008 est mentionné : avec le développement de l'informatique et les applications, le domaine traditionnel de la vie privée s'enrichit chaque jour de nouveaux éléments. Partie intégrante de ces éléments, les données à caractère personnel s'avèrent être des ressources très convoitées.

Leur traitement doit se dérouler « *dans le respect des droits, des libertés fondamentales, de la dignité des personnes physiques* ». De ce fait la législation des données à caractère personnel s'avère être un instrument de protection générale à l'égard des droits et libertés fondamentales de la personne[72]. Mais malheureusement, on note que la commission ne dispose pas les moyens pour assurer pleinement sa mission. Conséquemment, les technologies constituent toujours à menacer les libertés individuelles. Ainsi l'expansion de l'internet en Afrique de l'Ouest particulièrement au Sénégal a engendré une croissance exponentielle des possibilités de s'exprimer librement, mais aussi la sphère où se développe les contenus haineux, antisémites, parfois les atteintes aux données personnelles de la vie privée, la désinformation, les fausses et la manipulation des de l'information. À

[71] La commission de protection des données personnelles, autorité administrative indépendante, instituée par la loi n° 2008-12 du 25 janvier 2008, est chargée de vérifier la légalité de la collecte et le traitement des données personnelles des Sénégalais et s'assurer que toutes les précautions sont prises pour qu'elles soient sécurisées.

[72] Voir l'exposé des motifs de la loi n°2008 -12 du 25 janvier 2008 sur la réglementation des données à caractère personnel.

ce titre, tous ces abus ont un impact considérable sur les droits et libertés des usagers de l'internet. De la sorte, la liberté d'expression et la communication qui est déjà garantie par les instruments nationaux et internationaux. L'usage de Facebook, Instagram, Twitter semblent symboliser la liberté de penser, peut cependant parfois entrer en contradiction avec le respect d'autres libertés fondamentales : le respect de la vie privée, le droit à l'image, le respect de la dignité de la personne, à l'ordre public[73]. De nombreuses applications fournissent des services de proximité : localisation, guides et parcours, en utilisant des données à caractère personnel présentes dans la mémoire de ces smartphones, parfois, au détriment des libertés individuelles, voire publiques, en dévoilant des pans de la vie privée[74] .Les principales entraves aux droits et libertés résultent essentiellement des personnes physiques à travers la diffamation, l'injure, et l'insulte.

D'abord, la diffamation est une action qui porte atteinte à l'honneur et la réputation d'une personne. Elle constitue un abus à la liberté d'expression et répond à trois éléments : une allégation ou imputation d'un fait précis, une atteinte à l'honneur ou à la considération et une personne identifiée ou identifiable. L'action en diffamation passe souvent par les canaux des nouvelles technologies de l'information pour nuire les libertés. Dès lors, elle est punie par l'article 258 alinéa 1 du Code pénal disposant en ces termes : *« toute allégation ou imputation d'un fait qui porte atteinte à l'honneur ou à la considération de la personne ou du corps auquel le fait est imputé est une diffamation. Lorsqu'elle a été faite par l'un des moyens, elle est punissable même si elle s'exprime sous une forme dubitative ou si elle vise une personne ou un corps non expressément nommé, mais dont l'identification est rendue possible par les termes des discours, cris, menaces, écrits ou imprimés, placard ou affiches incriminés »*[75]. Ensuite l'insulte qui est conçue comme une parole ou un acte destiné à offenser, à blesser la dignité humaine. On voit aussi que dans la société actuelle, les insultes prennent une très grande ampleur sur les réseaux sociaux. Du coup, ils constituent une occasion pour propager les atteintes à l'exercice normal

---

[73] DIOUF(Astou), La liberté d'expression sur l'internet au Sénégal, www.https:/ceracle.com/, juin 2020, p 11. Consulté le 28 septembre 2024).

[74] CAROLINE(Vallet), « Le dévoilement de la vie privée sur les sites de réseau social. Des changements significatifs », Droit et société, 2012, n°80, p. 163.

[75] Article 258 alinéa 1 du code pénal sénégalais.

des droits et liberté. Et en fin, les injures[76] sont de plus en plus fréquentes sur les réseaux l'internet.

Il faut souligner aussi que la menace des droits et libertés par des nouvelles technologies peuvent aussi provenir de la puissance publique. Il faut reconnaitre que le développement des nouvelles technologies de l'information et de la communication est un espace de communication puissant et internationale qui traverse les frontières, mais cet espace n'est pas bien sécurisé. À ce niveau, son utilisation peut réduire, voire même anéantir certaines droits et libertés. Par exemple, la violation du secret de la correspondance[77], l'intimité. De plus, la généralisation de la dématérialisation de nombreux documents, la vidéosurveillance et la vulgarisation de certaines techniques, initialement militaires, comme le GPS[78], peuvent venir réduire cet espace de liberté individuelle[79]. La cybercriminalité[80] est un système qui porte atteinte fréquemment aux libertés des citoyens. On peut retenir que les nouvelles technologies de l'information et de la communication offrent des avantages considérables, comme elles sont quelquefois, un péril pour les droits et libertés. Dans cette même lignée, la montée du terrorisme au cours des dernières années, constitue un obstacle pour l'exercice des droits de l'homme.

2. La lutte contre la menace du terrorisme

Le terrorisme est une menace à l'échelle mondiale. Selon dictionnaire le Robert, c'est l'emploi systématique de la violence pour atteindre un but politique[81]. À partir de ces différentes tentations de

---

[76] L'injure est définie par l'article 258 alinéa 2 du Code pénal comme : « Toute expression outrageante, tout terme de mépris relatif ou non à l'origine d'une personne, toute invective qui ne renferme l'imputation d'aucun fait est une injure ».

[77] On dit qu'il y a violation du secret de la correspondance lors qu'une tierce personne prend connaissance d'un échange soit par orale, par écrit, mail, par courrier et à caractère personnel sans le consentement des parties.

[78] Global Positioning System.

[79]HARIVEL(Jean), *Libertés individuelles, risques et enjeux de la société numérique*, https://theses.hal.science/tel-01889924/document, 2018, p. 16, (consulté le 30 octobre 2024).

[80] La cybercriminalité vise les nouvelles technologies de l'information et de la communication, comme le piratage, le vol de données, ou utiliser la technologie pour commettre des crimes, comme la fraude ou l'extorsion. La cybercriminalité est commise par le cybercriminel ou des pirates informatiques qui cherchent à gagner de l'argent et nuire les droits et libertés des personnes.

[81] Le dictionnaire le robert pour la définition du terrorisme.

définitions, on peut en déduire la montée en puissance du terrorisme tend à remettre en cause les libertés politiques et civiques des citoyens. Dès lors, depuis les attentats du 11 septembre 2001[82], la lutte contre le terrorisme est devenue au centre des préoccupations des tous les pays du monde. Cette protection s'est trouvée assortie de nombreuses limites aux libertés individuelles. Par exemple la liberté de circulation vers un autre pays résultant de la déclaration préalable, de documents d'identité biométriques, la restriction aux libertés fondamentales avec les interceptions possibles des communications privée, voire de reniement de l'État de droit[83].

Dans cette lancée que le Sénégal s'est inscrit en mettant tous les voies et moyens pour empêcher le terrorisme à accéder à l'intérieur de son territoire. Tenter de lutter contre le terrorisme revient à limiter l'exercice des droits et libertés fondamentales des personnes. Ainsi, avec l'accroissement de la menace terroriste, lutter contre sa prolifération constitue aujourd'hui le plus important levier de restriction des droits fondamentaux dans la plupart des États africains en général et en particulier au Sénégal. La recherche de remède aux troubles occasionnés par des évènements comme les manifestations contre les modifications constitutionnelles ont fini par engendrer les mesures préventives contre le terrorisme.

La propagation inquiétante du terrorisme a poussé beaucoup de pays à l'image du Sénégal a approuvé des dispositions législatives pour y faire face. Faut-il renforcer l'arsenal législatif en modifiant la Constitution et diminuer les droits et libertés ? L'éradication du phénomène terroriste s'accompagne obligatoirement avec la restriction les libertés individuelles. Dans cet esprit, revisitions la loi n° 10/2021, modifiant la loi n° 65-60 du 21 juillet 1965 portant code pénal et le code de procédure pénale. Dans cette loi, le gouvernement vise à renforcer la lutte contre le terrorisme, la piraterie maritime et la criminalité transnationale organisée. « *Bien que les autorités aient des inquiétudes légitimes des groupes armés islamistes au Sahel et de la menace qu'ils peuvent faire peser sur le Sénégal, elles devraient s'assurer que ces lois*

[82] Ce jour-là, les tours jumelles du World Trade Center ont tomber en poussière, la puissance symbolique des Etats-Unis d'Amériques a été ébranlée, ainsi qu'une certaine idée de la liberté. Le Patriot Acte a été signée par Georges BUSH. Au nom de la sécurité, quelques-unes des libertés fondamentales si chères sont ont été sacrifiées.

[83] HARIVEL (Jean), Les libertés individuelles, risques et enjeux de la société numérique, Op.cit., p. 30.

ne sont pas instrumentalisées pour supprimer les droits fondamentaux » [84]. Cette loi prévoit les actes susceptibles d'être qualifiés d'actes terroristes. L'article 279 alinéa 2 du nouveau Code pénal sénégalais prévoit « *constitue un acte de terrorisme, lorsqu'il est commis intentionnellement en relation avec une entreprise individuelle ou collective ayant pour but de troubler gravement l'ordre public ou le fonctionnement normal des institutions par l'intimidation ou la terreur, le fait d'introduire dans l'atmosphère, sur le sol, dans le sous-sol ou dans les eaux une substance de nature à mettre en péril la santé de l'homme ou des animaux ou le milieu naturel* »[85].

Les définitions imprécises, vagues du mot « terrorisme » pourraient être utilisées pour criminaliser les activités politiques pacifiques et porter atteinte intrinsèquement la liberté d'association et la liberté de réunion. En plus, ces lois antiterroristes interviennent dans un contexte de tension politique particulière avec une répression d'un grand nombre de manifestants pacifiques occasionnant une dizaine de morts et plusieurs blessées en mars 2021. Donc force est de dire que ces lois ont un impact sérieux sur les libertés publiques notamment politiques et civiques et servent à restreindre l'espace de la démocratie sénégalaise. En tout état de cause, on peut constater que les lois antiterroristes entrées en vigueur au Sénégal, ont suscité d'énormes réactions de la part de l'opinion publique, des organisations de la société civile et de l'opposition. Ces dernières les dénoncent et considèrent que c'est une atteinte inacceptable aux libertés publiques. La menace de ces libertés s'accentue profondément sur la prolongation de la durée de la garde en vue[86] en matière de terrorisme. Le terrorisme est multiforme. On peut

[84] Déclaration d'ALLEGROZZI Ilaria, chercher senior sur l'Afrique Centre à Human Rights Watch.

[85] Article 279 alinéa 2 du code pénal sénégalais.

[86] La garde à est une mesure de privation de liberté prise lors d'une enquête judiciaire à l'encontre d'une personne suspectée d'avoir commis une infraction grave. Ce garde à vue dure quarante-huit-heures (48). Cependant, elle peut être allonger jusqu'à quatre-vingt-seize heures (96), pour les infractions d'une extrême gravité comme les atteintes à la sureté de l'Etat, les actes terroristes.

en retenir le terrorisme religieux[87], le terrorisme révolutionnaire[88], le terrorisme d'État[89] et le terrorisme communautaire[90]. Dans le souci de renforcer sa sécurité afin d'éviter toutes ces formes de terrorismes, qu'on assiste actuellement une série de restriction de toute sorte des droits et libertés.

CONCLUSION

Les rapports entre l'État et les particuliers sont bâtis sur un déséquilibre de pouvoirs. Cela s'explique bien évidemment du fait que la première est constamment à la quête perpétuelle de satisfaction d'une mission d'intérêt général ou de service public. Tandis que les seconds ne cherchent que leurs simples intérêts personnels. Ainsi pour parler comme Jean Rivero « *le mobile de toute personne physique est la poursuite de désirs personnels, d'une satisfaction individuelle alors que le mobile de toute personne morale est la poursuite de l'intérêt général dont les contours varient selon les époques et selon les circonstances* »[91].

En effet, pour atteindre son objectif, l'Administration en tant que bras séculier de l'État s'est équipée d'un nombre important de pléthores de prérogatives de puissance publique (PPP) au détriment des particuliers. Alors, face à cette situation de faiblesse de l'Homme, il est opportun de mettre en place des instruments normatifs, institutionnels et juridiques à dimension nationale et supranationale capables de mettre

[87] Dans le terrorisme religieux, il s'agit non pas d'actes terroristes commis par les personnes appartenant à telle ou telle religion, mais d'actes terroristes commis au nom d'une religion. En d'autres termes, ce type de terrorisme revendique du fondamentalisme religieux (l'Islam) pour prôner un retour à la lettre du texte sacré en proposant une supériorité du spirituel sur le temporel et conteste bruyamment et violemment la laïcité.

[88] Le terrorisme révolutionnaire est une opposition où l'Etat apparait à la fois comme le modèle à imiter et l'obstacle à éliminer. Ce type de terrorisme s'applique à une méthode d'intimidation coercitive qui vice à exercer une pression sur un gouvernement en place par le biais d'actes de violence dirigés directement contre ledit gouvernement.

[89] Le terrorisme d'État c'est l'utilisation par un gouvernement des mesures d'actes violents à l'encontre d'une partie de ses administrés, sous couvert des raisons d'État. Il consiste de la terreur par un État sue sa propre population.

[90] Le terrorisme communautaire consiste généralement à revendiquer la souveraineté nationale.

[91] RIVERO(Jean), « Dualité de juridiction et protection des libertés », *RFDA* 1990, p.736.

l'Homme à l'abri contre la puissance de l'administration et contre toute sorte de pouvoir extérieur.

LA PROTECTION DES DROITS FONDAMENTAUX AU BURKINA FASO SOUS LA TRANSITION MILITAIRE

Par SIÉZA Yabré Anselme,
Docteur en droit public, Université Thomas SANKARA, Burkina Faso.

Résumé

La protection effective des droits fondamentaux en période normale, n'a pas toujours été une évidence *à fortiori* en période de crise. Sous la transition burkinabè née de la rupture successive de l'ordre constitutionnel, l'effectivité de cette protection laisse à désirer. Les droits fondamentaux, théoriquement garantis par une variété d'instruments normatifs, dont la Constitution et la Charte de la transition, sont sévèrement limités en ce qui concerne leur jouissance. L'ordre public sécuritaire notamment la lutte contre le terrorisme, a justifié ces limitations qui ne sont pas, pour la plupart, réellement nécessaires dans une société qui se revendique démocratique même si elles poursuivaient un but légitime.

Mots-clés : protection, droits fondamentaux, transition, Burkina Faso.

Summary

The effective protection of fundamental rights in normal times has not always been a matter of course, especially in times of crisis. Under the Burkinabe transition born of the successive breakdown of the constitutional order, the effectiveness of this protection leaves much to be desired. Fundamental rights, theoretically guaranteed by a variety of normative instruments including the Constitution and the Transition Charter, are severely limited in their enjoyment. Public order and security, in particular the fight against terrorism, have justified these limitations, which are not, for the most part, really necessary in a society that claims to be democratic, even if they pursue a legitimate aim.

Keywords : protection, fundamental rights, transition, Burkina Faso.

Introduction

Si tout changement anticonstitutionnel de gouvernement est une menace grave à la stabilité, à la paix, à la sécurité et au développement[1], la dissémination[2] continue des régimes de transition constitutionnelle en Afrique demeure alors très inquiétante[3]. Cela, même s'il est vrai, qu'au regard de l'histoire, l'instabilité politique n'est pas une nouveauté en Afrique, car les États africains ont connu, depuis leur accession à l'indépendance, des crises politiques multiformes allant des coups d'État, en passant par des rebellions jusqu'aux sécessions[4]. La rupture de l'ordre constitutionnel induit cependant, des incidences majeures sur la mise en œuvre effective des droits fondamentaux de la personne humaine dont la protection apparaît aujourd'hui, comme un objectif de valeur constitutionnelle à préserver.

Dans les démocraties modernes, en effet, les droits fondamentaux revêtent un caractère sacré[5] et leur pleine jouissance témoigne de la vitalité de l'État de droit[6]. La plupart des constitutions adoptées par les

---

[1] Article 2 al. 4 de la Charte africaine de la démocratie, des élections, et de la gouvernance du 30 janvier 2007.

[2] Entre avril 2019 et août 2023 seulement, l'Afrique a connu une dizaine de coups d'État ayant placé des militaires au pouvoir. Les plus récents sont ceux du Gabon, du Tchad, de la Guinée Conakry, du Mali, du Niger et du Burkina Faso.

[3] À ce propos, voir Séni M. OUEDRAOGO et Djibrihina OUEDRAOGO, « Propos inquiets sur la dissémination des régimes de transition constitutionnelle en Afrique », *Revue Afrilex*, octobre 2021, 25 p. https://afrilex.u-bordeaux.fr/2021/10/26/propos-inquiets-sur-la-dissemination-des-regimes-de-transition-constitutionnelle-en-afrique/, consulté le 2 décembre 2024.

[4] À ce propos, voir Joël Baraka AKILIMALI et Trésor Makunya MUHINDO (sous dir.), *L'État africain et la crise postcoloniale. Repenser 60 ans d'alternance institutionnelle et idéologique sans alternative socioéconomique*, Paris, L'Harmattan, 2021, pp. 134-135 ; Jean-Claude TCHEUWA, « L'Union africaine et les changements anticonstitutionnels de gouvernement », *RRJ-Droit Prospectif*, n° 2, 2009, pp. 995-1022.

[5] Ousseini OUEDRAOGO, « La limitation des droits fondamentaux par l'ordre public en droit constitutionnel béninois et burkinabè », *Revue Afrilex*, décembre 2017, p. 1. https://afrilex.u-bordeaux.fr/wp-content/uploads/2021/04/La_limitation_des_droits_fondamentaux_par_l_orre_public.pdf, consulté le 4 décembre 2024.

[6] Au fil du temps, le concept d'État de droit a été mobilisé par des théories d'inspirations fort différentes. Kaarlo Tuori a proposé une classification opératoire qui identifie au moins trois modèles de l'État de droit dans l'histoire des idées constitutionnelles : le modèle soi-disant libéral, le modèle matériel et le modèle

États africains[7], depuis le début de l'année 1990, consacre, en plus de la démocratie comme mode de gouvernement, le principe de l'édification d'un État de droit garantissant la primauté du droit et le respect des droits fondamentaux de la personne humaine[8]. L'État de droit est, désormais, *« un pilier essentiel d'un système nouveau en Afrique, la démocratie constitutionnelle »* [9]. Toutefois, l'espoir initialement suscité par ce qui a été appelé le nouveau constitutionnalisme africain [10], a été déçu [11] par les changements anticonstitutionnels en vogue.

Le Burkina Faso n'est pas étranger aux changements anticonstitutionnels. Son histoire politique en est émaillée. On peut déjà se rappeler les évènements des 30 et 31 octobre 2014 qui ont sanctionné le renversement du régime autocratique de Blaise COMPAORÉ. Cette révolution, partie d'un appel à la désobéissance civile pour empêcher une révision constitutionnelle assimilée à une fraude à la Constitution, a vu les militaires entrer en scène pour assurer les rênes du pouvoir qui était vacant, suite à la démission du président COMPAORÉ. C'est ainsi qu'un coup d'État a surgi de cette insurrection. L'armée usurpa, en effet, la victoire populaire, même si l'intervention de l'armée a été voulue à un certain moment par le peuple. Le président autoproclamé Yacouba ZIDA, sous la pression des organisations de la société

---

formel. Encore convient-il de constater qu'il s'agit là de trois modèles successifs dans la seule pensée allemande, berceau du *Rechtsstaat* dès le XIXe siècle. Cf. Éric MILLARD, « L'État de droit, idéologie contemporaine de la démocratie », *Bulletin mexicain de droit comparé, nouvelle série,* n° 109, 2004, p. 117. Voir également, Raymond CARRÉ DE MALBERG, *Contribution à la théorie générale de l'État*, Paris, Dalloz, 2004, pp. 448-449 ; Vincent ZAKANÉ, « Le droit et le non-droit dans l'État de droit en construction en Afrique », *Revue Afrilex,* février 2020, 34 p. https://afrilex.u-bordeaux.fr/2020/02/06/le-droit-et-le-non-droit-dans-letat-de-droit-en-construction-en-afrique/, consulté le 5 décembre 2024.

[7] Gérard CONAC, « Les constitutions des États d'Afrique et leur effectivité », *in* G. CONAC (sous dir.), *Dynamiques et finalités du droit africain*, Paris, Economica, 1990, pp. 385-413.

[8] Vincent ZAKANÉ, « Le droit et le non-droit dans l'État de droit en construction en Afrique », *op. cit.*, p. 2.

[9] Babacar GUEYE, « La démocratie en Afrique : succès et résistances », *Pouvoirs*, 2009/2, n° 129, p. 12.

[10] *Ibid.*, pp. 5-26. Voir également, Théodore HOLO, « Démocratie revitalisée ou démocratie émasculée ? Les constitutions du renouveau démocratique dans les États de l'espace francophone : régimes juridiques et systèmes politiques », *RBSJA*, n°16, 2006, pp. 17-41.

[11] Séni M. OUEDRAOGO et Djibrihina OUEDRAOGO, « Propos inquiets sur la dissémination des régimes de transition constitutionnelle en Afrique », *op. cit.*, p. 2. Voir également Babacar GUEYE, *op. cit.*, pp. 5-26 ; Théodore HOLO, *op. cit.*, pp.17-41.

civile et de la Communauté internationale, devait transmettre la magistrature suprême à des civils par l'ouverture d'une période de transition politique. Cette transition politique a été symbolisée par l'adoption d'une Charte de la transition par les différentes composantes de la société burkinabè. Plus récemment, le 24 janvier 2022, le Mouvement patriotique pour la sauvegarde et la renaissance (MPSR) avec à sa tête le lieutenant-colonel Paul-Henri Sandaogo DAMIBA, prenait le pouvoir. Ce coup de force perpétré contre le président élu Roch Marc Christian KABORÉ, prendra fin le 30 septembre 2022 soit huit mois plus tard. En effet, le 30 septembre 2022, le Capitaine Ibrahim TRAORÉ, membre du même mouvement (MPSR) renversait son frère d'armes le lieutenant-colonel DAMIBA. Il sera investi président de la Transition puis président du Faso. Vingt-et-un mois après, la durée de la transition sera fixée à 60 mois soit cinq ans à compter du 2 juillet 2024 « avec une possibilité d'organiser des élections avant cette échéance si la situation sécuritaire le permet ». En effet, le MPSR a justifié ses coups d'État, principalement, par l'impuissance du gouvernement KABORÉ à faire face à la situation sécuritaire délétère marquée par des attaques terroristes récurrentes et par sa volonté de rétablir la sécurité et l'intégrité du territoire burkinabè dans les brefs délais. Comme les régimes transitoires au Mali[12] et au Niger[13], la lutte contre le terrorisme se trouve au cœur du régime de transition burkinabè constituant ainsi, sa particularité.

En situation de crise, la politique prend sa revanche sur le droit relève Dmitri LAVROFF[14]. C'est ainsi qu'émergea, au Burkina Faso, ce que Charles TUEKAM TATCHUM qualifie de « constitutionnalisme de

[12] C'est également au nom des impératifs sécuritaires et de défense de l'intégrité du pays que la junte militaire au Mali a contraint le président Ibrahim Boubacar Kéita à rendre sa démission. C'est encore cet argument de la défense de l'intégrité du territoire qui a conduit au second coup de la junte contre le président civil de la transition, Bah N'DAW le 24 mai 2021. Le 28 mai 2024, le colonel Assimi GOÏTA a été proclamé Chef de l'État malien après ce deuxième coup de force. Voir Jeune Afrique, « Coup d'État au Mali : Ibrahim Boubacar Keïta démissionne sous la pression », 19 août 2020, https://www.jeuneafrique.com/1030979/politique/coup-detat-au-mali-ibrahim-boubacar-keita-demissionne-sous-la-pression/, consulté le 12 novembre 2024 ; Jeune Afrique avec AFP, « Mali : la Cour constitutionnelle déclare Assimi GOÏTA président de la transition », publié le 29 mai 2021, https://www.jeuneafrique.com/1179984/politique/mali-la-cour-constitutionnelle-declare-assimi-goita-president-de-la-transition/, consulté le 12 novembre 2024.

[13] Le 26 juillet 2023, le président Mohamed BAZOUM a été renversé par des éléments de sa garde présidentielle. Leur commandant, le Général Abdourahamane TIANI est proclamé chef de l'État le 28 juillet.

[14] Dmitri Georges LAVROFF, « Le droit saisi par la politique : l'instabilité de la norme constitutionnelle sous la Ve République », *Politeia,* n°25, 2014, pp. 23-46.

crise »[15] avec l'adoption de la Charte de la transition le 14 octobre 2022 qui a acté la formation d'une architecture normative de transition. Il s'agit d'un « *état de nécessité constitutionnel* » [16] selon Alain ONDOUA. En effet, les changements anticonstitutionnels entraînent une discontinuité qui se traduit par la rupture totale ou partielle de l'ordre constitutionnel en vigueur. À la normativité ordinaire, se substitue une normativité exceptionnelle et transitoire qui bouleverse l'ordre juridique[17]. Le constitutionnalisme de crise repose dans cette perspective, sur deux idées : la contestation du primat de la Constitution d'une part et la formation d'une architecture normative de transition destinée à faire face à une « *force majeure constitutionnelle* » d'autre part[18]. La place accordée à la protection des droits fondamentaux par cette architecture normative exceptionnelle et transitoire reste posée que les coups d'État puissent être, à l'origine, justifiés ou non[19].

---

[15] Charles TUEKAM TATCHUM, « Les normes supraconstitutionnelles dans le constitutionnalisme de crise en Afrique noire francophone », *Revue Afrilex,* juillet 2024, p. 2. https://afrilex.u-bordeaux.fr/wp-content/uploads/2024/07/afrilex_Tuekam-Tatchum_Les-normes-supraconstitutionnelles-dans-le-constitutionnalisme-de-crise-en-Afrique-noire-francophone.pdf, consulté le 8 décembre 2024.

[16] Alain Franklin ONDOUA, « La nécessité en droit constitutionnel. Étude à partir de quelques expériences africaines », *in* M. ONDOA et P. E. ABANE ENGOLO (sous dir.), *L'exception en droit, Mélanges en l'honneur de Joseph OWONA*, Paris, L'Harmattan, 2021, p. 67.

[17] Charles TUEKAM TATCHUM, *op. cit.,* p. 5.

[18] *Ibid.*

[19] Laurent BADO (Député), « Vive les coups d'État moralisateurs », publié le 27 novembre 2008, https://lefaso.net/spip.php?article29820. L'auteur défend l'idée que le coup d'État peut se trouver justifier : « *la vérité est qu'un coup d'État peut se justifier pleinement, au regard des conditions d'accession au pouvoir d'une part et au regard des modalités de gestion du pouvoir d'autre part* ». Le débat revient souvent en doctrine sur l'existence ou non de coups d'État salvateurs, à savoir de coups d'État venant sanctionner les déviations constitutionnelles et favorisant l'émergence d'un nouvel ordre constitutionnel. Le coup d'État est même pensé comme élément d'ingénierie constitutionnelle. Voir N'dory Claude Vincent N'BESSO, *Recherche sur la notion de coup d'État en droit public : Le cas de l'Afrique francophone*, Thèse, Université de Bordeaux, 2018 ; Séverin ANDZOKA ATSIMOU*, L'ingénierie constitutionnelle, solution de sortie de crise en Afrique : les exemples de l'Afrique du Sud, de la République démocratique du Congo, du Burundi et du Congo*, Thèse, Université Cheikh Anta Diop de Dakar, 2013, 712 p ; Palouki MASSINA, « Le coup d'État, entre déshonneur et bienveillance », *Revue Afrilex*, décembre 2016, 34 p., https://afrilex.u-bordeaux.fr/2016/12/23/le-coup-detat-entre-deshonneur-et-bienveillance/, consulté le 8 décembre 2024 ; Arol KETCHIEMEN, *Les coups d'État salvateurs en Afrique,* Yaoundé, Les éditions Muntu, 2019, 149 p.

La notion de « droits fondamentaux » est éminemment problématique. Elle n'est pas aisée à définir, car elle est justiciable de plusieurs acceptions. En effet, les incertitudes portent tant sur le critère de la fondamentalité que sur la substance et le régime juridique de ces droits[20]. Néanmoins, les droits fondamentaux de l'être humain sont fondés sur les attributs de la personne humaine[21]. Cette affirmation met en relief une certaine universalité des aspirations de l'individu, de ses attentes et, partant, de ses droits[22]. Les droits fondamentaux seraient « *un ensemble de droits attachés à la personne humaine pour lui garantir la dignité, la liberté, une protection tant vis-à-vis de l'État qu'à l'égard des autres membres de la société* »[23]. Ils apparaissent ainsi, comme ceux qui assurent le respect de la dignité humaine, de la valeur humaine et de l'égalité entre les différentes composantes de la communauté nationale. Ils englobent, selon le *Lexique des termes juridiques*, les droits de l'homme et des droits sociaux comme le droit de grève[24].

La notion de « droits fondamentaux » renvoie à des termes voisins tels les « droits de l'homme et libertés publiques ». Elle cohabite également, avec un concept souvent assimilé, à savoir celui de « libertés fondamentales », si bien que l'utilisation de l'une ou l'autre prête parfois à équivoque. Frédéric SUDRE exprime cette équivoque lorsqu'il constate que « *les termes droits de l'homme et droits*

---

[20] Etienne PICARD, « Droits fondamentaux » *in* Denis ALLAND et Stéphane RIALS (sous dir.), *Dictionnaire de la culture juridique*, Paris, PUF, 2003, pp. 544-549. Voir également, Elodie BALLOT, *Les insuffisances de la notion de droits fondamentaux*, Préface de Jean-François Cesaro, Kremlin-Bicêtre, Mare & Martin, 2014, 554 p.

[21] 5è considérant du Préambule de la Charte Africaine des droits de l'homme et des peuples du 27 juin 1981.

[22] Fatsah OUGUERGOUZ, *La Charte africaine des droits de l'homme et des peuples. Une approche juridique des droits de l'homme entre tradition et modernité,* Genève, Graduate Institute Publications, 1993, p. 16.

[23] La dénomination « *droits humains* » est préférée par plusieurs organisations françaises et suisses tandis que celle de « *droits de la personne* » est principalement utilisée au Canada francophone. Cf. Babacar SARR, « La garantie de la protection des droits humains par le juge constitutionnel », *Revue Afrilex,* janvier 2016, p. 11, https://afrilex.u-bordeaux.fr/wp-content/uploads/2021/03/La_garantie_des_droits_humains_fondamentaux_Article_de_Babacar_SARR.pdf, consulté le 9 décembre 2024. Voir également, Pierre ROSANVALLON, *La nouvelle question sociale. Repenser l'État-providence.*, Paris, Le Seuil, 1995, pp. 134-135.

[24] Serge GUINCHARD et Thierry DEBARD, *Lexique des termes juridiques*, 19è édition, *op. cit.,* p. 342.

fondamentaux apparaissent interchangeables »[25] et sont parfois indifféremment utilisés par la doctrine. Pour certains auteurs, la notion de droits fondamentaux doit s'apprécier plutôt par rapport au droit public interne à chaque État, étant admis que l'internationalisation des droits de l'homme limite la souveraineté étatique et l'arbitraire, toujours possible de chaque État[26]. Dans cet ordre d'idées, Mohamed BEDJAOUI soutient que les « *droits fondamentaux sont des droits primaires, des droits premiers qui préexistent à toute formation sociale, à tout droit et leur confèrent le caractère universaliste* »[27].

Les droits humains fondamentaux renvoient donc, à une certaine éthique. Frédéric SUDRE estime qu'il vaut mieux se référer au terme de « libertés publiques » plutôt qu'aux termes « droits fondamentaux » et « droits de l'homme ». Selon l'auteur, l'usage du terme « droits de l'homme » renvoie plus au domaine de « l'imaginaire », et que c'est celui de « libertés publiques » qui renvoie au droit positif. Il soutient que celles-ci désignent de manière générale « *les droits et facultés assurant la liberté et la dignité de la personne humaine et bénéficiant de garanties institutionnelles* »[28]. La notion de « droits de l'homme » « *présente le mérite essentiel de placer la personne humaine au centre du Droit* », soutient Babacar SARR[29]. Il faut affirmer que cette notion s'est concrétisée dans le droit positif par l'établissement de libertés

---

[25] Ils sont donc utilisés en juxtaposition à l'expression " droits fondamentaux ", pour l'expliquer. On peut considérer que les trois éléments ''dignité'', ''valeur'' et ''égalité'' sont le contenu des droits fondamentaux. Les droits fondamentaux sont indispensables à la protection de la personne humaine car ils assurent la garantie nécessaire des droits et libertés. Cf. Babacar SARR, *op. cit.,* p. 4 ; Elodie BALLOT, *Les insuffisances de la notion de droits fondamentaux*, Préface de Jean-François Cesaro, Kremlin-Bicêtre, Mare & Martin, 2014, 554 p.

[26] À ce propos, voir Claude LECLERCQ, *Libertés publiques*, 4ème édition, Paris, Litec, 2000, 310 p ; Henri OBERDORFF, Jacques Robert, *Libertés fondamentales et droits de l'homme*, 12è édition, Paris, LGDJ, 2014, 1104 p.

[27] Mohamed BEDJAOUI, « La difficile avancée des droits de l'homme vers l'universalité », *RUDH*, vol. 1, 1989, p. 9.

[28] Frédéric SUDRE, *Droit international et européen des droits de l'homme,* Paris, PUF, 2012, p. 12.

[29] Cette notion de « droits de l'homme » qui présente le mérite essentiel de placer l'individu et la personne humaine au centre du droit, est concurrencée par d'autres systèmes. Il en est ainsi, par exemple, de l'humanité ou des générations futures, voire de l'environnement ou des animaux, dont certains voudraient faire non seulement des intérêts protégés, mais aussi des titulaires de droits. Cf. Michel VERPEAUX, Cours de *Droit constitutionnel de la Ve République*, Leçon n°2, Les fondements du système constitutionnel, p. 10 cité par Babacar SARR, *op. cit.,* p. 6.

publiques et de droits fondamentaux. Ces derniers bénéficient d'une « protection *supra* législative qui emporte leur constitutionnalité »[30]. On en déduit que les droits fondamentaux regroupent les droits et les libertés mentionnés, proclamés et garantis par un texte constitutionnel et protégés par la juridiction constitutionnelle. Bref, on peut retenir après recoupement des différentes définitions, que les droits fondamentaux désignent dans un État de droit démocratique, l'ensemble des droits dont la méconnaissance est sanctionnée par une instance juridictionnelle, voire à un niveau constitutionnel, et qui, s'avérant essentiels pour l'individu, bénéficie d'une garantie par une norme juridique.

Cette garantie induit une obligation de protection. La garantie est définie comme étant « l'obligation d'assurer à quelqu'un la jouissance d'une chose, d'un droit, ou de le protéger contre un dommage éventuel. Elle suppose la reconnaissance d'une chose ou d'un droit, que l'on a, par voie de conséquence, l'obligation de protéger. Du latin « *protegere, protectio* », la protection renvoie, étymologiquement, à l'action de protéger, de défendre quelqu'un contre un danger, un mal ou un risque[31]. Dans son acception juridique, l'expression signifie plus spécifiquement, « *la précaution qui* [...] *consiste à prémunir une personne ou un bien contre un risque, à garantir sa sécurité, son intégrité par des moyens juridiques ou matériels* »[32]. Il s'agit dès lors, d'un système de sauvegarde établi au profit d'une personne ou d'un bien. Ce système regroupe « *l'ensemble des dispositions ou moyens mis en œuvre dans un État pour prévenir la violation des droits de l'homme par les gouvernants.* »[33] Il en découle que la protection revêt deux dimensions complémentaires : la protection normative et la protection institutionnelle. La protection ne peut être effective sans ces deux dimensions. La protection normative ou garantie normative renvoie aux « règles positives et obligatoires concernant les droits fondamentaux qui s'imposent au législateur »[34] et qui sont formellement prévues dans

---

[30] Louis FAVOREU, « L'influence de la jurisprudence du Conseil constitutionnel sur les diverses branches du droit », *in* Mélanges Léo Hamon, Paris, Economica, 1982, p. 235.

[31] Dictionnaire de français *Larousse,* édition 2008, p. 342.

[32] Gérard CORNU (sous dir.), *Vocabulaire juridique*, 12ème édition, Paris, PUF, 2018, p. 1743.

[33] Serge GUINCHARD et Thierry DEBARD (sous dir.), *Lexique des termes juridiques 2017-2018*, 25ème édition, Paris, Dalloz, 2017, p. 1024.

[34] Charles DEBBACH, Jacques BOURDON, Jean-Marie PONTIER et Jean-Claude RICCI, *op. cit.,* p. 182.

des instruments normatifs ou textes juridiques. Il s'agit précisément, des sources des droits fondamentaux. Au niveau national, la protection est une démarche qui utilise des procédés institués par des dispositifs normatifs nationaux conformément aux mesures constitutionnelles, légales, réglementaires et même communautaires, ayant vocation à préserver le respect des droits fondamentaux. C'est dans ce sens que la Constitution en tant qu'acte normatif, est le premier garant des droits fondamentaux. Si les droits de l'Homme se conçoivent facilement, il est alors, beaucoup plus difficile de garantir toujours leur respect. La protection institutionnelle renvoie aux garanties institutionnelles c'est-à-dire aux institutions, aux organes étatiques chargés de veiller au respect des droits fondamentaux en disposant de la faculté de sanctionner leur violation et d'assurer une réparation aux victimes. Cette garantie est apportée par des institutions publiques spécifiques,[35] mais et surtout, par la voie juridictionnelle ; le juge étant perçu comme le garant par excellence de la protection des droits et libertés.

La transition ou le régime de transition peut être considéré comme un régime d'exception allant de la rupture de l'ordre constitutionnel à sa reconstitution. En effet, l'ouverture d'une période de transition politique doit conduire à l'organisation d'élections libres, démocratiques et transparentes pour légitimer la transmission du pouvoir[36]. Cette transition politique est symbolisée par l'adoption d'une Charte dite de la transition et par des accords politiques. Si elle doit gouverner la transition, il n'en demeure pas moins que cette Charte symbolise également, l'échec de l'ordre constitutionnel établi par la Constitution qu'elle se propose de compléter afin de résoudre la crise institutionnelle et politique du moment. La transition est militaire parce qu'elle est dirigée par les militaires. Le terme « militaire » désigne, au sens large, les forces armées nationales qui regroupent les forces de défense et de sécurité burkinabè.

---

[35] Dans la plupart des États démocratiques, sont apparues au cours des années 1970, des institutions publiques spécifiques d'une nature toute particulière. L'apparition de ces nouveaux acteurs (autorités administratives indépendantes, arbitres, médiateurs, commissions pré ou para-contentieuses) induit l'idée que le recours devant un juge n'est plus envisagé comme le seul mode de règlement des différends relatifs aux droits fondamentaux.

[36] L'article 22 de la Charte de la transition modifiée du Burkina Faso en fait la promesse en disposant que les élections marquant la fin de la transition peuvent être organisées « *si la situation sécuritaire le permet* ».

La problématique de la protection des droits fondamentaux sous la transition burkinabè peut être traitée sous plusieurs angles. Une réflexion analytique et heuristique sur cette problématique, comme se veut la présente contribution, peut s'intéresser à ses dimensions sociologiques, socio-anthropologiques, historiques, juridiques, techniques, politiques et pratiques. Cependant, ce qui nous semble fondamental pour la compréhension et l'évaluation de la garantie des droits fondamentaux sous la transition, est d'examiner les insuffisances dans la mise en œuvre des mécanismes de garantie prévus à cet effet.

Comment les droits fondamentaux sont-ils garantis sous la transition au Burkina Faso ? Cette question interroge les deux dimensions de la protection ci-dessus examinées : la protection normative et la protection institutionnelle autrement dit, la garantie théorique ou formelle et celle pratique ou mise en œuvre de la protection. Ainsi, on peut se demander, est-ce que les droits fondamentaux sont-ils formellement protégés sous la transition ? Y sont-ils respectés sans réserve ?

Engager une réflexion sur ces questions ne manque pas d'intérêt au plan théorique, dès lors que l'on admet l'exceptionnalité des régimes de transition. S'interroger sur la protection des droits fondamentaux sous la transition au Burkina Faso, appelle en effet, à porter la réflexion sur les garanties transitoires desdits droits sans occulter la question de leur mise en œuvre. La protection des droits fondamentaux en période transitoire présente en effet, pour la plupart des cas, des spécificités importantes. Ces régimes exceptionnels entraînent une crise profonde dans le fonctionnement des pouvoirs publics constitutionnels. Ils représentent en effet, un péril pour l'ordre juridique établi et l'équilibre des institutions ou pour reprendre les mots de Louis FAVOREU, une « *situation de dissolution de l'État comme ordre juridique* »[37]. Dès lors, ils interrogent la place des garanties normatives et le rôle des institutions qui veillent, dans un régime constitutionnel normal, à l'effectivité des droits fondamentaux. Est également en question, la place des catégories normatives à valeur supraconstitutionnelle sécrétées par le constitutionnalisme de crise notamment des chartes de transition[38]. Au-delà de cet intérêt théorique, l'étude présente un intérêt pratique. Il s'agit, de jeter un regard critique sur les vicissitudes des

---

[37] Louis FAVOREU et autres, *Droit constitutionnel*, 21ème édition, Paris, Dalloz, 2019, p. 47.

[38] À ce propos, voir Charles TUEKAM TATCHUM, « Les normes supraconstitutionnelles dans le constitutionnalisme de crise en Afrique noire francophone », *op. cit.*, 30 p.

régimes de transition en Afrique en général et du régime burkinabè en particulier, dans la protection effective des droits fondamentaux. L'office du juge constitutionnel en circonstances exceptionnelles[39], est par exemple, questionné. Vue sous cet angle, l'étude est d'une grande actualité dans la mesure où elle touche à une des préoccupations quotidiennes du Burkina Faso dans sa quête de démocratie et d'État de droit et s'inscrit dans les réflexions actuelles sur les récentes tendances du constitutionnalisme en Afrique.

L'objet de la présente réflexion est de démontrer que la protection des droits fondamentaux sous la transition au Burkina Faso, est marquée par l'exceptionnalité du régime. Le caractère exceptionnel du régime de la protection est consubstantiel à celui du régime. Ne dit-on pas qu'à circonstance exceptionnelle, mesure exceptionnelle ? Ce caractère influe directement et à la fois, sur les cadres normatif et institutionnel normaux de garantie desdits droits. Autrement dit, il existe un régime transitoire de protection des droits fondamentaux. Outre cela, il faut rappeler que le régime transitoire burkinabè est marqué par la lutte contre le terrorisme ; cette lutte influence et impacte la protection des droits fondamentaux et lui inculque un certain rythme.

Pour exprimer ces idées, il convient d'analyser le contenu des mécanismes transitoires de protection des droits fondamentaux tout en les confrontant à la réalité du vécu quotidien du Burkinabè. La reconnaissance d'un droit appelle à l'adoption d'une posture pour son effectivité. En effet, il ne suffit pas de le consacrer ; il faut en plus et surtout, garantir son respect effectif à travers une mise en œuvre pratique efficace. Au regard de l'histoire, la protection effective des droits fondamentaux n'a pas toujours été, évidente sous les régimes d'exception. La protection des droits fondamentaux est formellement garantie sous la transition burkinabè. Toutefois, cette protection est assortie de réserve en ce qui concerne sa mise en œuvre pratique (II).

---

[39] À ce propos, voir Abdoulaye HAMADOU, « L'office du juge constitutionnel en circonstances exceptionnelles : réflexion à partir des exemples du Burkina Faso et du Mali », *Revue Afrilex,* mai 2023, 35 p. https://afrilex.u-bordeaux.fr/wp-content/uploads/2023/05/Afrilex_-HAMADOU-Abdoulaye_Loffice-du-juge-constitutionnel-en-circonstances-exceptionnelles.-reflexion-a-partir-des-exemples-du-Burkina-Faso-et-du-Mali.pdf, consulté le 8 décembre 2024.

I- une protection formellement garantie

Le MPSR I puis II n'a pas dérogé, lors de la prise du pouvoir, à la coutume (désormais une règle) consistant à suspendre les garanties constitutionnelles. En effet, le 24 janvier 2022, le MPSR I annonçait à la télévision nationale burkinabè, la suspension de la Constitution de la IVe République du 02 juin 1991, du Gouvernement et de l'Assemblée nationale. Une semaine après, soit le 31 janvier 2022, il rétablissait la Constitution[40]. Le 30 septembre 2022, le MPSR II annonçait à son tour, à travers son communiqué n° 3, la suspension de la Constitution, la dissolution de la Charte de la transition du 1er mars 2022[41] ainsi que des pouvoirs exécutifs et législatifs. Le 5 octobre 2022, l'acte fondamental du MPSR 2 est adopté et la Constitution est maintenue conditionnellement (A), mais concurrencée par une Charte de transition, qui l'emporte en cas de contradiction (B).

A. Le maintien conditionnel des garanties constitutionnelles de protection

Le maintien conditionnel de la Constitution dans l'ordre juridique transitoire renvoie à la situation où les auteurs du coup d'État ne portent pas atteinte à l'existence de la Constitution, ou alors, la réactivent après l'avoir suspendue, en la faisant coexister avec un ou plusieurs textes circonstanciels, tels que les Chartes de transition. C'est ainsi que la Constitution est toujours garante des droits fondamentaux (1) et le juge constitutionnel, le garant de leur respect (2).

1. Une constitution toujours garante des droits fondamentaux

La Constitution peut être définie, comme l'ensemble des « *dispositions soit coutumières, soit écrites, reçues ou élaborées suivant une forme solennelle qui règlent l'organisation et les rapports des pouvoirs publics et fixent les droits et libertés des citoyens* »[42]. La doctrine propose deux définitions selon le sens retenu. Au sens matériel, elle est « l'ensemble des règles écrites ou coutumières qui déterminent

---

[40] Ce rétablissement est intervenu le jour d'une rencontre avec la délégation de la CEDEAO et de l'ONU qui a pu s'entretenir avec le président renversé Rock KABORÉ.

[41] Il s'agit de la Charte du MPSR I.

[42] Charles DEBBACH, Jacques BOURDON, Jean-Marie PONTIER et Jean-Claude RICCI, *op. cit.*, p. 107.

la forme de l'État (unitaire ou fédéral), la dévolution et l'exercice du pouvoir. »[43]. Au sens formel, elle désigne le document relatif aux institutions politiques, dont l'élaboration et la modification obéissent à une procédure différente de la procédure législative ordinaire[44]. La définition formelle vise toutes les règles de rang constitutionnel (celles qui figurent dans le texte et celles qui sont considérées comme telle par le juge constitutionnel), et qui doivent donc être respectées par les normes de rang inférieur (les lois et règlements) parce qu'elles sont élaborées et révisées selon une procédure supérieure à celle utilisée par la loi ordinaire[45].

Si la Constitution, norme suprême de l'État[46], garantie toujours les droits fondamentaux du Burkinabè en dépit de l'inconstitutionnalité du régime de la transition, cela soulève la question de sa place au sein du régime juridique transitoire actuel notamment sa coexistence avec la Charte de la transition burkinabè. Comme dans la Charte en vigueur, cette question n'a pas toujours reçu une réponse tranchante de la part des chartes précédentes. En effet, on retrouve, par exemple, dans la Charte de la transition du 16 novembre 2014[47] adoptée à la suite de l'insurrection populaire ayant conduit à la démission du Blaise COMPAORÉ, la formule suivant laquelle en « cas de litige »[48], le Conseil constitutionnel statue. Le terme « litige » n'est pas expressément employé par la Charte du MPSR I ni par celle du MPSR II. Toutefois, de toutes ces Chartes, il ressort qu'« *en cas de contrariété entre la Charte de la transition et la Constitution, les dispositions de la* [...] *Charte prévalent* [ou s'appliquent]. »[49] En outre, on observe une formule commune à toutes les Chartes et applicable à la limitation dans l'exercice des pouvoirs et prérogatives. En effet, le président de la transition et les pouvoirs exécutifs et législatifs exercent leurs pouvoirs et prérogatives respectivement définies par la Charte et

[43] Serge GUINCHARD et Thierry DEBARD, *Lexique des termes juridiques 2017-2018*, *op. cit.*, p. 222.

[44] *Ibid.*

[45] Pierre AVRIL et Jean GICQUEL, *Lexique de droit constitutionnel*, 4ème édition, Que sais-je, Paris, PUF, p. 34.

[46] Louis FAVOREU et *al.*, *Droit constitutionnel*, 21ème édition, Paris, Dalloz, p. 60.

[47] Cette Charte a été approuvée et signée le 16 novembre 2014 par les forces de défense et de sécurité, les partis politiques, les autorités religieuses et la société civile lors d'une cérémonie présidée par le Lieutenant-colonel Yacouba Isaac ZIDA.

[48] Articles 2, 12 et 25.

[49] Article 25 de la Charte de 2014, article 24 de la Charte du MPSR I et article 25 de la Charte du MPSR II en vigueur.

par la Constitution du 2 juin 1991, « *à l'exception de celles incompatibles avec la conduite de la transition* »[50]. Ces formules traduisent le compromis qui a été trouvé à propos de la hiérarchie entre les dispositions de la Constitution et celles de la Charte.

Il faut retenir de cette dernière formule, que seules les dispositions de la Constitution qui sont compatibles avec l'esprit de la transition, sont appliquées. Juridiquement, l'incompatibilité, désigne « *l'interdiction faite au titulaire d'un mandat politique de cumuler celui-ci avec des fonctions qui pourraient compromettre l'exercice* »[51]. Interdiction est donc, faite aux organes de la transition, d'appliquer toute disposition de la Constitution qui compromettraient les finalités définies par la transition. Quelles sont ces dispositions ? Ne dépendent-elles pas des objectifs que la transition s'est assignée ? peut-on cependant, se demander. L'éradication du terrorisme se trouve au cœur de la transition burkinabè ; pour ne pas dire son fondement, sa raison d'être. On pourrait en déduire que toute disposition de la Constitution dont l'application ne permettrait pas l'accomplissement des missions[52] principales assignées à la transition parmi lesquelles celle d'apporter une réponse urgente, efficace et efficiente à la crise sécuritaire, serait incompatible avec les finalités de la transition. Toutefois, au regard du silence de la Charte sur ces dispositions et sur les modalités de leur détermination, leur définition pourrait être marquée de subjectivité et d'arbitraire. L'autorité politique pouvant, à sa guise, qualifier d'incompatible telle ou telle mesure. La Charte aurait pu confier, expressément, la détermination des dispositions incompatibles, au juge constitutionnel.

En ce qui concerne les litiges et les cas de contrariété entre les dispositions de la charte et celles de la Constitution, le soin a été laissé au Conseil constitutionnel d'établir la supériorité entre les dispositions de la Constitution et celles de la Charte. En effet, selon les Professeurs Séni OUEDRAOGO et Djibrihina OUEDRAOGO, il était difficile de trancher entre deux logiques. Selon les auteurs, « *la première voulait que la Constitution demeure la règle fondamentale qui soit en préférence à toute autre règle traitant d'un même objet. La deuxième*

---

[50] Article 2, 12 et 14 de la Charte de 2014, articles 4, 8 et 11 de la Charte du MPSR I et articles 4, 9 et 12 de la Charte du MPSR II en vigueur.

[51] Serge GUINCHARD et Thierry DEBARD, *Lexique des termes juridiques 2017-2018*, *op. cit.*, p. 459.

[52] Voir les missions principales de la transition à l'article 2 de la Charte de la transition modifiée.

lecture militait pour la primauté des dispositions de la Charte qui sont en concurrence avec les dispositions de la Constitution »[53]. À l'analyse, la première lecture est incohérente d'un point de vue ontologique au regard des objectifs poursuivis par les acteurs de la transition. La Charte qui a opéré une révision partielle de la Constitution avait pour but de remplacer les dispositions désuètes de celle-ci. Comme le veut d'ailleurs, les règles du droit transitoire : *lex posterior derogat priori*. En conséquence, « *il était absurde de parler de contrariété entre la Constitution et la Charte, sauf pour les dispositions survivantes de la Constitution qui serait en conflit avec l'esprit de la transition (ou de la Charte). Eu égard à son caractère spécial, la Charte devrait logiquement avoir une préséance sur la Constitution* »[54]. À la suite de ces auteurs, on peut conclure à l'illogisme de la règle de conflit qui a été insérée dans la Charte de la transition en vigueur[55]. Par ailleurs, vouloir faire primer la Constitution alors que l'existence de la Charte se justifie par le besoin de régler un conflit politique, relèverait du fétichisme[56]. La Charte de la transition n'a pas mis en marge le juge constitutionnel. Il lui a confié un rôle majeur dans la conduite de la transition.

---

[53] Séni M. OUEDRAOGO et Djibrihina OUEDRAOGO, « Libres propos sur la transition politique au Burkina Faso : Du contexte au texte de la Charte de la transition », *Revue Afrilex*, février 2015, 28 p. *http://afrilex.u-bordeaux.fr/libres-propos-sur-la-transition-politique-au-burkina-faso-du-contexte-au-texte-de-la-charte-de-la-transition/*, consulté le 8 décembre 2024.

[54] *Ibid.*, p. 23.

[55] Selon la doctrine il existe quatre hypothèses de supériorité : une règle affirme solennellement sa suprématie sur toutes autres règles ayant le même objet ; une règle prévoit que toutes les règles qui lui sont contraires sont nulles ; que les conditions de validité de la seconde règle sont déterminées par la première ; le dispositif juridique prévoit que le juge sanctionne toutes règles contraires à la première règle.

[56] Séni M. OUEDRAOGO et Djibrihina OUEDRAOGO, *op. cit.*, p. 24. Le Doyen Jean du Bois de GAUDUSSON dans l'analyse des rapports entre la Constitution ivoirienne de 2000 et les accords de Marcousis avait affirmé : « il reste au droit et aux juristes à reconnaître, plutôt que de se livrer à une course poursuite avec les faits, vouée à l'échec, qu'ils rencontrent des bornes, que tout ne saurait se régler en pure logique du droit et sur son seul terrain, et qu'il est des épisodes, souvent les plus dramatiques, de la vie politique qui leur échappent ». Cf. Jean du Bois De GAUDUSSON, « L'accord de Marcoussis, entre droit et politique », *Afrique contemporaine*, n° 206, 2003/2, p. 50.

2. Un juge constitutionnel toujours garant du respect des droits fondamentaux

Garantie juridictionnelle de la Constitution [57], la justice constitutionnelle ou la juridiction constitutionnelle a fait son apparition en Afrique dès les indépendances au milieu du XXe siècle [58]. La juridiction constitutionnelle désigne « *la juridiction chargée du contrôle de la constitutionnalité des lois et parfois des traités ayant notamment pour objet de protéger les droits et libertés des citoyens* »[59]. Elle prend la forme d'une Cour suprême (juridiction placée au sommet de l'ordre juridictionnel) comme aux États-Unis, soit d'une Cour constitutionnelle créée spécialement par la Constitution comme en Afrique. Au Burkina Faso, c'est le Conseil constitutionnel[60] qui est la juridiction constitutionnelle[61]. Le rétablissement de la Constitution par la transition, a induit, automatiquement, le rétablissement du Conseil dans son office. En effet, l'office du juge repose sur la Constitution. Il est donc, sous la transition, le gardien de la Constitution et le garant des droits fondamentaux. La Charte de la transition ne crée pas de juridiction constitutionnelle spéciale c'est-à-dire de la transition. Le juge constitutionnel reste le même.

---

[57] Hans KELSEN, « La garantie juridictionnelle de la Constitution : la justice constitutionnelle », *RDP*, 1928, pp. 198-257.

[58] Holo THÉODORE, « Émergence de la justice constitutionnelle », *in Revue Pouvoirs*, n° 129, 2009, pp. 101-114.

[59] Charles DEBBACH, Jacques BOURDON, Jean-Marie PONTIER et Jean-Claude RICCI, *op. cit.*, pp. 229-230.

[60] Sur les attributions du Conseil constitutionnels, voir le titre XIV de la Constitution du 2 juin 1991. Sur son histoire, voir Augustin LOADA et Luc Marius IBRIGA, *Droit constitutionnel et institutions politiques, op. cit.*, p.

[61] Malgré la nomination de ses membres par des autorités politiques, le Conseil constitutionnel demeure une juridiction. En effet, pour définir l'acte juridictionnel, on se réfère entre autres, à l'autorité de la chose jugée. L'article 159 al. 2 de la Constitution confère pareille autorité aux décisions du Conseil en disposant que : « *les décisions* [à l'exclusion des avis] *du Conseil constitutionnel ne sont susceptibles d'aucun recours. Elles s'imposent aux pouvoirs publics et à toutes les autorités administratives et juridictionnelles* ». En outre, elle dit le droit au terme d'une procédure contradictoire surtout en matière électorale. Sa nature juridictionnelle peut être également, déduite de son organisation interne (un président, un secrétaire général et des services administratifs).

L'office du juge constitutionnel en circonstances exceptionnelles est, cependant, un office dérogatoire faite de controverses[62]. Son office est dérogatoire parce qu'il l'accomplit en dehors du cadre normatif constitutionnel. En effet, lorsqu'il est saisi dans une circonstance exceptionnelle provoquant la rupture de la légalité constitutionnelle, les décisions rendues permettent de constater qu'il déroge à la procédure ordinaire, aussi bien dans le déclenchement de la procédure que dans la conduite de la procédure. Pour la continuité de l'État et dans le dessein de prévenir un blocage institutionnel au plus haut sommet de l'État, le juge constitutionnel prend acte des événements contraires à l'ordre constitutionnel. Il assure, par son interprétation, la suprématie de la Constitution tout en acceptant, impuissant, de connaître des actes désacralisant la même Constitution. Cette reconnaissance serait le résultat du déclenchement extraconstitutionnel de la procédure juridictionnelle[63] c'est-à-dire en dehors des règles constitutionnelles prédéterminées.

Au regard des décisions rendues dans ce contexte exceptionnel, le juge procède généralement par une technique alliant « constatation de la rupture constitutionnelle » et « appréciation des actes matérialisant la rupture constitutionnelle », en un temps[64]. La constatation de la rupture constitutionnelle renvoie au fait que le juge constitutionnel prend acte de l'accession au pouvoir d'État des autorités issues d'un processus extraconstitutionnel. En effet, en parcourant les décisions rendues par les juridictions constitutionnelles dans ces circonstances, il ressort des considérants, une reconfiguration des instruments juridiques visés, qui symbolise la dimension exceptionnelle de la décision[65]. En intégrant ces actes dérogatoires dans son office, le juge valide aussi les décisions rendues par les nouvelles autorités[66]. C'est ainsi que l'on retrouve dans

---

[62] Abdoulaye HAMADOU, « L'office du juge constitutionnel en circonstances exceptionnelles : réflexion à partir des exemples du Burkina Faso et du Mali », *op. cit.*, p. 11.

[63] La procédure juridictionnelle renvoie à la manière de procéder juridiquement, une série de formalités qui doivent être observées pour parvenir à une solution juridictionnelle. En temps normal, la procédure devant le juge constitutionnel est déclenchée par des requérants compétents et conformément aux règles prévues par les textes pertinents, notamment la Constitution. Mais, en temps de, cette procédure connait de sérieux chamboulements.

[64] *Ibid.*, p. 12.

[65] *Ibid.*

[66] Le coup d'État fait naître autour de la Constitution plusieurs types d'actes hétérodoxes qui peuvent être classés suivant leur degré de normativité (actes

les visas et considérants du juge constitutionnel la mention des instruments juridiques d'exception tels que les communiqués et lettres annonçant la rupture de l'ordre constitutionnel établi ainsi que la Charte de la transition. Cette dernière apparaît en deuxième position des textes visés dans l'architecture des décisions rendues par le juge constitutionnel burkinabè. Par ailleurs, dans la prise en compte des circonstances exceptionnelles qui saisissent son office, le juge procède à une adaptation des règles de saisine.

En plus du déclenchement extraconstitutionnel de la procédure, le caractère dérogatoire de l'office du juge tient également à la conduite para-constitutionnelle de la procédure [67] . Selon Abdoulaye HAMADOU, « *l'office du juge constitutionnel en circonstances exceptionnelles semble obéir à une cohérence et un impératif. La cohérence, c'est de ne pas se contredire dans le déroulement de son office ; l'impératif, c'est de contribuer à sortir de la crise née des circonstances qui saisissent son office. C'est ainsi qu'il conduit la procédure à se référant essentiellement à des instruments para constitutionnels, c'est-à-dire proches, mais distincts de la Constitution. À ce titre, il procède à l'acclimatation de la para constitutionnalité au bloc de constitutionnalité, qui aboutit irrémédiablement à la banalisation de la Constitution formelle.* » [68].

L'office du juge constitutionnel sous la transition burkinabè est marqué de controverses. En effet, le juge crée lui-même les conditions d'une controverse autour de ses décisions dès lors qu'il privilégie, dans son office, les normes para-constitutionnelles au détriment de la Constitution formelle. On a l'impression qu'il semble intégrer l'idée que les solutions constitutionnelles de sortie de crise, ne sont pas adaptées à la situation. Il devient en fait, un acteur du jeu politique et sa jurisprudence suscite un débat du point de vue de sa juridicité. En effet, il tend à excéder ses compétences en validant le changement

---

normatifs, quasi normatifs ou non normatifs). Parmi ces actes, il faut citer : l'acte de démission du président de la République, les *pronunciamientos*, les communiqués (de l'armée, notamment), les feuilles de route (de la transition), les déclarations constitutionnelles, les accords et compromis, et enfin les Chartes de transition. Cf. Éric Marcel NGANGO YOUMBI, « Coups de force et droit constitutionnel en Afrique : brèves réflexions théoriques Étude en l'honneur du Professeur Michel DURUPTY (1937-2020) », *RDP,* 2023, p. 534.

[67] Abdoulaye HAMADOU, « L'office du juge constitutionnel en circonstances exceptionnelles : réflexion à partir des exemples du Burkina Faso et du Mali », *op. cit.,* p. 17.

[68] *Ibid.*

anticonstitutionnel de Gouvernement et en légalisant des autorités de fait[69]. La Constitution est concurrencée par la Charte de la transition qui se veut également garante des droits fondamentaux.

B. La Charte de la transition comme garante des droits fondamentaux

La restitution des pouvoirs aux civils ne pouvant plus se faire sur la base de la Constitution, la Charte de la transition a été adoptée afin de trouver une nouvelle légitimité pour l'établissement des autorités de la transition. La nature juridique (1) des chartes de transition est toujours en discussion au sein de la doctrine en dépit des garanties des droits fondamentaux (2).

1. La nature juridique de la Charte

La Charte de la transition est-elle une constitution provisoire ? Quelle est sa juridicité ? Contrairement à la Charte de 2014[70], la Charte du 25 mai 2024 ne précise pas, « expressément », qu'elle complète la

[69] Le juge constitutionnel burkinabè a, par trois fois, validé un changement anticonstitutionnel de Gouvernement. La première concerne la validation des autorités issues de l'insurrection populaire des 30 et 31 octobre 2014. Intervenu en deux temps, le juge constitutionnel burkinabè a d'abord, engagé la transition insurrectionnelle, avant de la valider dans un second temps. Dans l'engagement de la transition, il a dû assumer deux missions extraordinaires : l'invention d'une procédure constitutionnelle dérogatoire et la validation d'un instrument constitutionnel dérogatoire. S'agissant de la procédure constitutionnelle dérogatoire, la juridiction constitutionnelle a dû activer, l'auto-saisine pour assurer la continuité de la République. En effet, les conditions de dévolution des fonctions de président du Faso, telles que prévues par l'article 43 de la Constitution, n'étant pas réunies, le juge constitutionnel s'est autosaisi pour statuer sur la dévolution à titre transitoire des fonctions du président du Faso. Comme technique, il a invité « les forces vives de la nation, y compris les forces armées nationales, à se concerter pour désigner une personnalité civile consensuelle chargée d'exercer à titre transitoire les fonctions de Président du Faso ». En statuant ainsi, il a dérogé à la procédure constitutionnelle de désignation du président du Faso. À travers des procédés semblables, il a également validé la dévolution du pouvoir au MPSR I puis II en 2022. Cf. Abdoulaye SOMA, « La justice constitutionnelle de la transition insurrectionnelle au Burkina Faso », *in* Oumarou NAREY, *La justice constitutionnelle*, actes du colloque international de l'ANDC, Niamey, 2016, p. 99 ; https://burkina24.com/2022/02/10/burkina-le-conseil-constitutionnel-tue-la-constitution-et-tue-la-democratie-pr-soma/, consulté le 4 novembre 2024.

[70] Le dernier alinéa du Préambule de la Charte de 2014, dispose : « *approuvons et adoptons la présente Charte de la transition qui complète la Constitution du 2 juin 1991 et dont le présent préambule est partie intégrante.* ».

Constitution du 2 juin 1991. Elle complète la Charte du 14 octobre 2022 qu'elle modifie, précise son article 28. Par conséquent, on ne pourrait pas partir de cette disposition pour envisager sa nature d'acte constitutionnel. On peut cependant, partir, par exemple, de l'article 1 de la Charte qui définit les valeurs et principes spécifiques à la transition et à ses organes, mais complémentaires à ceux définis par la Constitution du 2 juin 1991[71]. On peut également partir des articles 4, 9 et 12 qui soumettent les organes de la transition au respect strict de la Constitution dans toutes ses dispositions compatibles avec la conduite de la transition. Il faut toutefois, garder à l'esprit, que la notion de Constitution n'est pas univoque et est porteuse d'ambigüités[72]. Comme vu plus haut, elle est généralement définie, en droit, suivant deux aspects : alors que l'aspect formel renvoie à sa procédure particulière d'adoption et de révision, celui matériel suppose l'existence de règles de qualité qui traduisent une idée de droit devant limiter effectivement l'absolutisme du pouvoir et garantir les libertés individuelles[73]. Or, si la Charte de la transition comporte des dispositions matériellement constitutionnelles, les modalités de son adoption l'éloignent de la Constitution au sens formel. Elle serait donc, une forme de « para-constitution au-delà des accords politiques de sortie de crise »[74]. Par ailleurs, la Charte de la transition a pour finalité, de mettre fin à la fracture entre instances belligérantes ou entre autorités gouvernantes et oppositions politiques. Elle a, dès lors, un objet essentiellement constitutionnel.

À bien des égards, la Charte de la transition burkinabè pourrait être rapprochée des accords politiques de sortie de crise, sans toutefois, y être identifiée. D'abord, comme ces accords de crise, elle est le produit d'un compromis dont les signataires sont connus. Il s'agit « des

---

[71] L'article 1 de la charte dispose : « *outre les valeurs et principes définis par la Constitution du 02 juin 1991, la transition sera conduite suivant les valeurs et principes ci-après :* [...] ».

[72] Paul BASTID, *L'idée de constitution*, Paris, Economica, 1985, p. 5.

[73] Georges VEDEL, *Manuel élémentaire de droit constitutionnel*, Paris, Sirey, 1949, p. 112 ; Adama KPODAR, « Bilan sur un demi-siècle de constitutionnalisme en Afrique noire francophone », *Revue Afrilex*, janvier 2013, p. 8. https://afrilex.u-bordeaux.fr/wp-content/uploads/2021/03/BILAN_SUR_UN_DEMI-SIECLE_DE_CONSTITUTIONNALISME_EN_AFRIQUE_NOIRE_FRANCOPHONE.pdf, consulté le 8 décembre 2024.

[74] Séni M. OUEDRAOGO et Djibrihina OUEDRAOGO, « Libres propos sur la transition politique au Burkina Faso : Du contexte au texte de la Charte de la transition », *op. cit.*, p. 11.

représentants des partis politiques, des organisations de la société civile, des forces de défense et de sécurité, des autorités religieuses et coutumières »[75]. Cependant, à la différence des accords politiques de sortie de crise, la Charte de transition modifiée peut être qualifiée de document interne. En effet, la conclusion de ces accords fait intervenir le plus souvent, une tierce partie, à savoir une puissance étrangère et/ou une institution internationale[76] alors que la Charte a été élaborée et adoptée à l'initiative des seuls acteurs internes, sans une intervention des instances internationales. La portée matériellement constitutionnelle des accords de sortie de crise est manifeste parce qu'en général, ils naissent de la rupture de l'ordre constitutionnel. Ensuite, la Charte de la transition burkinabè sanctionne une subversion constitutionnelle issue d'un coup d'État alors que les accords de sortie de crise sanctionnent plutôt l'échec politique de l'ordre constitutionnel. Par contre, elle s'inscrit dans le même mouvement que les accords politiques, car il s'agit d'actes constitutionnels qui visent à conduire et encadrer une période de transition.

La juridicité des Chartes dans l'ordre constitutionnel normal est contestée[77]. Par juridicité « il faut entendre ce qui est conforme au droit. Dans un État de droit, il s'agit de la conformité à la norme primaire que représente la Constitution »[78]. En actant la rupture inconstitutionnelle de l'ordre constitutionnel en vigueur, les Chartes de transition contiennent « les germes de leur invalidité juridique », pour reprendre Charles TUEKAM TATCHUM. La Charte de la transition n'est pas une Constitution au sens le plus démocratique. En effet, si formellement et matériellement, la Charte intègre la notion de Constitution[79], il lui

---

[75] Cf. premier alinéa du préambule de la Charte.

[76] Babacar GUEYE et Martin Pascal TINE, « La légitimité et la légitimation de la transition constitutionnelle par les élections en Afrique », in Xavier PHILIPPE, Natasa DANELCIUC-COLODROVOSCHI (sous dir.), *Transitions constitutionnelles et constitutions transitionnelles*, Institut Universitaire Varenne, Collection transition et justice, 2014, p. 200.

[77] Charles TUEKAM TATCHUM, « Les normes supraconstitutionnelles dans le constitutionnalisme de crise en Afrique noire francophone », *op. cit.*, p. 7.

[78] *Ibid.*

[79] Au plan formel et matériel, la Charte intègre les éléments de la définition de la Constitution. Matériellement, elle contient pour l'essentiel les règles relatives à l'organisation et à la gestion du pouvoir de transition entre la Présidence, le Gouvernement, Autorité législative de transition. Formellement, ses dispositions bénéficient d'une procédure particulière de révision qui l'accrédite d'une rigidité (art. 20 et 21 de la Charte de transition modifiée de 2024).

manque un élément déterminant, à savoir son approbation par le peuple[80]. La Charte est le fruit d'un accord politique dont les auteurs sont mentionnés dans le préambule. Elle n'est pas le fruit de la volonté du peuple constituant ou de ses représentants légitimement élus dans le cadre d'une Assemblée constituante. À cet égard, « elle ne peut être qualifiée de Constitution dès lors que celle-ci est censée être l'œuvre du souverain qui est le peuple en démocratie »[81].

En ce qui concerne la hiérarchie entre la Charte de la transition et la Constitution du 2 juin 1991, on peut considérer qu'à partir du moment où, la Constitution ne détermine pas les modalités de production des Chartes de transition, ces dernières ne sauraient lui être subordonnées[82]. L'élaboration des Chartes obéit à un processus détaché de tout lien avec l'ordre constitutionnel existant confortant ainsi, sa valeur supraconstitutionnelle. Selon Séni OUEDRAOGO, la Charte de la transition est un acte constitutionnel en deçà des petites constitutions[83] parce qu'il lui manque une dimension pré-constituante. Elle est, selon l'auteur, une « paraconstitution ». Matériellement, la Charte de la transition contient pour l'essentiel, les garanties de protection des droits fondamentaux traduisant la volonté des autorités de la transition à les garantir.

---

[80] Même si on peut arguer que ses signataires étaient issus de presque toutes les couches de la société burkinabè.

[81] Séni M. OUEDRAOGO et Djibrihina OUEDRAOGO, « Libres propos sur la transition politique au Burkina Faso : Du contexte au texte de la Charte de la transition », *op. cit.*, p. 13.

[82] Charles TUEKAM TATCHUM, « Les normes supraconstitutionnelles dans le constitutionnalisme de crise en Afrique noire francophone », *op. cit.*, p. 11.

[83] Emmanuel Cartier définit trois éléments caractéristiques des petites constitutions. Elles s'inscrivent dans une triple dimension temporelle. Par rapport au passé d'abord, issues d'une rupture avec l'ordre juridique précédent, elles participent à la réception d'une partie de ses composantes dans un ordre nouveau. Par rapport au présent ensuite, elles organisent à titre provisoire les rapports entre les pouvoirs publics, sur la base d'un texte non nécessairement de forme constitutionnelle, et contribuent ainsi à la définition d'un ordre juridique de transition, relais plus ou moins formalisé. Par rapport au futur enfin, les petites Constitutions participent à la détermination du titulaire du pouvoir constituant dit « originaire » en définissant les modalités de production de la Constitution définitive. Cf. Moussa ZAKI, « Petites constitutions et droit transitoire en Afrique », *RDP*, 2012, n°6, p. 1667 ; Séni M. OUEDRAOGO et Djibrihina OUEDRAOGO, *op. cit.*, p. 16.

2. Les garanties transitoires des droits fondamentaux

Dès le préambule, la Charte de la transition consacre la justice comme une valeur essentielle à laquelle adhère la transition. En effet, le troisième considérant du préambule correspond à son sixième paragraphe, dispose « *considérant notre attachement aux valeurs d'intégrité, de patriotisme, de justice et de souveraineté* ; ». La notion de justice est protéiforme et fait l'objet d'acceptions différentes parce qu'elle touche tous les aspects (économique, sociale, politique, etc.)[84] de la vie en société. Elle soulève les questions de la justice sociale, de l'accès à la justice, de l'indépendance de la justice, du respect des lois, etc. En effet, elle a pour fondation la bonne gouvernance, la sécurité sociale, le bonheur universel, le progrès de l'homme. Par conséquent, en s'attachant à la justice comme une valeur fondamentale, les autorités dirigeantes de la transition s'engagent à se conformer à la loi et à l'exercice impartial de la justice. La justice sociale est impérativement nécessaire au bon déroulement du processus de transition. L'accès à la justice est de l'intérêt premier de chacun et, dans les sociétés dotées d'une organisation politique, c'est l'État qui a l'obligation première de garantir des voies d'accès à la justice aussi larges et diverses que possible. De cette façon, non seulement les droits des personnes sont protégés, mais les risques de conflit violent et destructeur sont réduits au minimum. Les processus politiques, législatifs et administratifs donnent à des degrés divers accès à la justice, en particulier en matière de politique générale. Cependant, dans un ensemble politique vaste et complexe, les possibilités offertes en particulier aux individus et aux catégories les plus faibles de la société d'obtenir justice par les voies politiques et administratives sont intrinsèquement limitées. C'est logiquement, que la transition « adhère aux principes démocratiques contenus dans les instruments internationaux et régionaux auxquels le Burkina Faso a souscrit »[85], « aux principes et valeurs définis par la Constitution », et s'est engagée à « promouvoir la démocratie populaire

[84] Charles DEBBACH, Jacques BOURDON, Jean-Marie PONTIER et Jean-Claude RICCI, *op. cit.*, pp. 230-231.
[85] 8è considérant du Préambule de la Charte de la transition.

et la bonne gouvernance »[86], à « consolider l'État de droit »[87] ainsi que la vérité[88].

Aux termes de l'article 1 de la Charte, la transition sera conduite « *dans le respect des droits humains* [...] ». Ceci implique un respect effectif des droits civils, politiques, économiques, sociaux et culturels reconnus aux citoyens par la Constitution et par les instruments internationaux et régionaux engageant le Burkina Faso. En plus des instruments généraux que sont la Déclaration universelle des droits de l'homme (DUDH) du 10 décembre 1948, les Pactes internationaux sur les droits économiques, sociaux et culturels (PIDESC) et sur les droits civils et politiques (PIDCP) du 16 décembre 1966 et la Charte africaine des droits de l'homme et des peuples (CADHP), le Burkina Faso a ratifié la plupart des conventions et protocoles spécialisés relatifs aux droits de l'homme. Respecter les droits humains, c'est également, permettre aux institutions nationales et internationales ainsi qu'aux acteurs (ONG, société civile, sociétés savantes, etc.) de défense des droits humains et aux institutions judiciaires, de fonctionner de manière optimale et d'accomplir leurs missions. Bref, les mécanismes normatifs et institutionnels doivent être effectifs et surtout, efficaces.

Au cours de la cérémonie d'investiture, le président de la transition, président du Faso, a prêté le serment suivant : « *je jure devant le Peuple burkinabè et sur mon honneur de préserver, de respecter et de faire respecter et de défendre la Constitution, la Charte de la transition et les lois, de tout mettre en œuvre pour garantir la justice à tous les habitants du Burkina Faso* ». Cet engagement est fort et marquerait la volonté de cet organe de la transition à veiller à l'effectivité des droits

---

[86] 7è considérant du Préambule de la Charte de la transition.
N'est-il pas, cependant, paradoxal de parler de démocratie dans un régime anticonstitutionnel ? La démocratie populaire désigne les régimes politiques marxistes et totalitaires institués au lendemain de la Seconde Guerre mondiale dans les États d'Europe centrale et orientale situés dans la zone d'influence de l'URSS. Ces régimes ont été créés sur le modèle soviétique, avec cependant des éléments originaux plus ou moins marqués. Les événements survenus dans la plupart de ces États fin 1989 ont conduit à la fin de ce régime politique et à la mise en place (malgré certaines difficultés) d'une démocratie pluraliste. Par extension, la démocratie populaire est une qualification adoptée par un certain nombre d'États africain qui se caractérisent par leurs options socialistes (Corée du Nord, Cuba, Russie, etc.). C'est cette qualification qui caractérise la transition burkinabè. On peut parler d'une transition d'obédience socialiste.

[87] Article 2 de la Charte de la transition.

[88] Article 1 de la Charte de la transition.

humains même si, selon GOUNOU KORA Ahmzat, la prestation de serment des militaires au pouvoir relèverait d'une « théâtralisation de la prise du pouvoir, d'une anomalie juridique quoiqu'elle représente une panacée politique. » [89]. La protection des droits humains est formellement bien garantie sous la transition politique au Burkina Faso avec une variété d'instruments normatifs et institutionnels. La mise en œuvre de cette protection révèle cependant, un contraste. En effet, elle est très limitée dans la pratique.

II. Une protection limitée dans la pratique

L'engagement de la transition politique burkinabè à défendre les droits fondamentaux est, théoriquement, manifeste. Il faut cependant, rappeler que le Burkina Faso fait face au terrorisme et que son éradication a servi de justificatifs aux coups d'État qui se sont succédé. Cette crise sécuritaire nécessite un aménagement stratégique des différentes politiques [90] et la mise en place des mécanismes constitutionnels et transitoires de lutte. Doit-on en déduire, qu'elle justifierait une violation des droits fondamentaux ? On y répond par la négative, car l'État de droit exige la préservation desdits droits en toutes circonstances même en période de conflit armé national ou international *à fortiori* dans la lutte contre le terrorisme. Si en temps normal, les restrictions apportées aux droits fondamentaux sont atténuées, on observe, sous la transition, une protection des droits sur fond de restrictions sévères (A) et de réquisitions (B) allant au-delà des besoins d'ordre public[91].

---

[89] Ahmzat GOUNOU KORA, « La prestation de serment des militaires auteurs de coups d'État en Afrique », *Revue Afrilex,* février 2024, p. 1, https://afrilex.u-bordeaux.fr/wp-content/uploads/2024/02/Afrilex_Gounou-Kora-Ahmzat_-La-prestation-de-serment-des-militaires-auteurs-de-coups-dEtat-en-Afrique.pdf, consulté le 8 décembre 2024.

[90] La gravité du contexte sécuritaire était telle que le Burkina Faso a dû se doter d'un plan Stratégique (2017-2021) pour la Réforme des Forces Armées Nationales qui n'a cessé d'être renforcé et peaufiné.

[91] Selon Ousseini OUEDRAOGO, de façon synthétique, « *l'ordre public est un paquet de règles imposées aux administrés par les pouvoirs publics à un moment donné en vue d'assurer la paix et la quiétude dans la cité.* ». Un système juridique comporte nécessairement des normes constitutives d'un ordre public inviolable, dont la protection incombe à l'appareil de l'État qui définit son contenu, ses contours et les conditions de sa préservation. ». Cf. Ousseini OUEDRAOGO, « La limitation des

A. Une protection sur fond de restrictions sévères

La transition au Burkina Faso fait face à une question complexe : celle du droit de lutter contre le terrorisme et la préservation des droits fondamentaux. Il faut nécessairement assurer l'équilibre des rapports entre la lutte contre le terrorisme et les droits fondamentaux. Il est accepté que la notion de droits fondamentaux diffère de la notion voisine de libertés publiques. Cette dernière correspond, suivant les termes de Jean RIVERO et Hugues MOUTOUH *« aux droits de l'homme dont la reconnaissance et l'aménagement par l'État ont été insérés dans le droit positif »*[92]. La liberté d'opinion (1) et celle de manifestation (2) souffrent manifestement de restrictions illégales même si ces dernières pourraient être légitimes.

1. Les restrictions à la liberté d'expression

Le monde contemporain fait face à un débat sans précédent sur le droit à la liberté d'expression et à ses limites. Les limitations sont l'œuvre du pouvoir constituant, mais de plus en plus, le législateur et les autorités investies du pouvoir règlementaire sont habilités à prendre des actes restrictifs des droits fondamentaux. Aux termes de l'article 8 de la Constitution sur laquelle la Charte de la transition se fonde, « *les libertés d'opinion, de presse et le droit à l'information sont garantis. Toute personne a le droit d'exprimer et de diffuser ses opinions dans le cadre des lois et règlements en vigueur.* » L'article 9 de la CADHP énonce, sans les définir, le droit de l'individu à l'information et son droit à la liberté d'expression et de diffusion de ses opinions. La liberté d'opinion se trouve, du même coup, implicitement consacrée. Il précise que ceux-ci doivent être exercés *« dans le cadre des lois et règlements »* ; en d'autres termes, cela signifie que leur exercice devra être conforme aux exigences de la loi, quelles qu'elles soient. L'article 19 du PIDCP va au-delà d'une simple énonciation, en ce qu'il est plus explicite dans la mesure où il définit la liberté d'expression par une référence détaillée à ce qu'il considère comme ses principales composantes, à savoir les libertés « *de rechercher, de recevoir et de répandre des informations et des idées de toute espèce, sans*

---

droits fondamentaux par l'ordre public en droit constitutionnel béninois et burkinabè », *op. cit.*, p. 5.

[92] Jean RIVERO et Hugues MOUTOUH, *Libertés publiques*, 9e éd., tome 1, Paris, PUF, 2003, p. 8.

considération de frontières, sous une forme orale, écrite, imprimée ou artistique, ou par tout autre moyen de son choix ». Toutefois, précise-t-il, les éventuelles restrictions aux droits devront être nécessaires « au respect des droits ou de la réputation d'autrui » ou « à la sauvegarde de la sécurité nationale, de l'ordre public, de la santé ou de la moralité publique ». Aux termes de l'article 4 de la loi n° 55-2015/CNT du 4 septembre 2015 portant régime juridique de la presse en ligne, « *le contenu publié par l'éditeur du service de presse en ligne présente un caractère d'intérêt général quant à la diffusion de la pensée : éducation, information, divertissement du public ; le contenu publié par l'éditeur ne doit pas être susceptible de choquer l'internaute par une représentation de la personne humaine portant atteinte à sa dignité et à la décence ou faisant l'apologie de la violence* ».

Il faut en déduire que les libertés sont rarement absolues. Dès lors que l'exercice d'une liberté peut nuire à autrui, à l'État, il rencontre des limites. Les États doivent prendre des mesures proactives pour créer un environnement propice à l'exercice du droit à la liberté d'expression et veiller à ce que toute restriction soit conforme aux exigences énoncées à toute restriction soit prévue par la loi, être nécessaire dans une société démocratique et poursuivre un but légitime. Dans son arrêt du 5 décembre 2014, rendu dans l'affaire *Lohé Issa KONATÉ c/Burkina Faso*[93], la Cour africaine des droits de l'homme et des peuples, a reconnu le monopole des États dans la restriction des droits et libertés et en même temps, la nécessité d'une justice. C'est le principe de proportionnalité.

Sous la transition burkinabè, la liberté d'expression est canalisée, orientée. Toute opinion divergente quant à la politique étatique habituellement qualifiée de « critique négative » ou de « non constructive », est proscrite. Ceci vaut pour les journaux de la presse

---

[93] En août 2012, le journaliste Lohé Issa Konaté a écrit deux articles pour le journal L'Ouragan, dans lesquels il a accusé le procureur général de corruption. En réponse, le procureur a porté plainte contre M. Konaté et un co-accusé pour diffamation, insulte publique et outrage au tribunal. Des plaintes ont aussi déposées au pénal contre les deux accusés et des dommages-intérêts ont été réclamés. En octobre 2012, M. Konaté a été reconnu coupable par la Cour suprême de Ouagadougou et condamné à un an de prison et à des peines d'amendes et de dommages-intérêts au profit du procureur outre la suspension du journal. La décision a ensuite été confirmée en appel. En juin 2013, une requête a été déposée au nom de M. Konaté auprès de la Cour africaine des droits de l'homme et des peuples alléguant que les sanctions excessives imposées violaient ses droits de liberté d'expression tels que garantis par l'article 9 de la CADHP, l'article 19 du PIDCP et l'article 66 al. 2 du Traité révisé de la CEDEAO.

écrite et de la presse en ligne, pour les chaînes de radiodiffusion et de télévision nationales publiques et privées ainsi que pour les personnes physiques et les personnes morales (ONG, OIG, associations, etc.). Le constat est que, seule la critique épousant la politique étatique dite « positive », « constructive », seules les émissions télévisées et les émissions radiodiffusées ne semant pas le doute sur les intentions du pouvoir en place à vaincre le terrorisme et à défendre l'intérêt supérieur du Burkinabè, doivent être diffusées. Seules de telles opinions peuvent être émises par le Burkinabè (soit-il un homme politique, un acteur de la société civile, un acteur neutre) quel que soit le canal (réseau social, plateau télé, émission radio, etc.). La suspension des chaînes de télévision et de radio[94] n'est plus une décision exceptionnelle pour le Burkinabè et pour le monde de la communication ; les réquisitions du fait de l'opinion critique étant légions[95] ainsi que les enlèvements[96] et menaces dissuasives.

L'accès aux informations sur les éventuelles attaques et précisément sur les pertes essuyées sur le terrain par les soldats burkinabè est limitée. La diffusion de telles informations par tout acteur, constitue, désormais, une atteinte à l'ordre public, une remise en cause de l'objet de la transition, un dénigrement de la transition. La communication sur de telles données appartient à l'État et qu'à l'État. Cela pourrait être considéré comme légitime, voire légale, si l'on sait qu'il revient à l'État d'établir le contenu de l'ordre public et qu'à circonstances exceptionnelles, mesures exceptionnelles. Toutefois, certaines pratiques sont en déphasage avec les textes que la transition elle-même promeut si l'on garde à l'esprit les enlèvements, les réquisitions et libération *manu militari* de détenu[97], opérés jusque-là. En outre, un

---

[94] Burkina Faso : Le gouvernement suspend la Radio Omega jusqu'à nouvel ordre (Communiqué) 10 août 2023. Dans son communiqué, l'Etat burkinabè affirme : « *le Gouvernement se désole de la diffusion sur Radio Oméga, du Groupe Oméga médias, d'un entretien émaillé de propos injurieux à l'encontre des nouvelles autorités nigériennes, ce jeudi 10 août 2023. En faisant le choix délibéré de diffuser cet entretien réalisé par ses soins, Radio Oméga prend des libertés inacceptables avec l'éthique et la déontologie de la profession de journaliste et renie sa responsabilité en tant que média.* ».

[95] Burkina Faso/Réquisitions pour le front : La Cédéao dénonce une "procédure illégale et arbitraire" - 24heures, 31 décembre 2023.

[96] Commission africaine des droits de l'homme : "Que des enquêtes diligentes soient menées pour retrouver Dr Daouda Diallo" du CISC - 24heures, 30 décembre 2023.

[97] Dans son communiqué du 31 juillet 2023, le Conseil supérieur de la magistrature (CSM) dénonçait l'irruption de militaires au Tribunal de grande instance Ouaga II le

gouvernement peut-il vraiment être effectivement comptable de ses actes si son activité n'est pas tout entière livrée à l'examen du public ? Le Burkina Faso qui était 58e en 2023 au traditionnel classement mondial de la liberté de la presse, rétrograde à la 86e place, en 2024[98]. Le droit de manifester n'est pas resté en moins dans cette canalisation des libertés.

2. Les restrictions au droit de manifestation

Les influences de l'ordre public touchent d'autres types de libertés non liées à la pensée. Il s'agit essentiellement des libertés d'agir. C'est le cas de la liberté de manifestation. Dans les situations d'absence de crise, les restrictions à l'exercice de cette liberté fondamentale peuvent s'avérer nécessaires pour la sauvegarde de l'ordre public. En effet, tout en reconnaissant la pleine jouissance des droits et libertés d'agir aux citoyens, le droit burkinabè pose des balises destinées à éviter les écarts ou les excès dans la jouissance de ladite liberté. Aux termes de l'article 21 de la Constitution, « [...] *La liberté syndicale est garantie. Les syndicats exercent leurs activités sans contrainte et sans limitation autres que celles prévues par la loi.* »

Le 5 novembre 2023, la Confédération générale du travail du Burkina (CGT-B)[99] dénonçait « une application punitive et sélective » d'un décret sur la mobilisation générale et la mise en garde. On lit dans ce communiqué que : « *le collectif CGT-B a appris, sans grande surprise, que le MPSR2 procède [...] à des réquisitions massives de*

28 juillet 2023 aux fins de soustraire dame NIKIEMA Laissa Amsétou alors que celle-ci était placée sous mandat de dépôt du Procureur du Faso près ledit Tribunal pour complicité de coups et blessures volontaires, séquestration et actes de torture. Ces militaires l'ont, ensuite, conduite au petit matin du 29 juillet 2023, vers une destination inconnue de l'autorité judiciaire en charge du dossier. Bien avant cette intervention du CSM, le Gouvernement avait, dans un communiqué du 29 juillet 2023, considéré ces faits comme « une série d'incompréhensions et de malentendus ayant entraîné des incidents regrettables et rassurait l'opinion que toutes les dispositions sont prises pour réserver le meilleur traitement à ce dossier dans le strict respect des principes de l'Etat de droit, de tolérance zéro à l'impunité, de préservation de la paix sociale et de la sécurité ». A lire sur Affaire Adja de Komsilga: Communiqué du Conseil supérieur de la magistrature - NetAfrique.net.

[98] Liberté de la presse en 2024 : Le Burkina Faso perd 28 places et se positionne 86e sur le plan mondial - leFaso.net.

[99] Elle est la centrale des travailleurs du Burkina Faso. Elle est composée de CGT-B –SYNATEL – SYNATEB – SYNATIC –SATB – SYNTAS – SYNAMICA – SYNPTIC – SYNACIT – SYNASEB – SYNAFI – SYNAPAGER.

citoyens membres du collectif d'organisations syndicales et de la société civile ayant annoncé l'organisation d'un meeting le 31 octobre 2023 dans le cadre de la commémoration de l'insurrection populaire et de la résistance victorieuse au coup d'État du RSP de 2015. Outre les responsables et militants de ces organisations, nous avons aussi appris que des journalistes et hommes politiques ont été réquisitionnés. Au regard du profil des personnes réquisitionnées, on note un acharnement contre des citoyens ayant exprimé des opinions critiques vis-à-vis des autorités de la transition et une instrumentalisation du Décret [...] portant mobilisation générale et mise en garde. On assiste de fait à une application punitive et sélective de ce Décret comme moyen de répression et de musellement des citoyens qui ne font pas les éloges du Capitaine Ibrahim TRAORE. Bien plus, on banalise ledit Décret en faisant un outil de dissuasion contre les voix discordantes. C'est pourquoi le collectif CGT-B dénonce ces réquisitions arbitraires qui violent l'esprit et la lettre du Décret ci-dessus, rappelle et appelle ses structures, ses militants(es), ses sympathisants(es), les démocrates sincères et les progressistes du Burkina Faso à se mobiliser pour s'opposer à leur opérationnalisation. »[100].

Avant ce communiqué, le Collectif syndical a été dissuadé d'organiser un meeting. En effet, des citoyens qui se réclament des soutiens de la Transition burkinabè, à travers des vidéos diffusées, pour la plupart, dans la nuit du lundi 16 octobre 2023[101], sur les réseaux sociaux, ont mis en garde, la CGT-B qui a annoncé un meeting le 31 octobre en vue d'interpeller les autorités actuelles sur la gestion du pays, à l'issue d'une rencontre tenue le même jour. Des fervents soutiens du régime de la transition[102] se sont opposés fermement à ce meeting. Selon les auteurs de ces vidéos dont certains se sont présentés bardés d'armes blanches, l'initiative de la centrale des syndicats du Burkina ne se justifiait pas, parce que le pays traversait et traverse des

---

[100] Le Collectif syndical CGT-B dénonce « une application punitive et sélective » d'un décret 5 novembre 2023, consulté le 7 décembre 2024.

[101] La CGTB avait fait sa rentrée syndicale ce lundi 16 octobre 2023 et avait dressé un bilan peu reluisant de la Transition. Elle a dénoncé la gouvernance du MPSR II sur plusieurs points dont la confiscation des libertés individuelles et collectives, l'immixtion de l'Exécutif dans les affaires judiciaires et la gouvernance économique caractérisée par la cherté de la vie, la corruption, etc.

[102] Les fans du régime en place auteurs des menaces sont installés devant les rond-point où ils ont installé des cellules dites de veille de la transition. Ils sont communément appelés les « wayiyans » en langue mooré (langue de l'ethnie mossis, ethnie majoritaire au Burkina Faso). Cela signifie en français, « sortez ».

moments difficiles dans la lutte contre le terrorisme. Les auteurs des vidéos dénoncent le fait que les syndicats, « *depuis l'avènement du MPSR II, n'auraient rien fait pour accompagner le régime actuel. Pour eux, cette manifestation annoncée de la CGT-B procède d'une manipulation de la masse contre les autorités de la Transition, chose qu'ils jugent inacceptable.* »[103]

À l'heure actuelle, le droit de manifester est également canalisé, car seules des manifestations (marches et meeting) en soutien à la transition peuvent être autorisées par les autorités de la transition et par ses soutiens[104]. Seules des manifestations qui soutiennent que la ligne de gouvernance, sur tous les plans, suivie par la transition, vise une indépendance et une souveraineté réelles du Burkina Faso, est tolérée. Tout mouvement syndical ou de la société civile qui ne s'inscrit pas dans cette logique, est considéré comme étant manipulé par des puissances étrangères notamment la France, des partisans de l'impérialisme. Outre les restrictions, la protection des droits fondamentaux sous la transition est sur fond de réquisitions.

B. Une protection sur fond de réquisitions

La réquisition est un procédé qui permet à un État de contraindre tout citoyen à répondre favorablement à l'appel à la mobilisation qu'il a lancé. La jouissance des droits de l'homme en période de crise ne saurait occulter ce qu'il sied d'appeler les obligations ou devoirs de l'homme. En effet, lorsque l'intégrité territoriale de l'État est menacée, tout moyen pourrait être employé par l'État pour se défendre. Parmi ces moyens qui peuvent être nationaux ou internationaux, figure ce qu'on appelle la mobilisation citoyenne ou mobilisation populaire. La transition a lancé la mobilisation générale face au terrorisme (1). Si elle est noble, cette initiative n'a pas toujours été exempte d'irrégularités (2).

1. La mobilisation générale face au terrorisme

À la différence du volontariat, la réquisition n'exige pas un accord de volonté entre l'État et le citoyen réquisitionné. Au Burkina Faso, la

---

[103] Meeting du 31 octobre au Burkina: menaces contre la Centrale des travailleurs | Wakat Séra 17 octobre 2023, consulté le 8 décembre 2024.

[104] Meeting du 31 octobre : Le collectif CGT-B fait une mise au point - sirainfo.com 25 octobre 2023, consulté le 8 décembre 2024.

réquisition est consacrée par le décret n° 2023-475/PRESTRANS/PM/MDAC/MATDS/MJDHRI du 19 avril 2023 portant mobilisation générale et mise en garde. Aux termes de l'article 2 du décret, la mobilisation générale et la mise en garde emportent pour le gouvernement, dans les conditions et sous les pénalités relatives aux réquisitions :

- la réquisition des personnes, des biens et les services ;
- le droit de soumettre à contrôle et à répartition les ressources au ravitaillement et, à cet effet, d'imposer aux personnes physiques ou aux personnes morales en leurs biens, les sujétions indispensables ;
- le droit d'appel à l'emploi de défense, à titre individuel ou collectif.

En dépit du fait qu'elle soit juridiquement encadrée, la réquisition, de par sa nature, porte atteinte au droit fondamental du citoyen à la libre circulation. Ce droit recouvre plusieurs libertés : le droit d'entrée, le droit de résidence et le droit d'établissement. Le droit d'entrée désigne l'accès au territoire national d'un État donné par un étranger. Ce droit est le pas initial dans la mise en œuvre de la libre circulation et l'effectivité des droits de résidence et d'établissement. Le droit de résidence renvoie au droit de séjourner dans un État autre que celui dont on a la nationalité. Le droit d'établissement, quant à lui, désigne le droit d'élire résidence et de s'installer dans un État autre que celui dont on a la nationalité. Il faut ajouter à ceux-ci, le droit de sortie c'est-à-dire de quitter un territoire.

L'article 5 du décret n° 2023-475 portant mobilisation générale et mise en garde, cite les catégories de personnes susceptibles d'être réquisitionnées. Il s'agit des membres des forces de défense et de sécurité ; des membres des forces de défense et de sécurité en position de non-activité et des jeunes gens de 18 ans ou plus, non membres des forces armées nationales, physiquement aptes, appelés à s'enrôler selon les besoins exprimés par les autorités compétentes. De nombreuses personnes ont été à cet effet, réquisitionnées. Dans le cadre de la défense et du maintien de l'intégrité territoriale, le civil réquisitionné ou qui s'est volontairement engagé, est appelé à se voir militarisé.

La militarisation du civil consiste à lui faire acquérir la carrure d'un militaire c'est-à-dire d'un membre des forces armées. Ceci est une nécessité, car seule la militarisation offrira aux citoyens étrangers ou non aux armes, les moyens d'affronter le terrain et d'y faire face efficacement.

L'article 10 al. 1 de la Constitution burkinabè du 02 juin 1991 modifiée par la loi constitutionnelle n° 033-2024/ALT du 29 octobre 2024, dispose que « *tout citoyen Burkinabè a le devoir de concourir à la défense et au maintien de l'intégrité territoriale* »[105]. Concourir, en période de crise, à défendre et à maintenir l'intégrité du territoire burkinabè constitue donc, un devoir fondamental pour tout citoyen. Le devoir citoyen renvoie ainsi, à l'obligation faite à tout individu de participer à la vie politique de l'État dont il a la nationalité. En matière de défense et de maintien de l'intégrité territoriale, il consiste pour le citoyen à participer à la lutte contre toute atteinte de l'intégrité territoriale. Concourir à la défense de l'intégrité du territoire burkinabè ainsi qu'à son maintien, est une obligation pour tout burkinabè jouissant de ses droits civils et politiques résidant ou pas au Burkina Faso[106]. Sur le plan historique, cette obligation n'était pas prévue par la Constitution du 27 novembre 1960 instituant la 1re République. Quant à la Constitution de la IIe République du 14 juin 1970, elle la consacrait à son article 23 tout en la sacralisant[107]. En ce qui concerne la Constitution de la IIIe République adoptée le 27 novembre 1977, elle ne la consacrait que dans son préambule notamment dans le paragraphe

---

[105] À côté des constitutions des États africains qui sont nombreuses à consacrer des développements plus ou moins importants aux devoirs de l'individu, il faut mentionner celles des pays communistes (démocraties populaires) et des démocraties libérales. Par exemple, la Constitution de la République Populaire de Chine du 4 décembre 1982 énonce entre autres, le devoir de défense de la sécurité, de l'honneur et des intérêts de la patrie (article 55). Au titre des démocraties libérales, on peut citer la Constitution italienne du 27 décembre 1947 qui consacre neuf articles au titre des devoirs de l'individu parmi lesquels le devoir de défense de la patrie (article 52) ; la Constitution portugaise du 2 avril 1976, la Constitution espagnole du 29 décembre 1978. La Constitution française du 4 octobre 1958 n'accorde pas de développements spécifiques aux devoirs individuels mais affirme, dans son préambule, l'attachement du peuple français aux droits de l'homme tels que définis dans la Déclaration des droits de l'homme et du citoyen du 26 août 1789 complétée par le préambule de la Constitution du 27 octobre 1946. Cf., Fatsah OUGUERGOUZ, *La Charte africaine des droits de l'homme et des peuples. Une approche juridique des droits de l'homme entre tradition et modernité*, Genève, Graduate Institute Publications, 1993, pp. 234-235.

[106] Yabré Anselme SIÉZA, « Le devoir citoyen de défense et de maintien de l'intégrité territoriale en droit burkinabè », *Droit et politique en Afrique,* n° 2 – janvier 2024, p. 114.

[107] L'article 23 disposait : « *La défense de la Patrie et de l'intégrité du Territoire National est un devoir sacré pour tout voltaïque.* ».

X[108]. Cette obligation constitutionnelle est prévue au niveau régional africain par la Charte africaine des droits de l'homme et des peuples du 27 juin 1981. Aux termes de son article 29 al. 5, l'individu a le devoir « *de préserver et de renforcer l'indépendance nationale et l'intégrité territoriale de la patrie et, d'une façon générale, de contribuer à la défense de son pays, dans les conditions fixées par la loi.* ». Au niveau universel, il faut citer la DUDH, le PIDCP, même s'ils n'abordent pas franchement la question des devoirs de l'individu et celle de la défense et du maintien de l'intégrité territoriale.

La mobilisation citoyenne ou mobilisation populaire peut être générale ou au titre de la réserve opérationnelle. Dans le premier cas, elle engage non seulement toute personne ayant déjà servi dans l'armée, mais aussi tout civil. Dans le second cas, seuls les anciens membres des forces de l'ordre sont concernés. Au Burkina Faso, elle est générale. Le civil burkinabè a été appelé à la lutte à travers un appel à la mobilisation. Le corps des Volontaires pour la Défense de la Patrie (VDP) a ainsi, été institué. Ce corps a d'abord, fait l'objet de la loi n° 002-2020/AN du 21 janvier 2020 portant institution de VDP. Cette dernière sera abrogée par la loi n° 028-2022/ALT du 17 décembre 2022. Aux termes de l'article 2 de ladite loi, « le VDP est une personne physique de nationalité burkinabè, auxiliaire des forces de défense et de sécurité, servant de façon volontaire les intérêts sécuritaires de la nation, de son village ou de son secteur de résidence, en vertu d'un contrat signé entre le volontaire et l'État. » La mission du VDP est de contribuer, au besoin par la force des armes, à la défense et à la protection des personnes et des biens du village, de la commune ou de toute autre localité sur le territoire national. Il faut toutefois, relever, qu'au-delà du simple volontariat donnant liberté à tout citoyen de s'engager ou pas dans la défense et le maintien de l'intégrité du territoire, il s'agit d'un véritable devoir, une obligation fondamentale.

Le 24 octobre 2022, la Brigade de veille et de défense patriotique (BVDP) a lancé le recrutement de 15 000 VDP nationaux devant être déployés, après formation, sur le théâtre national de la lutte contre le terrorisme. Le lendemain, le 25 octobre 2022, la BVDP annonçait le recrutement de 35 000 VDP communaux, soit 100 VDP par commune. Ces derniers ont pour mission de protéger aux côtés des forces de défense et de sécurité, les populations et les biens de leurs communes d'origine. Le gouvernement burkinabè a ainsi demandé le concours de toutes les personnes physiquement et psychologiquement aptes dans la lutte pour le retour de la sécurité et de la paix. C'est le volontariat qui a été mis en avant par le Gouvernement burkinabè. La liberté reconnue

[108] Ledit paragraphe disposait : « *Chaque citoyen a le devoir de concourir à la défense et au maintien de l'intégrité du territoire national.* ».

au citoyen de s'enrôler dans le corps des VDP, ne constitue donc pas une application rigoureuse de l'article 10 al. 1 de la Constitution ni des pouvoirs reconnus aux autorités administratives dans ce contexte de crise. La réquisition d'un citoyen doit suivre une procédure légalement établie et être légalement fondée. Le constat est que, dans la pratique, cette procédure n'est pas toujours suivie et l'objet des réquisitions n'est pas toujours objectif.

2. Les irrégularités dans la mobilisation des burkinabè

Le citoyen ne doit être appelé à la défense et au maintien de l'intégrité territoriale que lorsque certaines circonstances s'y prêtent et certaines conditions réunies. Les circonstances doivent être telles que le concours du citoyen soit indispensable. Par ailleurs, le citoyen ne pourra concourir efficacement et atteindre les finalités de son devoir que lorsque les conditions de son intervention seront effectivement réunies. Le devoir qui lui est fait présente en effet un contenu formellement conditionné et matériellement précisé. À l'instar de l'état d'urgence[109], le citoyen burkinabè peut être appelé à l'exécution de son devoir lorsqu'il y a état de siège [110]. Sa mise en œuvre est exceptionnelle. L'État a, le plus souvent, recours au procédé de la réquisition, lorsque les forces armées républicaines, au regard de leur puissance de frappe et surtout de leur nombre, ne peuvent à elles seules relever efficacement le défi de la défense de l'État et dans le cas

---

[109] L'état d'urgence est prévu par l'article 58 de la Constitution burkinabè41. Les règles régissant l'état d'urgence sont fixées par les articles 10 à 14 de la loi n° 023-2019/AN du 14 mai 2019 portant règlementation de l'état de siège et de l'état d'urgence au Burkina Faso. Aux termes de l'article 10 al. 1, « l'état d'urgence est une situation de crise permettant aux autorités administratives de prendre des mesures exceptionnelles en matière de sécurité et qui sont susceptibles de porter atteinte aux droits et libertés des personnes ». Il peut être déclaré sur tout ou partie du territoire, soit en cas de péril imminent résultant d'atteintes graves à l'ordre public, soit en cas d'évènements présentant le caractère de calamité publique de par leur nature et leur gravité, précise l'article 10 al. 2.

[110] L'état de siège est un pouvoir de crise prévu par l'article 58 de la Constitution burkinabè. Il est régi par les articles 4 à 9 de la loi n° 023-2019/AN du 14 mai 2019 portant règlementation de l'état de siège et de l'état d'urgence au Burkina Faso. Aux termes de l'article 4 al. 1 de ladite loi, l'état de siège est « un régime exceptionnel de police qui a pour effet de transférer aux autorités militaires l'exercice des pouvoirs de police ». Il peut être déclaré sur tout ou partie du territoire national en cas de péril imminent pour la nation résultant d'une insurrection armée ou d'une invasion étrangère.

particulier, de la défense et du maintien de l'intégrité du territoire étatique.

Aux termes des dispositions de l'article 3 alinéa 2 du décret portant mobilisation générale et mise en garde, « *pour fournir aux services et aux troupes engagés les moyens nécessaires à l'accomplissement de leurs missions, une commission de réquisitions est mise en place auprès du ministre chargé de la défense et des gouverneurs de régions* ». Aux termes de l'alinéa 2, « *les réquisitions sont formulées par écrit et signées.* » Aux termes de l'article 8 du même décret, « *les droits et libertés individuels et collectifs garantis par les lois et règlements peuvent, dans certains cas, être restreints ou limités conformément à la loi. Toutefois, il ne peut être dérogé aux droits fondamentaux notamment le droit à la vie, le droit à ne pas être soumis à la torture ni à des peines ou traitements cruels, inhumains ou dégradants ou à une expérience médicale ou scientifique sans son libre consentement, le droit de ne pas être tenu en esclavage ou en servitude* ».

Toutefois, le 15 août 2024, l'intersyndicale des magistrats émettait un communiqué relatif aux réquisitions de magistrats « aux fins de participer aux opérations de sécurisation du territoire auprès du Groupement de forces de sécurisation du Nord (GFSN) à Kaya qu'elle qualifie de « ciblées »[111]. Elle y affirme que « *le 12 août 2024, le Procureur du Faso près le tribunal de grande instance de Ouaga 1, le Doyen des juges d'instruction du tribunal de grande instance de Ziniaré, le Procureur du Faso près le tribunal de grande instance de Boromo et le procureur du Faso près le tribunal de grande instance de Bobo-Dioulasso, ont reçu individuellement des appels téléphoniques de la part de l'Adjudant Sanou Yacouba les informant de ce que chacun en ce qui le concerne, est réquisitionné pour les opérations de sécurisation du territoire national pendant la période du 14 août 2004 au 13 novembre 2024 avec possibilité de renouvellement. À cette liste s'ajoute le Procureur du Faso près le tribunal de grande instance de Gaoua qui était hors du territoire pour raison de vacance judiciaire. Ce dernier a eu l'information de sa réquisition le 14 août à l'occasion de l'appel des magistrats réquisitionnés* ». Elle affirme que « *cherchant à connaître les critères de telles réquisitions sélectives et ciblées, les*

[111] https://www.24heures.bf/burkina-faso-requisition-de-magistrats-lintersyndicale-denonce-des-actes-de-sabotage-de-lautorite-de-la-justice/ 16 août 2024, consulté le 31 novembre 2024 ; https://www.24heures.bf/requisitions-de-magistrats-au-burkina-le-mouvement-sens-craint-la-mort-du-pouvoir-judiciaire-et-lorganisation-de-ses-funerailles/ 18 août 2024, consulté le 8 décembre 2024.

syndicats de magistrats se sont résolus à comprendre que les magistrats susnommés ont traité dans un passé récent des dossiers des citoyens se réclamant être des soutiens indéfectibles du pouvoir en place ». L'intersyndicale a conclu, après avoir présenté les dossiers respectivement traités par les magistrats concernés, que « *ces réquisitions ne sont ni plus ni moins que des actes d'humiliation et d'intimidation des magistrats dans l'exercice de leurs fonctions et, surtout, des actes de sabotage de l'autorité de la justice* » et que « *ces réquisitions sont exécutées au forceps en dépit de décisions juridictionnelles les ayant déclaré nulles et enjoignant à l'État burkinabè de ne leur donner, aucun effet.* ». En effet, le 13 août 2024, le tribunal administratif de Bobo-Dioulasso avait déclaré que les deux ordres de réquisition, précédemment émis en date du 9 août 2024 portant réquisition de Zougrouana Roger-André et Nacro Abdoul Gafarou, « sont *manifestement illégaux et portent atteintes à la liberté fondamentale des personnes concernées* ».

Certaines personnes réquisitionnées ont été amenées de force au front. Plus tôt, en 2023, 12 personnes avaient reçu un ordre de réquisition du Commandement des Opérations du Théâtre national (COTN). Sur les 12 personnes réquisitionnées, trois, dont Issaka Lingani, Bassirou Badjo et Rasmané Zinaba, ont remis en cause la décision de leurs réquisitions. Ainsi, leurs conseils ont saisi le tribunal administratif de Ouagadougou. Le lundi 20 novembre 2023, le tribunal administratif a écouté les deux parties au procès. Il s'agissait des avocats de la défense et l'Agence judiciaire de l'État (AJE). Il a été question d'annuler la réquisition du COTN que la défense a trouvé « arbitraire » et juste pour punir les gens qui critiquent le pouvoir. Selon la défense, il s'agit de détournement de pouvoir. « *Ces réquisitions ne concernent nullement l'ordre public comme ils le disent* [...]. *Le COTN, dans ses dispositions, n'a aucun pouvoir de police administrative* », ont opiné les conseils. Toujours dans la même logique, pour les avocats de la défense, il y a un détournement de pouvoir de la part du COTN. « L'objectif, c'est pour les [leurs clients] punir » parce qu'ils ont une opinion divergente. Le 6 décembre 2023, le Tribunal administratif de Ouagadougou a déclaré que « les ordres de réquisition ne visaient ni la sécurisation du territoire ni le maintien de l'ordre » et affirme « qu'ils étaient, de ce fait, illégaux. » Le juge administratif a, ainsi, ordonné la suspension des réquisitions de Issaka Lingani, Bassirou Badjo et

Rasmane Zidnaba[112]. Il a aussi ordonné au COTN de renoncer au déploiement des requérants.

Les irrégularités dans la procédure des réquisitions sont légion. Ces quelques exemples montrent à quel point, cette procédure est contestée et désapprouvée, mais aussi à quel point, elle doit être reconsidérée dans sa mise en œuvre par les autorités en place.

Conclusion

La protection des droits fondamentaux sous la transition au Burkina Faso n'est pas à son point culminant au regard de certaines pratiques. Au nom de la lutte contre le terrorisme, certaines restrictions, pourtant légitimes, légitimes, enfreignent certains droits. Le juge burkinabè, n'en est pas épargné même si elle ne ménage aucun effort pour dénoncer les illégalités formelles et matérielles. La limitation des droits fondamentaux au nom des impératifs d'ordre public de sécurité ne saurait se concevoir dans une démocratie lorsqu'elle ne prend pas en compte le principe de proportionnalité[113]. En effet, les mesures prises pour limiter les droits fondamentaux devront être proportionnelles au degré de gravité de la menace ou de l'attaque. Comment mesurer et assurer cette proportionnalité est toute l'équation posée. Il est certain qu'aucun burkinabè ne refuserait de consentir le sacrifice suprême si l'État de droit est garanti. Ceci passe, entre autres, par le respect strict des règles qui encadrent la mobilisation générale et la mise en garde ainsi que celles sur le fonctionnement de la transition. Sur un autre plan, tout burkinabè doit être un citoyen engagé. La qualité de citoyen engagé exige en toute circonstance, un esprit de sacrifice pouvant aller jusqu'au sacrifice suprême c'est-à-dire la mort. Cela signifie que le citoyen doit être prêt à se sacrifier, à donner sa vie pour son pays. Autrement dit, la crainte de la mort ne doit pas constituer un obstacle à son engagement auprès des forces armées républicaines, car, comme l'affirme avec véhémence la devise burkinabè, « la Patrie ou la Mort, nous vaincrons ».

---

[112] https://burkina24.com/2023/12/06/le-dossier-des-requisitions-de-issaka-lingani-rasmane-zinaba-et-bassirou-badjo-sur-la-table-du-juge/

[113] Ousseini OUEDRAOGO, « La limitation des droits fondamentaux par l'ordre public en droit constitutionnel béninois et burkinabè », *op. cit.*, p. 4.

LA JUSTICE CONSTITUTIONNELLE ET LES DROITS FONDAMENTAUX SOUS LE RENOUVEAU DÉMOCRATIQUE AU BÉNIN

Dr Walter Têtê FOLIKOUE
Docteur en droit public
Université d'Abomey-Calavi

Introduction

La fin des années quatre-vingt et le début de la décennie mil neuf cent quatre-vingt-dix ont marqué en Afrique et dans le monde le début d'un renouveau démocratique ayant vocation à rompre avec la confiscation des droits et libertés des citoyens qui a caractérisé les régimes autoritaires et dictatoriaux. À cet égard, Francis FUKUYAMA affirmait que *« l'État qui émerge à la fin de l'histoire est un État libéral dans la mesure où il reconnait et protège par un système de lois, le droit universel de l'homme à la liberté, et il est démocratique dans la mesure où il n'existe qu'avec le consentement des gouvernés »*[1]. En effet, le Bénin qui sortait de près de deux décennies de confiscation des droits et libertés des citoyens se devait de mettre en place une justice constitutionnelle[2] capable de discipliner les pouvoirs publics. Cette justice est incarnée par la Cour constitutionnelle mise en place en 1993 pour assurer le contrôle de constitutionnalité des lois, mais aussi et surtout pour sanctionner les violations des droits fondamentaux des citoyens en vue de bâtir un véritable État de droit[3]. Après plus de trois

[1] FUKUYAMA (F.), *La fin de l'histoire et le dernier homme*, Paris, édition Flammarion, Commentairen°47, 1989, spéc. P. 459.

[2] La notion de justice constitutionnelle remonte à 1928 avec Hans KELSEN et Charles EISENMANN. Voir EISENMANN (Ch.), *La justice constitutionnelle et la Haute Cour constitutionnelle d'Autriche*, Paris, Economica, PUAM, 1999.

[3] Le concept d'Etat de droit est une création de la science juridique allemande dont la systématisation s'est faite en deux étapes. La première étape commence ai XIXe siècle dans le cadre de l'Etat prussien où les juristes MOHL, Stahl GEIST opposaient l'Etat

décennies d'activité jurisprudentielle intense, la justice constitutionnelle béninoise réussit par ses décisions à inscrire son nom dans les annales des véritables gardiens des droits fondamentaux des citoyens. C'est ce qui justifie le choix de cette réflexion axée sur « La justice constitutionnelle et les droits fondamentaux sous le renouveau démocratique au Bénin ». Avant d'entrer dans le vif du sujet, il importe de procéder à quelques clarifications terminologiques. Que faut-il entendre par « justice constitutionnelle » et quel sens revêt « les droits fondamentaux » ?

La « justice constitutionnelle » désigne l'ensemble des institutions et techniques grâce auxquelles est assurée, sans restriction, la suprématie de la Constitution. Sa fonction principale est de garantir la répartition de la compétence entre législation ordinaire et législation constitutionnelle[4]. Pour KELSEN, la justice constitutionnelle se définit comme la garantie juridictionnelle de la Constitution. Selon EISENMANN, c'est cette sorte de justice ou mieux, de juridiction qui porte les lois constitutionnelles. Pour EISENMANN, l'existence de la justice constitutionnelle se traduit par la composition et les attributions qui se doivent d'être inscrites dans la Constitution afin que le législateur ordinaire ne puisse y toucher. On comprend alors, s'agissant du Bénin, qu'on ne saurait assimiler la juridiction constitutionnelle à l''ancienne chambre constitutionnelle prévue par la loi sur l'organisation judiciaire au Bénin puisque cette chambre n'a d'ailleurs pas fonctionné du fait de l'hostilité des régimes en place à soumettre leur législation au contrôle de constitutionnalité.

---

de droit à l'Etat de police. Selon ces auteurs, dans ses rapports avec les citoyens et en ce qui concerne leur régime individuel, l'Etat doit se soumettre au régime de droit tout comme l'administration, bien qu'elle puisse agir contra legem est tenue dans ce domaine d'agir *secundo legem*.

La seconde étape date de la fin du XIXe siècle et du début du XXe siècle lors des travaux de GERBER, HERING et JELLINEK. Mais, c'est dans l'œuvre du juriste autrichien KELSEN que la doctrine de l'Etat de droit a connu a connu son couronnement. KELSEN définit l'Etat de droit comme la structuration d'un ordre juridique, hiérarchique et pyramidal dans lequel les normes s'emboitent et s'articulent à l'intérieur d'un tout organique, stratifié successivement par la Constitution, la législation et le règlement. De nos jours, l'affirmation de l'Etat de droit est beaucoup intimement liée au développement du constitutionnalisme moderne qui place les droits fondamentaux au cœur de la Constitution et qui un système spécial de protection. Pour une analyse complète de la notion d'Etat de droit, voir CHEVALLIER (J.), L'Etat de droit, Paris, Montchrestien, 1992.

[4] Voir EISENMANN (Ch.), *La justice constitutionnelle et la Haute Cour constitutionnelle d'Autriche*, Paris, Economica, PUAM, 1999.

Quant à l'expression « droits fondamentaux », historiquement, elle trouve son origine en 1848 en Allemagne avant de connaitre une diffusion quasi universelle. Ainsi, le premier chapitre de la Loi fondamentale allemande du 23 mai 1949 a été exclusivement consacré aux droits fondamentaux.[5] La Constitution béninoise du 11 décembre 1990 révisée le 7 novembre 2019 n'a pas dérogé à cette tradition puisque l'expression « droits fondamentaux » y apparait quatre fois[6]. Le professeur LACHAUME définit les droits fondamentaux comme « *les droits qui, d'une part, sont protégés contre les errements des pouvoirs exécutif et législatif, d'autre part, ceux qui sont garantis non seulement par la Constitution, mais encore par la loi ou par les textes supranationaux* »[7]. Ainsi, les droits fondamentaux sont inscrits dans la Loi fondamentale, c'est-à-dire la Constitution. Ils sont donc identifiables au régime juridique spécial qui leur est applicable. Bertrand MATHIEU et Michel VERPEAUX les définissent comme « *des droits qui sont inscrits dans un texte constitutionnel ou un texte international dont l'objet est de dresser la liste. S'agissant de leur protection, ils l'abordent en vertu de la place qu'occupe la norme qui les contient dans la hiérarchie des normes juridiques et des instruments de protection, notamment juridictionnels* » [8] . Plus loin, ils feront observer que « *la fondamentalité d'un droit n'est pas liée à une norme qui la supporte, mais à l'importance reconnue à ce droit par la société, et juridiquement par l'autorité qui l'édicte* »[9].

Au regard de ces différentes approches définitionnelles, il va sans dire que l'ensemble des droits inscrits dans le TITRE II de la Constitution du 11 décembre 1990 ainsi que ceux proclamés par la Charte africaine des droits de l'homme et des peuples doivent être considérés comme des droits fondamentaux. À cela, il faut ajouter les libertés publiques que le législateur a reçues mission de réglementer.

Dans la cadre de cette étude, il est important de procéder à une distinction des droits fondamentaux avec une notion similaire

---

[5] L'article 9 de la Constitution allemande dispose que « *En aucun cas, il ne peut être porté atteinte à la substance d'un droit fondamental* ».

[6] Voir le 3ème tiret du préambule de la Constitution, l'article 114, l'article 117 point 3 et l'article 121 C alinéa 2.

[7] LACHAUME (J-F.), « Droits fondamentaux et droits administratifs », *AJDA*, 1998, p. 93.

[8] MATHIEU (B.) et VERPEAUX (M.), *Contentieux constitutionnel des droits fondamentaux*, Paris, LGDJ, 2004, p.11

[9] MATHIEU (B.) et VERPEAUX (M.), *Contentieux constitutionnel des droits fondamentaux*, op. cit. p. 11.

notamment les « droits de l'homme » que le juge constitutionnel protège au même titre que les droits fondamentaux. Les droits de l'homme selon Olivier DUHAMEL se définissent comme « *des droits reconnus à l'individu dans son essence universelle abstraite, conçus comme antérieurs et supérieurs au droit positif afin d'être l'étalon de sa vitalité et la limite au pouvoir légitime de l'État* »[10]. En d'autres termes, les droits de l'homme constituent le soubassement des droits fondamentaux et leur traduction positive leur confère le caractère de fondamentalité.

Le renouveau des juridictions constitutionnelles indépendantes depuis 1990 doit être analysé comme une volonté politique, entre autres, de mettre en veilleuse la vision présidentialiste des institutions qui a été attentatoire aux droits de l'homme[11]. Il s'inscrit dans un processus de rationalisation de la vie politique, car l'objectif pour la démocratie est d'assurer un plein épanouissement des citoyens par la garantie de leurs droits et libertés fondamentaux[12].

Au Bénin, le nouveau constitutionnalisme issu des transitions démocratiques de 1990 place la justice constitutionnelle au cœur du système politique. Les objectifs poursuivis par ce choix sont entre autres, la limitation des pouvoirs politiques afin que soient garantis les droits et libertés des citoyens et surtout l'érection du juge constitutionnel en gardien des droits de la minorité agissante[13].

À partir de ce moment, la protection des droits et libertés fondamentaux devient l'objectif majeur de la justice constitutionnelle. Autrement dit, la dynamique protectrice de la justice constitutionnelle se construit autour des droits et libertés de la personne humaine[14] et la construction d'une « démocratie des droits de l'homme »[15]. Elle fournit

---

[10] DUHAMEL (O.) et MENY (Y.), *Dictionnaire constitutionnel*, Paris, PUF, 1999, p. 333.

[11] MODERNE (F.), « Les juridictions constitutionnelles en Afrique », op. cit. p. 3 et s.

[12] BURDEAU (G.), *Les façades institutionnelles de la démocratie gouvernante,* LGDJ, 1976, p. 2-23.

[13]BURDEAU (G.), « L'évolution de la notion d'opposition » *Revue internationale d'histoire politique et constitutionnelle*, 1954, p. 119-120.

[14] POIRMEUR (Y.), « Le Conseil constitutionnel protège-t-il véritablement les droits de l'homme ? », in G. DRAGO, B. FRANCOIS, N. MOLFESSIS (dir.), *La légitimité de la jurisprudence du Conseil constitutionnel*, Economica, 1999, p. 295-361 ; ROUSSEAU (D.) *Droit du contentieux constitutionnel*, Montchrestien, 2006, p. 8-18.

[15] Cette expression a été esquissée par Dominique Rousseau et systématisée par Yves POIRMEUR. Le professeur Dominique ROUSSEAU fait observer à juste titre que du

une jurisprudence abondante[16] et assez emblématique qui témoigne de son engagement à protéger les droits et libertés des citoyens dans la construction de l'État de droit.

L'analyse des jurisprudences constitutionnelles au Bénin révèle une volonté sans faille de la Cour constitutionnelle d'assurer le respect des droits et libertés des citoyens. Cette dynamique protectrice inscrit, selon le professeur Adama KPODAR, la justice constitutionnelle béninoise dans la catégorie des plus démocratiques au monde, du moins en théorie[17]. Cette justice n'est plus un simple mimétisme de ce qui existe en occident. Elle est le produit d'une mixtion empreinte d'originalité et de grandes innovations qui la mettent en avance sur certains systèmes occidentaux[18] qui peuvent s'en inspirer.

À partir de ce moment, la question de droit qui se pose est la suivante : quelle lecture peut-on avoir du rôle de la justice constitutionnelle sous le renouveau démocratique au Bénin ? Cette justice est-elle à la hauteur des attentes placées en elle ?

Il s'agit dans cette étude de passer au peigne fin les mérites de la justice constitutionnelle béninoise sous l'ère du renouveau démocratique et de montrer aussi les inquiétudes que suscite l'office du juge constitutionnel dans la protection des droits fondamentaux.

---

moment où le Conseil constitutionnel est intervenu dans le jeu politique, il en est résulté plusieurs conséquences politico- constitutionnelles qui ont structurellement renforcé la protection des droits des citoyens. La légitimité de l'action du Conseil constitutionnel tient au fait qu'il assure « l'autonomie des gouvernés par rapport aux gouvernants » en « contraignant le législateur à respecter la volonté souveraine du peuple telle qu'elle est exprimée par la Constitution et en s'en faisant l'interprète. Par ailleurs, Yves POIRMEUR observe qu'en soumettant l'action des gouvernants aux droits des gouvernés, le Conseil constitutionnel réalise les bases philosophiques sur lesquelles est fondée la communauté nationale en se faisant le représentant permanent des intérêts supérieurs du peuple souverain tels qu'ils ressortissent de la Constitution ».

[17] KPODAR (A.), « Réflexion sur la justice constitutionnelle à travers le contrôle de constitutionnalité de la loi dans le nouveau constitutionnalisme : les cas du Bénin, du Mali, du Sénégal et du Togo », *Revue béninoise des sciences juridiques et administratives,* n° 16, 2006, p. 117.

[18] La France par exemple n'a pas encore institué la procédure de l'exception d'inconstitutionnalité, malgré les propositions en ce sens. En ce sens, voir BON (P.), « Les recours envisagés », in DELPERE (F.), *Le recours des particuliers devant le juge constitutionnel,* Economica-Bruylant, 1991, pp. 101-141, LUCHAIRE (F.), « L'exception d'inconstitutionnalité », idem, pp. 143-152

Sans risque de se tromper, les progrès réalisés depuis plus de trois décennies de pratique de la justice constitutionnelle au Bénin ont montré à suffisance que cette justice occupe une place de choix dans la protection des droits fondamentaux des citoyens et dans l'animation de la vie politique et sociale de la République. Cependant, cette justice est à l'épreuve de vives critiques dues à un certain nombre de décisions qui suscitent des inquiétudes légitimes sur l'avenir des droits fondamentaux des citoyens.

L'analyse de la justice constitutionnelle au Bénin sous le renouveau démocratique en matière de droits fondamentaux conduit au constat selon lequel la justice constitutionnelle est saluée pour son ferme engagement **(I)**. Malgré les critiques de la doctrine qui estime que le juge constitutionnel béninois en fait un peu trop [19], la justice constitutionnelle reste constamment au service de l'État de droit **(II).**

I. Une justice engagée

L'engagement dont fait preuve la justice constitutionnelle béninoise en matière des droits fondamentaux se justifie à plusieurs égards **(A)** et se matérialise par une jurisprudence audacieuse **(B)**.

A. Un engagement diversement justifié

L'engagement de la justice constitutionnelle béninoise en faveur des droits fondamentaux se justifie à plusieurs égards. Outre, les fondements textuels, plusieurs arguments liés à l'histoire politique du Bénin sont régulièrement avancés.

En effet, la Constitution du 11 décembre 1990 offre à la justice constitutionnelle le principal fondement de son engagement. Le Préambule de la Constitution béninoise dispose que : « *Affirmons solennellement notre détermination par la présente Constitution de créer un État de droit et de démocratie pluraliste, dans lequel les droits fondamentaux de l'homme, les libertés publiques, la dignité de la personne humaine et la justice sont garantis...* ». On voit clairement à travers ces dispositions, le fondement constitutionnel de l'engagement

[19] GNAMOU (D.), « Le justice constitutionnelle béninois en fait-elle de trop ? » *in La Constitution béninoise du 11 décembre 1990, un modèle pour l'Afrique ? Mélanges en l'honneur de Maurice AHANHANZO-GLELE*, Paris, l'Harmattan, 2014, p. 687-715.

de la justice constitutionnelle en faveur des droits et libertés fondamentaux[20].

Faut-il le souligner, ce pari pris par le constituant de 1990 s'inspire de la doctrine constitutionnaliste. En effet, Benjamin CONSTANT soutenait déjà que « ... *la Constitution a pour contenu l'ensemble des principes qui permettent de garantir les libertés et les droits de l'homme* »[21]. En 1789, Jean Joseph MOUNIER rappelait au moment de la rédaction du texte de la Déclaration des droits de l'homme et du citoyen que : « ... *pour qu'une Constitution soit bonne, il faut qu'elle soit fondée sur les droits de l'homme et qu'elle les protège évidemment* ». Dans cette dynamique, la justice constitutionnelle béninoise garde en permanence « *le souci d'appliquer et de faire appliquer, rien que la Constitution, mais toute la Constitution* »[22].

Par ailleurs, il est important de souligner que l'engagement de la justice constitutionnelle béninoise en faveur des droits fondamentaux s'inscrit dans une vision de construire un État de droit fondé sur le plein épanouissement des citoyens. Il s'agit en fait pour la cour constitutionnelle de garantir les droits fondamentaux des citoyens à l'encontre des institutions de l'État ou des pouvoirs publics.

En effet, en 1990, suite aux pressions internes et internationales en lien avec la chute du mur de Berlin et l'effondrement du bloc communiste en Europe de l'Est, les régimes dictatoriaux ou militaires africains n'ont pu résister au mouvement généralisé de démocratisation dont l'un des fleurons majeurs est la justice constitutionnelle investie d'une responsabilité considérable, celle de « *définir l'identité même de la société* »[23]. Ce faisant, la justice constitutionnelle est considérée

---

[20] FOUCHER (P.), « Contrôle de constitutionnalité au nom des droits fondamentaux dans les Etats de droit, convergence des solutions en occident et idées pour l'Afrique », in MORIN (J. Y.), *Les droits fondamentaux*, Bruxelles, Bruylant, 1997, p. 367 ; VEDEL (G.), « Le Conseil constitutionnel, gardien du droit positif ou défenseur de la transcendance des droits de l'homme ? », *Pouvoirs*, n°45, pp. 149 et s ; LOSCHAK (D.), « Le Conseil constitutionnel, protecteur des libertés ? », *Pouvoirs*, n°13, 1980, pp. 35-48.

[21] CONSTANT (B.), *De la liberté des modernes*, Paris, Gallimard, Polio, 1999.

[22] AIVO (J.), « Le juge constitutionnel et l'Etat de droit en Afrique : l'exemple du modèle béninois », op. cit. p. 194

[23] KOKOROKO (D.), « L'apport de la jurisprudence constitutionnelle à la consolidation des acquis démocratique : les cas du Bénin, du Mali, du Sénégal et du Togo », *Revue béninoise des sciences juridiques et administratives,* n° 18, 2007, p. 92.

comme un organe central de la réalisation de l'État de droit par une sacralisation de la personne humaine et de ses droits fondamentaux.

Il faut rappeler que le Bénin est considéré comme le précurseur des conférences nationales qui ont conduit à l'adoption de nouvelles constitutions dans les États d'Afrique noire suite aux transitions démocratiques. La tenue de cette conférence fut un moment historique pour jeter les bases d'un nouveau constitutionnalisme qui offre une place de choix à la justice constitutionnelle. Ce faisant, au Bénin, la Constitution de 1990 marque le début d'un nouveau souffle pour les droits fondamentaux des citoyens restés pendant longtemps dans l'ombre du marxisme-léninisme, d'où la création d'une justice constitutionnelle pour garantir les droits et libertés des citoyens contre les abus des pouvoirs publics. À l'analyse, il ressort que la création de cette justice consacre une rupture à trois niveaux comme le rappelle le professeur Jean-Louis HARPELIN dans une étude sur les changements de Constitution aux États-Unis[24]. Le premier niveau de rupture s'est opéré avec le passé marxiste-léniniste du pays. Le deuxième niveau de rupture touche le gouvernement militaro-civil accusé d'arbitraire et de négation des droits et libertés fondamentaux des citoyens. Enfin, le troisième niveau de rupture est une rupture avec le droit constitutionnel antérieur qui résumait à la Constitution de 1977. La conséquence d'une telle option a été l'adoption de nouveaux principes constitutionnels avec un accent très prononcé sur les droits fondamentaux des citoyens.

B. La matérialisation de l'engagement

L'engagement de la justice constitutionnelle en faveur des droits fondamentaux se matérialise par une abondante jurisprudence en la matière. Cependant, seules quelques décisions-phare seront mises en exergue.

Le juge constitutionnel béninois semble bien épouser cette formule de Charles EISENMANN à l'endroit de la Haute Cour autrichienne « *les juges constitutionnels ne doivent rien craindre ni attendre de l'autorité de nomination* »[25]. Autrement dit, la Constitution est le seul maitre du juge constitutionnel.

---

[24] HARPELI (J-L.), « Changer de Constitution et par la Constitution : l'exemple historique des États fédérés d'Amérique jusqu'à la première guerre mondiale » *Jus Politicum*, 2013, n°9, p.3

[25] EISENMANN (Ch.), *La justice constitutionnelle et la Haute Cour constitutionnelle d'Autriche*, 1928, p. 28 et s.

En effet, en dépit de son œuvre remarquable dans la construction de l'État de droit par la protection particulière qu'il apporte aux droits et libertés des citoyens, les citoyens ont estimé qu'il peut faire davantage en renforçant leur protection avec la consécration du droit à réparation des dommages subis du fait de la violation de leurs droits et libertés fondamentaux.

Après beaucoup de résistance à cette question, le juge constitutionnel a fini par faire preuve d'audace en consacrant le principe de la réparation. Pour lui, l'obligation de réparation des dommages nés de la violation des droits des citoyens est un gage de l'efficacité de la justice.

L'audace[26]du juge constitutionnel s'est clairement affichée à travers deux jurisprudences-phare à savoir la jurisprudence Laurent FANOU et la jurisprudence Adèle FAVI.

Dans la première jurisprudence, la Cour constitutionnelle affirme pour la première fois un droit à réparation au profit de monsieur FANOU. Des faits exposés devant la Cour, monsieur FANOU déclare que : « *à la suite d'un congé de deux (2) semaines à lui accorder par ses employeurs, il avait été licencié sans autre information quant aux motifs ; qu'en s'opposant à son licenciement, il fut arrêté et soumis à des traitements cruels inhumains et dégradants par quatre (4) officiers de police qui lui portèrent des coups de karaté sur la tête et des coups de pieds sur ses organes génitaux qu'il fut détenu sans être présenté à un magistrat du 22 au 28 août 2001* ». Par ailleurs, le sieur FANOU demande dans son recours des dommages et intérêts pour la perte de sa ceinture, de sa montre et de ses onze (11) fiches de paie. La Cour accède à sa demande et consacre par le canal de la décision DCC 02-52 du 31 mai 2002. En effet, dans cette décision, la Cour, en se référant au préambule de la Constitution notamment en ses articles 8 et 15 et à la Charte africaine des droits de l'homme et des peuples en ses articles 4 et 5 affirme que : « *considérant qu'il ressort de la lecture combinée et croisée de ces dispositions que de la doctrine et de la coutume internationale que de tels préjudices subis par toute personne ouvrent droit à réparation ; que dans le cas d'espèce, le sieur FANOU a droit à réparation pour les préjudices subis* ».

---

[26] Le professeur Maurice AHANHANZO-GLELE, dans une intervention orale au cours du colloque international de Cotonou dont il était le dédicataire au sujet de l'audace du juge constitutionnel dira « de l'audace, il faut toujours de l'audace au juge constitutionnel en vue de discipliner les pouvoirs publics ». Il n'a manqué de souligner la nécessité pour le juge d'être audacieux afin d'éviter de retomber dans un passé récent où les libertés ont régulièrement piétinés et violées ».

Dans la seconde jurisprudence de la Cour dénommée Adèle FAVI, rendue par le truchement de la décision DCC 02-058 du 4 juin 2002, la Cour fait droit à dame FAVI. En effet, dans une requête adressée à la Cour, dame Adèle FAVI dénonce les traitements cruels et inhumains auxquels elle a été soumise par les agents de la garde présidentielle. Dans sa décision, le juge affirme que « *considérant que par sa décision DCC 02-052 du 31 mai 2002 ; la Haute juridiction a jugé que… les préjudices subis par toute personne, du fait de la violation de ses droits fondamentaux, ouvrent droit à réparation ; qu'il s'ensuit que Dame Adèle FAVI a droit à réparation pour les préjudices qu'elle a subis* ».

Analysant la question, Gérard AIVO [27] parlera de la « subjectivisation » du contentieux constitutionnel des droits fondamentaux en ce qui concerne le bénéfice d'un requérant d'un droit à réparation opposable notamment aux puissances publiques. Faut-il le rappeler, dans l'affaire Adèle FAVI, la requérante est allée au bout de la procédure. En effet, après avoir saisi le juge judiciaire d'une action contre l'État en paiement de 25.000.000 FCFA sur la base de la décision du juge constitutionnel, un jugement[28] historique rendu le 9 février 2004 lui accorda 5.000.000 FCFA pour les dommages subis.

On déduit de ces jurisprudences de la Cour constitutionnelle un enseignement fondamental. En effet, malgré l'existence textuelle d'une passerelle entre le juge judiciaire et le juge constitutionnel sur les questions de réparation, le juge judiciaire s'est aligné sur la position du juge constitutionnel. Ceci répond aux attentes d'une partie de la doctrine publiciste qui souhaite voir « *le juge ordinaire lié par la décision du juge constitutionnel en vertu du principe de la primauté de la jurisprudence constitutionnelle dans le domaine des droits de l'homme, et qui, une fois saisi pourra évaluer le préjudice et décider de la qualité ou de la nature de la réparation* »[29].

Par cette évolution, le juge constitutionnel permet désormais aux citoyens dont les droits et libertés fondamentaux sont violés d'obtenir une juste et équitable réparation par une cessation de l'activité

[27] AIVO (G.), « Les recours individuels devant le juge constitutionnel béninois : étude comparée » in *Les actes du colloque international de Cotonou, la Constitution béninoise du 11 décembre 1990, un modèle pour l'Afrique ? En hommage au professeur Maurice AHANHANZO-GLELE*, Cotonou les 8, 9 et 10 août 2012, p. 22.

[28] Jugement n°07/04/4ème chambre civile du tribunal de première instance de Cotonou.

[29] HOLO (Th.), « Emergence de la justice constitutionnelle », *Pouvoirs*, n°129, 2009/2, p.101-114.

préjudiciable, une remise en état, une restitution ou une compensation. Il s'agit sans doute d'une évolution majeure dans l'engagement du juge constitutionnel à protéger, sans répit, les droits et libertés fondamentaux des citoyens. Cette évolution marque aussi une rupture avec le principe des condamnations formelles qui offraient quand même une certaine satisfaction morale et psychologique aux victimes et à propos desquelles le professeur Théodore HOLO affirmait que : « *la protection des libertés fondamentales par le juge constitutionnel se limitait à une stérile constatation du leur violation. Les victimes retiraient de cette reconnaissance de la violation de leurs droits une satisfaction purement morale, insuffisante toutefois à apaiser leur malheur* »[30].

II. Une justice au service de l'État de droit

La construction de l'État de droit par la justice constitutionnelle béninoise sous le renouveau démocratique se traduit fondamentalement par la confiance retrouvée par les citoyens en une justice capable de protéger leurs droits fondamentaux face aux abus des pouvoirs publics **(A)**. Cependant, certaines décisions de la justice constitutionnelle sont de nature à fragiliser cette confiance **(B)**.

A. La confiance retrouvée des citoyens

La justice constitutionnelle béninoise a montré qu'elle peut être la meilleure « gardienne de la Constitution »[31] et la meilleure protectrice des droits et libertés des citoyens grâce à sa perspicacité jurisprudentielle qui produit une figure nouvelle de mise à distance des

---

[30] HOLO (Th.), « Émergence de la justice constitutionnelle », *Pouvoirs,* n°129, 2009/2, p. 111

[31] Le concept de « gardien de la Constitution » a été consacré par le juriste allemand Heinrich TRIEPEL et systématisé par Carl SCHMITT. Le débat est, cependant, loin d'être clos puisqu'une partie de la doctrine constitutionnaliste remonte ses racines à la tradition juridique française sous la houlette de Benjamin CONSTANT. Par ailleurs, le concept a été l'objet de critiques de la part de Hans KELSEN. Selon ce dernier, une Constitution qui établit une Cour constitutionnelle effective n'a plus besoin d'un autre gardien. Une telle cour est assez neutre pour sauvegarder les règles du jeu politique. Toutefois, fait observer Carl SCHMITT, à côté de la loi constitutionnelle, on retrouve la Constitution politique qui légitime des autorités publiques en cas de nécessité à agir contre les gardiens de la Constitution. Pour une revue d'ensemble approfondie, voir Ch. GUSY, « Juge constitutionnel et gardien de la Constitution », in GREWE, O. JOUANJAN, E. MAULIN, P. WASCHMANN.

gouvernés et des gouvernants, en constituant les droits des premiers en corps séparé des droits des seconds. Elle réussit à être le dernier rempart contre les tendances à l'abus des pouvoirs publics à l'endroit des citoyens. En effet, par sa jurisprudence constructrice de l'État de droit, la justice constitutionnelle a réussi à construire une doctrine autour de la notion des droits fondamentaux[32]. Elle a contribué à placer le citoyen sur le promontoire du sacré. Ceci permet aux citoyens d'avoir une confiance presque aveugle en la justice constitutionnelle lorsque leurs droits fondamentaux sont violés.

Ce faisant, les citoyens ont ainsi conquis un espace qui leur est propre et autonome par rapport au pouvoir politique[33]. Dans la pratique, il est noté que les décisions de la haute juridiction renforcent cette confiance des citoyens au juge constitutionnel puisque le prétoire du juge constitutionnel est devenu en quelque sorte la seconde chambre des citoyens.

En effet, il est noté que la saisine du juge constitutionnel béninois est devenue systématique à l'évocation d'une éventuelle violation des droits fondamentaux. En conséquence, de multiples saisines relatives à une même affaire sont fréquemment enregistrées et constituent la preuve tangible de la confiance des citoyens en la justice constitutionnelle des droits fondamentaux. Grâce à cette confiance établie, le juge constitutionnel est quotidiennement saisi par les citoyens au point que certains sont devenus des spécialistes des recours devant la haute juridiction[34].

- À n'en pas douter, la ruée des citoyens vers la Cour constitutionnelle béninoise fournit la preuve de la vitalité de la justice constitutionnelle. Cette situation reluisante peut se justifier à plusieurs égards. En effet, contrairement à d'autres États, le constituant béninois

[32] ADJACOTAN (S.), *Le procès constitutionnel des droit fondamentaux au Bénin : essai de bilan et approche perspective,* Mémoire de Master, Chaire UNESCO, Université d'Abomey-Calavi, 2013, p. 83.

[33] ROUSSEAU (D.), « Les grandes avancées de la jurisprudence du Conseil constitutionnel » in *Mélanges Jacques ROBERT, Libertés,* Paris, Montchrestien, 1998, p. 298.

[34] C'est le cas de monsieur Serge PRINCE AGBODJAN qui fait partie des requérants les plus actifs devant la Cour constitutionnelle. Celui-ci est connu pour ses requêtes en contrôle de constitutionnalité. Dans une décision DCC11-019 du 21 avril 2011, monsieur Serge PRINCE AGBODJAN défère au juge les dispositions de l'article 114 alinéa 2 du code pénal en vigueur au Bénin. Le juge constitutionnel lui donnera effectivement raison en constatant l'inconstitutionnalité de telles dispositions avec l'article 19 de la Constitution.

de 1990 a fait preuve d'une grande générosité en ouvrant les portes du prétoire de la justice constitutionnelle aux citoyens sans autres formes de procédure. Ce faisant, les citoyens sont au centre de la justice constitutionnelle qui se renforce grâce au développement d'une jurisprudence plus attentive et plus protectrice de leurs droits fondamentaux.

Plusieurs arguments militent en faveur de cette « sacralisation » des droits fondamentaux des citoyens. En effet, au sortir d'une période de près de deux décennies de dictature, les années 1990 ont été annoncées comme une nouvelle ère sous laquelle la personne humaine, le citoyen devrait être érigé(e) en « totem » au point de ne laisser personne indifférent lorsque les droits fondamentaux des individus sont violés. Le temps était donc venu, à la faveur du vent démocratique qui soufflait sur le continent pour mettre en place un système solide de sorte à soumettre l'ensemble des pouvoirs à un contrôle juridictionnel effectif qui érige le juge constitutionnel en un arbitre dont la responsabilité est d'assainir les comportements susceptibles de remettre en cause les garanties issues de la Constitution.

À ce jour, il est aisé de dire que grâce à son office dans la protection des droits fondamentaux nécessaire à la construction de l'État de droit, le juge constitutionnel béninois réussit à mettre en confiance les citoyens, la doctrine universitaire, les politiques, les avocats et les organisations de la société civile qui n'hésitent pas à le saisir lorsqu'une situation particulière est associée à la réalisation des droits inscrits dans la Constitution.

Il convient de retenir que la protection des droits fondamentaux par la justice constitutionnelle s'inscrit dans une dynamique rassurante pour les citoyens avec l'engagement remarquable du juge constitutionnel dont l'audace n'est plus à démontrer. Cette dynamique consacre l'aboutissement heureux de la volonté des révolutionnaires français de 1789 qui affirmaient dans leur déclaration des droits qu'*« afin que les réclamations des citoyens, fondées désormais sur des principes simples et incontestables, tournent toujours au maintien de la Constitution et au bonheur de tous »*. Il va donc sans dire que la Constitution béninoise du 11 décembre 1990 est devenue une Constitution des droits fondamentaux des citoyens[35] et réunit tous les éléments essentiels de la Constitution sociale selon les termes de Maurice HAURIOU pour qui

---

[35] ROUSSEAU (D.), « Constitution et démocratie » Mélanges Petros J. PARARAS, *Les droits de l'homme en évolution*, Bruxelles, Bruylant, 2009, p. 437.

« *la Constitution sociale, qui a pour base les droits individuels n'est autre chose que la Constitution de la communauté nationale* »[36]. On peut en déduire que l'attachement du constituant béninois de 1990 à énoncer un nombre considérable de droits fondamentaux participe à ce qu'il convient d'appeler « la rénovation du droit constitutionnel »[37] selon le manifeste ouvrant la première livraison de la Revue française de droit constitutionnel.

B. La fragilisation de la confiance des citoyens

La confiance des citoyens en la justice constitutionnelle n'est pas pour autant à l'abri de l'érosion. En effet, au-delà de ses progrès incontestés, certaines décisions du juge constitutionnel suscitent une véritable crise de confiance en raison des difficultés qu'elles soulèvent et des inquiétudes qu'elles établissent dans l'esprit des citoyens qui ne cessent de nourrir des craintes légitimes quant à l'avenir.

En effet, à un moment donné, le juge constitutionnel va se faire remarquer sur des questions strictement sociales et familiales qui ne relèvent pas de ses attributions originelles. En témoigne l'œuvre de correction du Code pénal qui fragilise la confiance des citoyens. Le juge constitutionnel a tranché un débat entre la Constitution et la question d'adultère qui l'a conduit à réaffirmer le principe d'égalité entre époux. Dans cette affaire, dame Nelly HOUSSOU, mariée à un haut fonctionnaire et mère de deux enfants abandonne le domicile conjugal et introduit une demande en divorce devant le TPI de Porto Novo en 2007. En 2009, son mari engagea une procédure pénale en adultère devant le TPI de Cotonou. Elle est poursuivie par voie de citation directe devant le juge pénal de Cotonou pour adultère. Ses conseils, Me Ibrahim SALAMI et Me Reine ALAPINI GANSOU soulèvent une question préjudicielle de constitutionalité contre les articles 336 et 339 du Code pénal. Dans sa décision DCC 09-081 du 30 juillet 2009, le juge constitutionnel déclara les articles 336 et 339 contraires à la Constitution. Par cette décision l'adultère a donc été dépénalisé au Bénin et Me Ibrahim SALAMI souligne que « *aucun procureur ne peut poursuivre ni aucun juge condamner pour adultère en raison de la mise en veilleuse desdites dispositions* »[38].

---

[36] HAURIOU (M.), *Précis de droit constitutionnel*, op. cit. p. 146.
[37] FAVOREU (L.), MAUS (D.), Éditorial, *RFDC*, n°1, 1990, p. 5-22.
[38] Voir SALAMI (I.), *Cours de contentieux constitutionnel,* Licence 3, FADESP/UAC, 2023, p. 22.

Ce faisant, Joel AIVO n'a pu s'empêcher d'affirmer que la Cour constitutionnelle est en train de céder à la « tentation de la justice civile »[39]. Toutefois, une analyse de cette situation permet de se rendre compte que cette extension inquiétante des attributions de la Cour trouve son fondement dans les dispositions de l'article 120 de la Constitution qui permettent à la Cour de recevoir les *« plaintes en violation des droits de la personne et des libertés publiques »*. Cette prérogative ne souffre d'aucune restriction et laisse le champ libre aux citoyens et au juge constitutionnel de remettre en cause de travail du juge ordinaire. C'est justement en tentant de porter de « nouveaux habits » que le juge constitutionnel va se mettre en difficulté et faire l'objet de vives critiques.

En effet, c'est la question de la réparation des préjudices subis en lien avec les violations des droits fondamentaux qui révèlera davantage les limites de la justice constitutionnelle dans cette nouvelle entreprise en dépit des espoirs qu'elle avait soulevés. Il est reproché au juge constitutionnel de n'apporter aucune garantie nécessaire à la réalisation effective de la réparation dans ses décisions. Par ailleurs, on reproche aux décisions du juge constitutionnel de renvoyer dans des procédures floues qui éloignent le spectre d'une réparation effective. Comme on peut le constater, les insuffisances du procès de la réparation sont nombreuses et appellent quelques réflexions.

En revenant sur la jurisprudence FANOU, on constate que le requérant avait demandé à la Cour que lui soient restitués ses effets personnels suite à sa garde à vue. Paradoxalement, la Cour déclinera sa compétence en affirmant que : « *en ce qui concerne la demande de dommages-intérêts pour la non-restitution de ses effets, la Cour n'a pas compétence pour en connaitre* ». Or, au regard de sa position dans cette affaire, le juge constitutionnel pouvait raisonnablement ordonner la restitution des effets personnels du sieur FANOU sur le fondement de l'article 22 de la Constitution qui garantit le droit de propriété. De surcroît, en déclinant sa compétence, la Cour ne soutient aucun argument pour justifier sa position. Or, quelques années plus tôt, dans une affaire similaire en lien à la réparation[40], la Cour avait rejeté la demande en réparation formulée par le requérant et a donné les bases constitutionnelles de son rejet. En effet, le requérant allègue qu'il a été

---

[39] AIVO (J.), « Les recours individuels devant le juge constitutionnel béninois : étude comparée » *op. cit.* p. 190.

[40] Affaire Philippe TAWES, voir DCC 02-037 du 17 avril 2002

arbitrairement détenu à la brigade territoriale de Djougou du 5 au 8 août de la même année sous le prétexte qu'il est le frère du capitaine Pascal TAWES en fuite pour cause de mutinerie au camp militaire de Natitingou. En se constituant partie civile, le sieur Philippe TAWES réclame 10.000.000 FCFA à l'État au titre de dommages-intérêts en soutenant qu'au moment de sa détention, il a souffert du froid, des piqûres de moustiques de la maladie et a perdu ses biens (maison et troupeaux). Suite à ses plaintes le 9 octobre 1998 et le 8 janvier 1999 au Président de la République, il saisit par la même occasion la Cour constitutionnelle. Cette dernière a qualifié les faits de détention politique, d'arbitraire et donc contraires aux articles 25[41], 19 alinéa 2[42] et 18 alinéa 4[43] de la Constitution et à l'article 6[44] de la Charte africaine des droits de l'homme et des peuples. Sur la question du droit à la réparation même, la Cour a débouté le requérant au motif que « *les articles 114 et 117 de la Constitution ne donnent pas compétence à la Cour pour allouer des dommages-intérêts en réparation d'un préjudice ; qu'il y a lieu, dès lors, de se déclarer incompétente en ce chef* ». C'est donc le refus de la Cour d'allouer des dommages-intérêts sur le fondement des articles 114 et 117 de la Constitution qui a suscité des critiques vives. Commentant cette décision, le professeur Gérard AIVO ait remarquer que « *s'il est vrai qu'aucune de ces deux dispositions ne lui donne expressément compétence pour allouer des dommages-intérêts, on pourrait rétorquer à la Cour qu'aucune disposition de la Constitution ne donne non plus expressément compétence pour ouvrir droit à réparation* »[45].

---

[41] Article 25 « L'Etat reconnait et garantit, dans les conditions fixées par la loi, la liberté d'aller et de venir, la liberté d'association, de réunion, de cortège et de manifestation ».

[42] Article 19 alinéa 2 « Tout individu, tout agent de l'Etat est délié du devoir d'obéissance lorsque l'ordre reçu constitue une atteinte grave et manifeste au respect des droits de l'homme et des libertés publiques ».

[43] Article 18 alinéa 4 « Nul ne peut être détenu pendant une durée supérieure à 48 heures que par décision d'un magistrat auquel il doit être présenté. Ce délai ne peut être prolongé que dans des cas exceptionnels prévus par la loi et qui ne peut excéder une période de supérieure à huit jours.

[44] Article 6 CADHP « Tout individu a droit à la liberté et à la sécurité de sa personne. Nul ne peut être privé de sa liberté sauf pour des motifs et des conditions préalablement déterminées par la loi, en particulier nul ne peut être arrêté ou détenu arbitrairement.

[45] AIVO (G.), Article précité, p. 23.

Il convient de souligner par ailleurs que, ce qui fragilise davantage l'office du juge constitutionnel est sans doute la réparation juste et effective des préjudices subis. Il se fait que la Constitution n'a prévu aucune passerelle entre le juge constitutionnel et le juge ordinaire en la matière. À cet égard, beaucoup d'interrogations subsistent et pourraient même compromettre l'obtention d'une éventuelle réparation. En effet, d'autres difficultés surgiraient au cas où le juge de renvoi instruirait à nouveau l'affaire, la qualifierait et chercherait à appliquer la loi aux circonstances de l'espèce. Dans ces conditions, on pourrait bien craindre une éventuelle opposition des juges ordinaires à accorder réparation aux citoyens en raison de la requalification des faits.

Il va donc sans dire que l'alignement du juge judiciaire et de l'Agence judiciaire du Trésor cache mal la complexité de la jurisprudence Adèle FAVI. À l'analyse, on peut affirmer que leur obéissance a pour fondement l'article 120 de la Constitution qui consacre la préséance matérielle des décisions de constitutionnalité sur les jugements et arrêts des autres juridictions. Toutefois, il conviendrait de relever qu'il s'agit ici « *d'un respect dû, mais non sanctionné et qui constitue un risque pour la cohérence de l'État de droit* »[46].

La Cour est certes dans une dynamique de mise à jour des mécanismes de protection des droits fondamentaux des citoyens. Cependant, on note l'existence d'« *un maillon faible du mécanisme qui demeure au niveau des effets concrets des décisions de la Haute juridiction en matière de réparation* »[47].

---

[46] CHAPUS (R.), « Actualité bibliographique », *RFDA*, 1988, p. 713

[47] DOSSOUMON (S.), « Le système national de protection des droits de l'homme » in *Recueil de cours de la cinquième session régionale de formation en droits humains*, Chaire UNESCO des droits de la personne humaine et démocratie, Cotonou, 12-23 juillet 2004, p. 204.

Propos libres sur la protection du consommateur en droit guinéen

Par Dr Aly Badara TOURÉ
Docteur en droit privé à l'Université Général Lansana Conté de Sonfonia-Guinée

Introduction

L'essor considérable de l'industrialisation, le développement croissant des échanges économiques ont entrainé la mise en place d'une société dite de *« consommation »* [1], société « mettant en rapport consommateurs et les professionnels »[2] qui ne peuvent être regardés de la même manière. En effet, consommateur et professionnel sont des acteurs qui se signalent par un rapport interdépendant et qui appelle la prise en compte du droit des premiers vis-à-vis des seconds. La puissance économique indéniablement prêtée aux professionnels manifeste généralement un abus, préjudiciant ainsi les droits des consommateurs. Tandis que les consommateurs reçoivent la qualification de partie faible au contrat, les professionnels se placent dans la position de la partie économiquement forte. L'on en déduit l'existence d'un véritable déséquilibre entre les professionnels et les consommateurs. Cette situation a sans nul doute rendu nécessaire l'institution des mesures visant à défendre le consommateur face au professionnel. À ce titre, le droit positif guinéen consacre un arsenal de défense en faveur du consommateur. Les mesures de protection du consommateur trouvent écho dans ce qu'il convient d'appeler droit de la consommation, considéré « comme le regroupement formé des différentes normes présentes dans le paysage juridique qui ont pour fin la protection du consommateur dans ses rapports avec les

---

[1] J. BAUDRILLARD, *La société de consommation, ses mythes, ses structures*, Paris, Éditions Denoël, 1970 (réédition in Folio, 1986

[2] T. BOURGOIGNIE, *Éléments pour une théorie du droit de la consommation*, Story Scienta, 1988, n° 186 et s. ; A. RIEG, *La protection du consommateur en France (Approches de droit privé)*, Journées de la législation de droit comparée, 651, n° 24.

professionnels »[3]. Droit de la consommation qui semble avoir pour objectif la recherche de l'équilibre rompu entre un profane et un professionnel. Cette discipline met en effet des obligations à la charge du second et consacre un certain nombre de mesures visant à préserver les droits du premier. Ainsi, le droit de la consommation est en vérité constitué des règles *« protectrices »*[4] des droits du consommateur, mais aussi celles qui dissuadent tout comportement irrationnel du professionnel. Le droit de la consommation manifeste en effet deux ordres : un ordre public de protection, qu'est la défense du consommateur et un ordre public de direction traduisant le contrôle des produits et services mis sur le marché. À cet égard, le droit positif guinéen protège les droits du consommateur et sanctionne toute éventuelle atteinte au droit du consommateur. La protection du consommateur est cependant à l'état embryonnaire dans le droit positif guinéen. L'on constate en effet que le secteur informel est généralement responsable de la mise sur le marché de produits impropres à la consommation, exposant ainsi le consommateur à un danger. Comme le souligne un auteur, « le consommateur africain reste, en ce XXIe siècle commençant, le laissé pour compte des législateurs et juges africains »[5]. La protection du consommateur semble donc être une chimère ; cela peut s'expliquer par l'absence d'un contrôle continu des activités notamment ambulantes. Un auteur[6] relève à cet égard que, « dans les pays en voie de développement comme le nôtre où le secteur informel tient une place très importante dans l'économie, il n'est pas toujours aisé de suivre les traces des transactions commerciales ». De fait, dans le secteur informel, les professionnels proposent des biens et services aux consommateurs dans une totale inobservation des règles sanitaires et de sécurité consacrées par les pouvoirs publics. Il est dès lors tentant de douter d'une protection effective des droits du consommateur. En dépit de ce qui précède, l'on observera une pluralité de textes qui prévoient des mesures de protection du droit des consommateurs. On songe à la Loi L/94/40/CTRN du 28 décembre 1994, portant réglementation de la Concurrence et de la Liberté des

---

[3] N. RZEPECKI, *Droit de la consommation et théorie générale du contrat*, PUAM, 2002, p. 20.

[4] G. CAS et D. FERRIER, *Traité de droit de la consommation*, PUF 1986, p. 3.

[5] R. NJEUFACK TEMGWA, *Regards sur la protection juridique du consommateur africain, Lecture comparée*, Penant n° 868/2009, p. 293

[6] S. DIAGNE, *La pratique du montage contractuel : réflexion sur une figure juridique en construction*, thèse UCAD, février 2015, p. 265, n°610.

prix ; à la Loi L/2021/0033/AN du 4 juillet 2021, portant Contrôle des Denrées Alimentaires, Marchandises et Services et Répression des Fraudes Commerciales ; au Code civil ; au Code pénal et Code de procédure pénal. L'ensemble de ces instruments assurent une protection des droits des consommateurs et consacrent des peines à l'encontre des auteurs de violation des droits du consommateur. Tel est le résultat auquel l'on devrait parvenir. Le terme protection renvoie à l'action de protéger une chose, un individu d'un risque dont la réalisation lui causerait un dommage. Rapportée à la protection du consommateur, elle exprime toute action qui vise la prévention des faits capables de menacer l'existence de l'individu. Faits susceptibles de sanctions. L'individu dont il s'agit peut-être une personne physique ou morale se plaçant dans la position de partie faible au contrat. Le consommateur par définition est toute personne physique ou morale qui utilise à des fins personnelles ou collectives des biens, produits et services[7]. Sous d'autres cieux, le consommateur est toute personne physique ou morale qui achète ou offre d'acheter, utilise ou est bénéficiaire en tant qu'utilisatrice finale, d'un bien, service ou technologique, quelle que soit la nature politique ou privée, individuelle ou collective des personnes ayant produit, facilité leur fourniture ou leur transmission[8]. Le consommateur final quant à lui est défini comme tout consommateur d'une denrée alimentaire qui n'utilise pas celle-ci dans le cadre d'une autre activité[9]. Comme le relève un auteur[10], « l'utilisateur, dans la logique commerciale, désigne le consommateur final, celui qui détruit une ressource ». Le consommateur serait aussi la personne physique qui se procure ou utilise un produit ou service dans un but personnel, par opposition aux professionnels, soit comme un professionnel agissant sans que l'opération envisagée ait un lien direct avec son activité professionnelle[11]. Le consommateur se distingue du professionnel en raison de l'absence de spécialisation de l'activité économique. Entre celui-ci et celui-là, il existe une différence fondamentale : tandis que le

---

[7] V. l'article 4 de la loi Loi portant Contrôle des Denrées Alimentaires, Marchandises et Services et Répression des Fraudes Commerciales.

[8] V. l'article 1er du Règlement n° 007-2007/CM/UEMOA relatif à la sécurité sanitaire des végétaux, des animaux et des aliments dans l'UEMOA

[9] V. l'alinéa 2 de l'article 4 Loi portant Contrôle des Denrées Alimentaires, Marchandises et Services et Répression des Fraudes Commerciales.

[10] R. NJEUFACK TEMGWA, *Regards sur la protection juridique du consommateur africain, Lecture comparée*, préc., p. 199.

[11] V. Cass. 1ère civ. 25 mai 1992 ; Cass. 1 ère civ. 20 oct. 1992

premier peut utiliser les produits et services qu'il achète dans le cadre d'une autre activité, le second n'a pas une telle vocation. Ceux-ci sont appelés consommateurs parce qu'ils achètent des biens ou services auprès d'un acteur que l'on appelle volontiers professionnel qui est toute personne physique ou morale responsable de la mise sur le marché des produits et services. Ainsi, n'est pas un consommateur, la personne qui achète un bien dans le but de l'utiliser pour la production, la production des biens, services ou technologies. Celle-ci est un professionnel en tant que personne physique ou morale qui agit dans le cadre d'une activité habituelle et organisée de production, de distribution ou de service[12]. Celle-ci peut prendre la forme d'une entreprise individuelle ou sociétaire exerçant une activité de manière habituelle, répétée et organisée et en une profession[13]. Si l'on se projette, le consommateur c'est aussi la personne qui achète des valeurs mobilières (actions obligations simples, composées) sur les marchés financiers à des fins spéculatives. Il s'agit de l'actionnaire qualifié de consommateurs de produits financiers, qui se contentent juste de sa condition matérielle et se désintéresse des droits politiques que confère l'action ou la part sociale. La souscription ou l'acquisition de titres n'est pour cet actionnaire qu'un moyen de faire fructifier l'épargne et de réaliser un gain, soit en capital par les plus-values sur titres, soit revenus par des dividendes ou interêts. L'actionnaire qui investit son épargne en valeurs mobilières est donc assimilable à un consommateur. La présente étude ne s'intéressera pas à ce consommateur de produits financiers. La protection du consommateur trouve justification philosophique dans la bonne exécution du contrat. Les parties au contrat doivent en effet agir de bonne foi ; chaque partie est tenue de remplir son engagement. Le professionnel devant permettre au consommateur de connaitre toutes les informations sur la qualité des produits et services mis sur le marché. C'est en cela que dépend la sécurité liée à la santé et à la vie du consommateur. Le professionnel est donc placé dans la position d'un bon père de famille ; prudent et diligent. Celui-ci ne doit donc pas induire le consommateur en erreur, par des tromperies ou informations fallacieuses. Il n'est pas sans intérêt de se poser la question de savoir

---

[12] J. CALAIS-AULOY et F. STEINMETZ, *Droit de la consommation*, *op. cit., n° 3, p. 4*

[13] On entend par profession le fait de consacrer d'une façon principale et habituelle son activité à l'accomplissement d'une certaine tâche dans le dessein d'en tirer un profit et de subvenir aux besoins de l'existence (Paris, 30 avril 1906, D.P., 1907, 5-9 in A. CHAMOULAUD-TRAPIERS, *Droit des affaires*, Bréal, 2007, p. 39).

l'effectivité de la protection des droits du consommateur. La protection des droits du consommateur est textuellement effective bien qu'il est légitime de se demander l'efficacité des sanctions découlant de la violation de ses droits. Le législateur consacre en effet des mécanismes qui assurent les droits du consommateur et incrimine toute atteinte auxdits droits. La protection du consommateur présente un intérêt à la fois théorique et pratique. Théorique, puisque des questions semblables se posaient dans les mêmes termes voici plus de vingt ans. D'ailleurs, de nombreux travaux ont été menés sur la protection des droits du consommateur ; pratique d'autant plus effective que la connaissance et l'appréhension des instruments de protection des droits du consommateur permettent de connaitre les sanctions que pourraient subir les auteurs de violation des droits du consommateur.

L'approche méthodologique sera certainement juridique. L'on se contentera ainsi de faire appel à des instruments juridiques qui se signalent par une disparité et l'originalité de la sanction attachée à toute violation des droits du consommateur. Notre volonté à travers cette étude est de montrer que les droits du consommateur bénéficient d'une large protection et que la violation de ses droits est sanctionnée. Il sera donc question d'évoquer l'affirmation des droits des consommateurs en droit positif guinéen **(I)** et de révéler les sanctions prévues en cas de violation **(II)**.

I. Pluralité de règles protectrices des droits du consommateur

Bien qu'il n'existe pas un Code de la consommation, le droit guinéen consacre un corps de règles porté vers la protection du consommateur vis-à-vis du professionnel. Règles qui visent à la protection du consentement et de la sécurité du consommateur. En effet, le rapport entre le professionnel et le consommateur sur le plan de la mise à disposition des produits et service obéit à des exigences exprimant l'obligation de transparence **(A)** et de sécurité **(B)**.

A. L'exigence d'une obligation de transparence

Le président J. F. Kennedy affirmait en 1962 le nécessaire établissement d'une législation pour assurer aux consommateurs l'exercice des droits fondamentaux tels que le droit d'être informés. Il s'y ajoute que l'information permet au consommateur de se faire une idée sur la qualité, les dangers et la valeur des produits et services. L'examen des droits de nature politique du consommateur (**1**) sera suivi par ceux observés en droit de la concurrence (**2**).

1. Sur le plan de l'information

Le consommateur bénéficie d'une protection contre toute information trompeuse sur les biens et services mis sur le marché. En effet, une information objective du consommateur est indispensable dans sa relation avec le professionnel. En droit guinéen, le droit à l'information du consommateur apparait de manière éparse dans les textes. Cet éparpillement est probablement dû à la nature des produits ou services. L'article 4 de la loi portant réglementation de la Concurrence et de la Liberté des prix institue au profit du consommateur l'exigence de la publicité des prix sur toute l'étendue du territoire national à la charge du professionnel. Considérée par la doctrine comme une obligation autonome[14], l'obligation d'information suppose l'exigence d'une confiance et la loyauté des parties au contrat. Elle impose aux parties au contrat ici, professionnel et consommateur l'exigence de contracter de bonne foi. L'obligation d'information vise en effet à protéger la partie faible au contrat, le consommateur. L'information vise éclairer une partie sur contrat envisagé [15]. Le consentement des parties doit être libre et éclairé pendant la formation du contrat. De cette manière, l'obligation d'information portera sur les caractéristiques des biens et services, mais aussi sur la qualité des parties au contrat. Par ailleurs, cette obligation d'information trouve siège dans les principes directeurs des Nations en son article 11 Partie II-A-Sécurité physique qui prévoient qu'« il faudrait indiquer aux consommateurs le mode d'emploi des produits et les informer des risques courus, dans l'usage prévu comme dans une utilisation normalement prévisible. Les informations essentielles en matière de sécurité devraient être transmises aux consommateurs au moyen de symboles internationaux si possible ». La valeur de l'information permet au consommateur de connaitre les caractéristiques de chaque produit et service proposé par le professionnel. C'est aussi l'obligation

[14] Mme M. FABRE-MAGNAN, *De l'obligation d'information dans les contrats*, Essai d'une théorie, LGDJ 1992.

[15] J. GHESTIN, *Traité de droit civil, La formation du contrat, op. cit.*, p. 577 ; B. STARCK, H. ROLAND, L. BOYER, *Droit Civil, les obligations,* 2, contrat, 6e édition, p.120.

de la tenue d'une comptabilité conformément aux dispositions du plan comptable général guinéen institué par l'ordonnance 038/PRG/SGG/88 du 1er décembre 1998. La comptabilité le sait-on, est une source d'information précieuse pour ceux qui veulent contracter avec le professionnel. La comptabilité permet en effet de connaitre la situation financière et patrimoniale du professionnel. Ainsi, l'exigence de la tenue d'une comptabilité a pour but d'assurer l'efficacité du dispositif destiné à renseigner sur la situation financière du professionnel. Signalons cependant que le professionnel dans certains cas sera soumis à l'obligation de tenir une comptabilité conformément à l'AUHODCE tenant compte de sa taille et son chiffre d'affaires. Au-delà, la loi portant Contrôle des Denrées alimentaires, Marchandises et Services et Répression des Fraudes commerciales puise en droit commun quelques principes civilistes pour assurer l'information du consommateur. Il en est ainsi du principe de loyauté qui voudrait que le professionnel respecte ses engagements et satisfait à l'attente légitime du consommateur. À cet égard, l'article 21 de la loi la Loi portant Contrôle des Denrées alimentaires, Marchandises et Services et Répression des Fraudes commerciales dispose que, l'étiquetage, la publicité et l'information concernant les produits doivent être lisibles afin de ne pas induire le consommateur en erreur. L'on interdit ainsi les pratiques frauduleuses et trompeuses afin d'assurer la protection des intérêts des consommateurs. Cette idée évoque le dol en droit civil qui consistera pour le professionnel à obtenir le consentement du consommateur par des manœuvres frauduleuses ou des mensonges. La protection du consommateur s'invite aussi sur le terrain du droit de la concurrence. L'on voit déjà que le droit de la consommation utilise certains mécanismes contractuels pour protéger le consommateur. L'obligation d'information qui évoque la transparence dans la relation contractuelle est aussi perception en droit économique.

2. Sur le plan du libre jeu de la concurrence

Sur ce terrain, le consommateur bénéficie d'une double protection ; la première vise les pratiques collectives de concurrence ; la seconde les pratiques restrictives de concurrence[16]. Ces pratiques bannies sur le

[16] Les pratiques restrictives de concurrence sont des comportements souvent moins durables dont le but est de fausser ou de restreindre la concurrence dans les relations entre professionnels et ou entre opérateur économique et consommateur dans un marché.

terrain du droit de la concurrence prennent l'appellation pratiques anticoncurrentielles. Bannies parce qu'elles faussent le libre jeu de la concurrence, causant préjudice aux droits du consommateur. Le consommateur, bien qu'étant souvent au bas de l'échelle de la chaine commerciale, peut subir un préjudice lorsque le libre jeu de la concurrence est faussé. Voilà pourquoi le législateur s'érige contre certaines pratiques entre acteurs intervenant dans l'activité économique. On soulignera que l'interdiction des pratiques anticoncurrentielles protège le consommateur dès lors qu'elles empêchent de faire obstacle à la fixation des prix par le libre jeu de la loi et de la demande, en favorisant leur hausse ou leur baisse[17]. Les pratiques anticoncurrentielles s'appliquent à tous actes ou comportement collectifs ou individuels qui, par abus de position dominante ou par quelque manière que ce soit limitent l'accès à un marché ou restreignent la concurrence. Rentre dans le champ des pratiques anticoncurrentielles ; les actions concertées ayant pour effet d'empêcher ou limiter le libre accès au marché ou libre exercice de la concurrence à d'autres personnes physiques ou morales (entreprises) ; abus de position dominante sur le marché intérieur ou une partie substantielle de celle-ci ; le dénigrement ; la désorganisation ; la confusion dans l'esprit public, le refus de vente d'un produit à un consommateur, la dissimulation d'un produit sans motif légitime. Cette protection s'étend par ailleurs à la sécurité des consommateurs.

A. L'obligation de sécurité en faveur des consommateurs

La sécurité du consommateur suppose la prévention et sanction en cas d'atteinte à son intégrité physique provoqué par la mise sur le marché des produits et services par le professionnel. L'on envisagera une diversité de l'obligation de sécurité (**1**) et quelques illustrations (**2**).

1. La diversité de l'obligation de sécurité

La lecture du droit positif guinéen a permis de voir que l'obligation de sécurité est diversement consacrée, laquelle assujettie le professionnel à une obligation de moyens pour mettre sur le marché des produits et services de manière très sûre. Le terme sécurité renvoie à l'idée de protection contre les risques résultant de l'utilisation des produits et des services qui peuvent menacer l'intégrité physique de la

[17] La revente des produits à prix bas.

personne [18]. Et comme l'on affirme dans le langage familier, « consommer n'est pas sans danger ». Le droit à la sécurité exprime l'interdiction de vente des biens et services représentant un danger pour la vie du consommateur. La sécurité du consommateur « vise, non pas des règles qui protégeraient spécifiquement et uniquement le consommateur, mais des règles qui concernent la sécurité de ce sur qui porte l'activité du consommateur. Or, ce qui fait d'une personne un consommateur, cela a été déjà dit, c'est que cette personne se procure ou utilise un bien ou un service pour un usage non professionnel »[19]. L'on vise donc beaucoup plus les biens et services mis sur le marché que se procure le consommateur. Et bon nombre de règles applicables en la matière ne concernent pas les seuls biens et services destinés aux consommateurs, mais s'appliquent indépendamment du public auquel ils sont destinés »[20]. L'obligation de sécurité se signale en tant que mesure de prévention. Il s'agit en effet de prévenir tous les risques pouvant résulter de l'utilisation des produits et services. Cette obligation place le professionnel dans la situation d'un homme prudent et avisé, à qui la loi impose de prévenir les consommateurs de tous les dangers dans l'utilisation des produits qu'il met sur le marché. Voilà pourquoi d'ailleurs, l'article 6 de la loi portant Contrôle des Denrées alimentaires, Marchandises et Services et Répression des Fraudes commerciales dispose en particulier que les produits et services alimentaires ne doivent pas porter atteinte à la sécurité et à la santé des personnes. Cette disposition impose au professionnel l'obligation de bienveillance au profit du consommateur.

2. L'illustration de l'obligation de sécurité dans certains contrats

Création jurisprudentielle [21], l'obligation de sécurité évoque prudence de ne pas porter atteinte à l'intégrité physique du consommateur. C'est avec le contrat de transport de personnes que

[18] J.S. BORGHETTI, *La sécurité du consommateur*, Rapport français pour les journées colombiennes, septembre 2008 p.1, in www.henricapitant.org/spip.php?article77.
[19] J.S. BORGHETTI, *La sécurité du consommateur*, Rapport français pour les journées colombiennes, septembre 2008 p.1, in www.henricapitant.org/spip.php?article77.
[20] S. BORGHETTI, *La sécurité du consommateur*, Rapport français pour les journées colombiennes, septembre 2008 p. 2, in www.henricapitant.org/spip.php?article77.
[21] Civ. 21 nov. 1911, S, 1912, 1, p.73, note A. LYON-CAEN, D., 1913, 1, p. 249, note L. SARRUT

l'obligation de sécurité fut découverte et consacrée[22]. On le sait, le transporteur est dans l'obligation de transporter le voyageur à destination sain et sauf. Elle est par ailleurs consacrée par les articles 11, 12, 13 et 14 Partie II-A-Sécurité physique : « les gouvernements devraient adopter des mesures appropriées, notamment un cadre juridique, des règles de sécurité, des normes nationales ou internationales et des normes facultatives, ou encourager leur adoption, et encourager la tenue à jour d'états sur la sûreté des produits, de manière à avoir la certitude qu'ils sont sans danger tant pour l'usage prévu que pour une utilisation normalement prévisible ». Loin de toute idée d'exhaustivité, nos développements porteront sur quelques contrats. On songe en premier au contrat d'hôtellerie qui est celui par lequel l'hôtelier s'oblige, suivant les stipulations de la convention et les usages locaux, à fournir à son client le gîte, éventuellement la subsistance pendant le séjour à l'hôtel. À cet égard, l'article 1450 du Code civil guinéen dispose que, l'hôtelier est tenu envers ses clients d'une obligation de sécurité », c'est en vertu de cette obligation que l'hôtelier pourrait engager sa responsabilité en cas de dommage causé à ses clients, notamment le consommateur. C'est aussi le contrat de transport de personnes qui est une convention par laquelle un transporteur assure à titre professionnel le déplacement d'une personne dénommée voyageur moyennant un certain prix ». Ce contrat met à la charge du transporteur une obligation de sécurité sur la personne du voyageur (consommateur). Le transporteur est en effet « tenu de conduire le voyageur sain et sauf, à destination », et que « L'obligation de sécurité pèse sur le transporteur. C'est parce que les droits du consommateur sont sacrés que leur violation est pénalement sanctionnée.

II. Les sanctions des atteintes des droits du consommateur

La violation des droits du consommateur est constitutive de faute pouvant engager la responsabilité civile et pénale de l'auteur. La répression de la violation des droits du consommateur (**A**) précédera les voies de réparation (**B**).

[22] G. VINEY et P. JOURDAIN, *Traité de Droit Civil : les conditions de la responsabilité,* Sous la dir. de J. GHESTIN, 2ème édition, Paris, L.G.D.J, E.J.A., 1998, p. 399.

A. La répression des atteintes aux droits du consommateur

Les atteintes aux droits du consommateur sont d'abord caractérisées (**1**) avant toute sanction (**2**).

1. La caractérisation pénale des atteintes aux droits du consommateur

Les atteintes aux droits du consommateur se caractérisent en infraction par l'inobservation des exigences sociales en matière de sécurité et de santé concernant les produits et services. Il s'agit de multiples infractions qui sont des délits économiques matériels visant à faire respecter des dispositions juridiques organisant l'affichage, le marquage, l'étiquetage et la communication des barèmes des prix et des conditions générales de vente. Dès lors, l'utilisation des produits ou services d'un professionnel peut constituer une faute pénale lorsqu'elle porte atteinte aux droits des consommateurs. La faute pénale peut être appréhendée *comme une erreur de conduite permettant d'imputer à un agent un effet dommageable d'un fait qu'il n'a pas cherché à provoquer*. En droit de la consommation, ce fait peut être l'imprudence[23], la maladresse[24], la négligence, l'inattention[25] et l'inobservation des règlements de la part professionnelle. Ce dernier doit donc être précautionneux ; agir en bon père de famille sous peine que son comportement ne soit qualifié d'infraction. La caractérisation des infractions peut aussi provenir des associations de consommateurs agréés par notification à l'autorité compétente par rapport aux normes techniques de fabrication des aliments. Par ailleurs, le juge peut, en cas de constatation, ordonner la cessation de toute activité économique

---

[23] L'imprudence, concerne toutes les fautes que l'agent pouvant éviter avec plus de prévoyance, d'attention, de soins, d'habilité, de diligence. C'est le cas de celui qui conduit un véhicule de transport en commun dans un état de fatigue ou d'ivresse, c'est-à-dire dans un état de défaillance physique : imprudence ayant causé un accident mortel ou des blessures à des passagers.

[24] La maladresse est relative à un défaut d'habilité professionnelle supposant l'ignorance de son auteur. Dans le domaine consumériste, elle se caractérise dans la faute morale, ou intellectuelle du professionnel qui ne se montre pas habile dans l'exercice de son art ou qui pratique sans aucune adresse.

[25] L'inattention et la négligence correspondent à un oubli ou à une omission d'un acte dont l'observation aurait prévenu les blessures. Constitue, par exemple, une faute d'inattention, la prescription par inattention d'un produit toxique qui provoque la mort du malade par un médecin.

illégale. Les atteintes aux droits des consommateurs sont constitutives d'une violation de la loi pénale et méritent d'être sanctionnées.

2. Les sanctions en cas d'atteintes aux droits du consommateur

La sanction pénale des infractions après constatation constitue la finalité de la mise en œuvre de la responsabilité du professionnel. En effet, l'ordre public consumériste accorde une place importante à la mise en jeu de la responsabilité pénale du professionnel. Ainsi, le consommateur peut mettre en œuvre l'action pénale pour l'application d'une sanction afin de rétablir l'équilibre rompu. Il suffira au consommateur de déposer une plainte entre les mains du Procureur. Le consommateur devra cependant être précautionneux, en évitant que l'action ne soit éteinte[26]. L'on citera un certain nombre d'infractions économiques que la loi réprimande. L'inobservation de l'obligation de publicité des prix par les personnes exerçant l'activité économique encourt une peine d'emprisonnement de (3) mois à un (1) an et d'une amende de 1.000.000 à 5.000.000 FG ou de l'une de ces deux peines seulement ; l'inobservation de l'exigence de délivrance de la facture est passible d'une peine d'emprisonnement d'un mois à trois mois et d'une amende de 100.000 à 500.000 FG ou de l'une de ces deux peines seulement ; est puni de la même peine, le refus de la remise de reçu ou de note de frais à la demande du consommateur. Le refus de vente à un consommateur sans motif légitime est puni d'un d'emprisonnement de six mois à un an et d'une amende de 500.000 à 1.500.000FG ou de l'une de ces deux peines seulement (art. 21, al., 2). Dans le même sens, la loi consacre un nombre de peines à l'encontre des professionnels qui n'observèrent par les prescriptions prévues par la loi. Il en est ainsi de la mise sur le marché des aliments sans autorisation ou impropre à la consommation qui est puni d'une peine d'emprisonnement de 5 mois à 1 an et d'une amende égale à la valeur des marchandises incriminées. La commercialisation des aliments notamment impropre à la consommation ou dangereux pour la santé du consommateur, est passible d'un emprisonnement de 1 à 3 ans et d'une amende de 10.00 000 à 50.000 000 FG. Cette peine est valable pour les auteurs de tromperie, publicité mensongère, non-respect en matière d'étiquetage. Par ailleurs, « tout professionnel qui trompe son contractant par quelque moyen ou procédés sur la qualité, l'origine, la nature, l'espèce, les

[26] Par la mort du prévenu, la prescription, l'amnistie, l'abrogation de la loi pénale, la chose jugée, la transaction.

qualités substantielles des produits et services est passible d'un emprisonnement de 3 mois à 1 an et d'une amende égale à la valeur des marchandises incriminés (art. 61) ; sont punis d'une amende de 600.000 à 1.200.000FG ceux qui auront : créé la confusion dans l'esprit du public par l'imitation d'un nom commercial, de la marque, de l'enseigne, des messages publicitaires produits d'un concurrent ; pratiqué de la vente à perte ; Imposer des conditions discriminatoires de vente ; sont punis d'une amende de 1.000.000 à 4.000.000FG ceux qui auront dénigré ou désorganisé un concurrent ou crée la confusion sur les produits et son entreprise. C'est aussi la non-tenue d'une comptabilité régulière et probante ; la falsification d'écriture comptables, la dissimulation de pièces comptables ou la tenue d'une comptabilité occulte (Le droit OHADA incrimine la dissimulation de la situation financière de l'entreprise (art. 890, AUDSCGIE) ; les fausses indications, les omissions de nature ou de quantités contenues dans des pièces et documents comptables.

A. La réparation des atteintes aux droits du consommateur

Naturellement, les modes de réparation en droit sont variés ; le droit civil par exemple permet à la victime d'obtenir efficacement la réparation du préjudice ; cette même possibilité est offerte à la victime de solliciter la réparation du dommage résultant de la violation de ses droits au plan pénal. Le droit de la consommation prévoit la réparation de tout préjudice subi par les consommateurs en cas de faute du professionnel. Réparation que la victime peut obtenir devant le juge civil (**1**) ou pénal (**2**).

1. La réparation sur le plan civil

La violation des droits du consommateur ouvre naturellement droit « à la réparation du dommage »[27]. On le sait, la réparation du dommage est ce « qu'une personne peut légitimement attendre qu'un tribunal décidera en sa faveur »[28] lorsque les conditions sont réunies. Le juge n'est donc pas en marge de la relation contractuelle entre le consommateur et le professionnel. Tandis que le premier est qualifié de

---

[27] CAPITANT (H.), TERRE (F.), LEQUETTE (Y.), obs. sous Req. 3 août 1915, Coquerel c. Clément-Bayard, *GAJC*, t.1, n°62, p.326.

[28] M. FH LAWSON, « Les voies de droit pour obtenir réparation », *in* Revue internationale de droit comparé. Vol. 13 N°4, octobre-décembre 1961, p. 19.

partie faible, le second est un professionnel à qui la loi impose la prudence et la diligence dans l'exercice de son activité. En effet, la constatation de la faute ouvre droit à réparation au profit du consommateur. Celui-ci peut en effet saisir le juge civil pour réclamer des dommages-intérêts à toute personne contre laquelle l'on reprocherait une faute. Cela est confirmé par l'article 33 de la loi portant réglementation de la Concurrence et de la Liberté des prix qui prévoit que, « toute personne ayant subi un préjudice du fait d'une pratique anti-concurrentielle constatée, poursuivie et réprimée peut intenter, conformément au droit commun, une action civile en réparation du dommage causé. Plus techniquement en droit civil, on dit que la réparation est « le dédommagement d'un préjudice par la personne qui est responsable civilement, le rétablissement de l'équilibre détruit par le dommage, consistant à replacer si possible la victime dans la situation où elle serait si le dommage ne s'était pas produit »[29]. Étant précisé que la procédure à suivre étant celle de droit commun la victime devra prouver la réunion des conditions que lui offre le droit objectif. Le Code civil en son article 1122 et s., pose les conditions de la mise en œuvre de la responsabilité de l'auteur de la faute. La preuve du préjudice incombant à la victime, elle devra démontrer une faute, un lien de causalité et un dommage. Cela étant, la réparation que la victime attend du professionnel sera intégrale, c'est-à-dire la réparation doit rétablir la victime dans son état comme si la faute n'a jamais existé. La réparation du dommage sur le plan civil étant intégrale, la victime doit pouvoir être remise dans la situation initiale avant la réalisation du dommage. De fait, devant le juge civil, la réparation invite l'auteur du préjudice à remettre la victime dans son état comme si la violation n'avait pas lieu. Ainsi que le souligne un auteur [30], « les dommages-intérêts sont compensatoires ou, en d'autres termes, limités au montant qui fera disparaitre les effets du tort qui a été causé » par le préjudice. Spécifiquement, la réparation de la violation des droits du consommateur consistera à verser une somme d'argent à la victime. Et de façon large, la réparation couvre tout ce qui « permet de faire respecter les droits et redresser les torts »[31]. Comme on a pu le voir, « la voie civile présente l'avantage d'engager moins facilement et moins lourdement la responsabilité de celui dont l'action ne serait pas jugée

[29] Vocabulaire juridique H. Capitant, Dir. G. CORNU, PUF 2003, Vo réparation.
[30] M. FH LAWSON, « Les voies de droit pour obtenir réparation », préc., p. 17.
[31] M. FH LAWSON, « Les voies de droit pour obtenir réparation », préc., p. 17.

justifiée »[32]. Par cette procédure, la victime justifiera une faute de l'auteur afin de solliciter la réparation du préjudice subi. L'on admettra cependant que la voie civile plus longue et couteuse que la voie répressive. Et comme le relève un auteur[33], la voie « est moins rapide et plus couteuse que la voie pénale et ne permet pas de bénéficier des preuves que la procédure pénale ». De fait, la saisine du juge civil pour obtenir la réparation du dommage peut prendre un temps assez long que lorsque la victime saisissait le juge pénal.

2. La réparation sur le plan pénal

Sans contestation possible, les atteintes aux droits du consommateur ouvrent *per se* un droit à réparation[34]. Et on le sait, les dispositions du Code de procédure pénale demeurent applicables lorsque les droits du consommateur sont violés. Et, devant le juge pénal, la victime peut demander réparation du préjudice subi en se constituant partie civile. L'article 4 du Code de procédure pénale accorde une telle possibilité. En effet, l'alinéa de 2 de l'article 4, CPP admet que l'action civile peut être exercée en même temps que l'action publique devant la même juridiction. Ce même texte ajoute que la partie lésée peut poursuivre devant la juridiction répressive, outre la réparation du dommage découlant du fait poursuivi, celle de tous autres dommages résultant directement de la faute de l'auteur de l'infraction. De même, l'article 155 précise que toute personne qui se prétend lésée par un crime ou un délit peut, en portant plainte se constituer partie civile devant le juge d'instruction compétent. La partie civile peut, à l'appui de sa constitution, demander des dommages-intérêts correspondant au préjudice qui lui a été causé. Ainsi, cette possibilité facilite la tâche au consommateur en ce que toutes les mesures d'investigation fondamentales sont menées par le parquet ou le magistrat instructeur. Ces autorités peuvent faire réunir tous les éléments de preuve auprès de toute personne, de tous organismes et administrations.

L'ineffectivité de la protection des droits du consommateur s'observe par l'absence du contrôle des activités que mènent les professionnels, mais aussi par l'absence de l'activité du juge autour de la question

---

[32] E. VERNY, *Procédure pénale*, *op. cit.*, 35.

[33] E. VERNY, *Procédure pénale*, *op. cit.*, 199.

[34] X. D. de BOUBOIS, « Existe-t-il un préjudice inhérent à la violation des droits et libertés fondamentaux, RDLF 2012, chrono. n° 12, p. 1.

La part des droits fondamentaux dans les politiques publiques d'embellissement du District autonome d'Abidjan en Côte d'Ivoire

Dr Netton Prince TAWA
Docteur en droit public à l'Université Alassane Ouattara de Bouaké-Côte d'Ivoire

Introduction

La nomination de Cissé Bacongo, en tant que Gouverneur du District autonome d'Abidjan i [1], a remis à l'agenda la politique de déguerpissement des quartiers dits précaires dans la capitale économique de Côte d'Ivoire. Les images de désolation de la population qui accompagnent cette politique ont créé une onde de choc quand les bulldozers du District sont entrés dans GESCO, un sous quartier de la commune de Yopougon, situé au nord d'Abidjan. En effet, la destruction d'un établissement scolaire dans ce sous-quartier, en pleine année scolaire, et les justifications « contestables » du district ont ravivé les divergences au sein de la classe politique, ramenant à la mémoire collective les fractures politiques antérieures. Bien mieux, la désolidarisation du maire de la commune impactée, alors qu'il partage la même chapelle politique avec le Gouverneur du district, là où l'*habitus* politique consacrerait un soutien de principe, a donné un ton particulier à la question. Pour sa part, et dans l'optique de justifier la politique robuste de destruction des quartiers çà et là dans Abidjan, le ministre-gouverneur avance ceci : « **Quand on rentre à Yopougon, on n'a pas l'impression de rentrer dans la capitale économique de la Côte d'Ivoire qui se modernise, qui se développe au rythme qu'on connait. C'est la croix et la bannière** ». Or les griefs levés contre les

[1] Avant d'accéder au poste de Gouverneur du District autonome d'Abidjan, Cissé Bacongo exerçait la fonction de maire de Koumassi, une commune au Sud d'Abidjan. Sa nomination est ainsi perçue comme une récompense de son leadership local où ses actions ont permis de donner une fière allure à la commune.

actions du Gouverneur se sont logés parfois sur le terrain des droits des populations victimes desdits déguerpissements. Toute chose qui invite à questionner la part des droits dans la politique publique entreprise par le District d'Abidjan. C'est bien l'objectif de cette communication. Pour mieux cerner les contours de notre sujet, il importe de satisfaire l'obligation de définition des termes de ce sujet. Commençons par la notion de droits fondamentaux. Il faut dans cette tentative de définition affirmer de prime abord que les droits fondamentaux sont des droits de l'homme. Pour le Professeur René DEGNI-SEGUI ***« c'est la dignité humaine qui confère à ces droits le caractère fondamental »***[2]. Il s'agit de droits invariants, impératifs. Le juge international Mohamed BEDJAOUI, expliquant le caractère fondamental des droits de l'homme note qu'il s'agit de droits primaires, de droits premiers, qui préexistent à toute formation sociale, à tout droit. La notion d'embellissement est intimement liée à la notion d'action publique qui est utilisée en science politique, notamment en politiques publiques. Autant dire que l'embellissement de la ville est une politique publique qui consiste à rendre la ville plus agréable à l'œil. L'opération d'embellissement peut conduire le pouvoir public qui s'y engage à entreprendre des démolitions ou des modifications de l'environnement avec l'objectif projeté de le rendre beau. L'embellissement de la ville en Afrique s'accompagne souvent des opérations de démolition des propriétés privées. Elle est parfois synonyme de moment de difficultés pour la population que l'Abbé Joseph WRESINSKI appelle « ***cette couche de population au pied de l'échelle sociale, la plus pauvre par conséquent, qui, dans tous nos pays, industriels ou en voie de le devenir, se trouve pratiquement en dehors de la vie économique, culturelle et sociale des autres citoyens*** »[3]. C'est bien le sort de cette frange de la population en particulier que la présente étude tente de questionner. S'inscrivant en politiques publiques, la présente étude loge ses pas dans ceux d'éminents chercheurs sur la politisation de l'action publique, notamment Érik Neveu ou même Frank R. Baumgartner et

[2] Cf., René DEGNI-SEGUI, *Les droits de l'homme en Afrique noire francophone. Théories et réalités*, Abidjan, Les Éditions du CERAP, 2015, p.18.

[3] *Cf.*, Abbé Joseph WRESINSKI, « Les pauvres dans la ville. Incitation séculaire au combat pour les droits de l'homme », UNESCO (dir.), *Les droits de l'homme dans la ville*, Les Presses l'Unesco, 1981, p.82

Bryan D. Jones[4]. L'étude mobilise l'approche cognitive de l'analyse des politiques publiques[5]. L'approche cognitive est utile en tant qu'elle insiste sur l'impact des décisions étatiques sur les interactions sociales. Elle permet également de mesurer l'impact de la politique publique sur les individus notamment sur les droits des personnes victimes du déguerpissement. Il s'agit, dans cette perspective, de répondre à la question suivante : **quelle est la place des droits fondamentaux dans les politiques publiques d'embellissement du District autonome d'Abidjan en Côte d'Ivoire ?** Pour répondre à cette question, l'étude aura recours à la méthode qualitative en procédant à des entretiens guidés. Il s'agira également d'observer le contexte de l'apparition de la polémique autour de la politique publique en question. L'hypothèse qui se dégage de ce qui précède est la suivante : bien que présente dans la communication du pouvoir public (I), la sauvegarde des droits des personnes impactées est moins perceptible dans le déroulé de la politique publique d'embellissement du District d'Abidjan (II).

I. Une place centrale dans le discours public relatif a la politique d' embellissement

Il s'agira de montrer ici, que le pouvoir public qui entreprend la vaste politique d'embellissement du District d'Abidjan est informé de la nécessité de sauvegarde des droits fondamentaux de l'homme à l'occasion de la politique susmentionnée. La conscience de la nécessité de sauvegarde des droits de l'homme est dans le discours du pouvoir législatif **(A).** À sa suite, le pouvoir exécutif, même morcelé en autorités déconcentrées ou décentralisées, réserve dans son discours une place importante aux droits fondamentaux de l'homme **(B).**

---

[4] Rodolphe GOUIN, Bryan D. JON/ES, Frank R. BAUMGARTNER, « The Politics of Attention. How Government Prioritizes Problems », *Revue française de science politique*, 2009, vol.59, n°2, pp.367-375.

[5] Sur l'approche dite « cognitive » en tant que concept mobilisable dans l'analyse des politiques publiques, voir Pierre Muller, « L'analyse cognitive des politiques publiques : vers une sociologie politique de l'action publique », Revue française de science politique, 50e année, n°2, 2000. pp. 189-208.

A. Le discours législatif exigeant sur les droits fondamentaux

Que le législateur soit érigé en gardien des droits de l'homme est désormais un acquis dans les démocraties modernes[6]. Exerçant sa mission de gardien contre les abus susceptibles d'être commis contre les droits de l'homme, l'engagement du législateur consiste à produire des textes de loi qui obligent le pouvoir exécutif à inscrire ses actions dans un cadre légal. Cela vaut également pour les politiques d'embellissement. Le législateur ivoirien, comme ses pairs d'autres espaces, n'a pas failli. D'ailleurs, constatons de fort belle manière avec le Professeur René DEGNI-SEGUI que les droits fondamentaux sont abondamment protégés en Côte d'Ivoire. La Constitution ivoirienne apparait en la matière comme le principal garant de la protection des droits fondamentaux. Elle consacre par exemple dès son article 2, le droit de propriété. Ce droit, convenons avec Amandine CAYOL, qui le définit comme « *droit inhérent à la personnalité humaine qui appartient à toute personne physique* »[7]. Le Code civil ivoirien n'est pas moins protecteur des droits de la propriété. Il loge ses pas dans ceux de la loi fondamentale citée. Plus explicite est le code de l'urbanisme de 2020[8]. Quand bien même l'objectif principal du législateur dans ce texte fut de fixer définitivement les règles concernant l'urbanisme et la consistance du domaine foncier de l'État, la propriété privée y est à la fois affirmée et protégée. En prévoyant que « t*outes les propriétés privées urbaines sont susceptibles d'être assujetties aux servitudes qui peuvent être imposées par un plan d'aménagement et d'extension dont les conditions d'établissement et d'exécution sont fixées par la réglementation sur l'urbanisme et aux servitudes d'hygiène, d'esthétique, d'alignement et de sécurité publique* », le législateur de 2020 s'aligne sur une vieille pratique en la matière. Il s'est agi pour lui de reconnaitre que le besoin de développement de l'espace urbain ne doit pas ignorer les droits de la propriété des personnes de la personne

---

[6] Voir dans une perspective comparatiste Gérard-A BAUDOIN, « De la protection législative et constitutionnelle des droits de la personne au Canada en général et au Québec », *Revue générale de droit*, 12(2), 1981, p. 299–309

[7] Amandine **CAYOL,** *La protection du droit de propriété par la charte des droits fondamentaux*, Thèse, consultée sur le site https://hal.science/hal-04022913/document, le 14 janvier 2025.

[8] Il s'agit de la loi n°2020-624 du 14 aout 2020 instituant code de l'urbanisme et du domaine foncier urbain

humaine. Cette exigence législative est perceptible dans le discours du pouvoir exécutif. Il faut maintenant en rendre compte.

B. Le discours de l'exécutif laudateur de la protection des droits fondamentaux

Dans la division des tâches pour la gestion des affaires publiques, l'exécutif est l'acteur au sens de Michel CROZIER et Erhard FRIEDBERD. Il est l'organe qui dans l'État enclenche le processus d'élaboration et d'exécution de la politique publique. L'État en action, au sens de Bruno Jobert et Pierre Muller, c'est l'engagement effectif de l'exécution dans la réalisation de l'action publique envisagée. En Côte d'Ivoire, eu égard à la politique de déconcentration de l'État, la tâche d'embellissement de la ville d'Abidjan est confiée à une autorité déconcentrée. Il s'agit du Gouverneur du District. Cependant, la déconcentration en tant que système d'organisation territoriale n'enlève pas à l'administration centrale la prérogative essentielle de contrôle de la gestion des politiques publiques confiées à des autorités déléguées. C'est ce constat qui ressort des rapports entre l'exécutif ivoirien et les autorités du District d'Abidjan. On note ainsi dans ces rapports, le rappel fait par l'autorité centrale de la nécessité du respect des droits fondamentaux dans la mise en œuvre de politique publique d'embellissement conduite à Abidjan. La solennité de ce rappel par l'exécutif constitue un témoignage de son adhésion au respect des droits fondamentaux. En effet, constatant des polémiques au sein de la société ivoirienne lors des opérations de déguerpissement à propos de potentielles violations des droits des personnes impactées, le président de la République a saisi l'occasion du discours à la nation du 6 août 2024 pour mettre les pendules à l'heure : « ***J'ai instruit le Gouvernement à l'effet de prendre toutes les dispositions nécessaires pour accélérer et finaliser l'indemnisation des familles concernées par les libérations des emprises dans le cadre des travaux des voies d'accès au 4e Pont, conformément à nos pratiques dans le cadre de la mise en œuvre des projets de développement*** ». Dans ce même discours, le Chef de l'État ajoute avec force, « ***la solidarité de l'État doit se manifester dans le respect de la loi et des droits de chaque personne effectivement concernée*** ». Au total, aussi bien le législateur que l'exécutif affichent de l'engagement en faveur des droits de l'homme quand il s'agit d'entreprendre l'embellissement de la vie d'Abidjan. Mais cet engagement reste bien des fois en deçà des espérances dans la mise en œuvre effective de l'embellissement de District d'Abidjan.

II. Une place quasi-inexistante dans la mise en œuvre de la politique d'embellissement

« Malheureusement, le constat que l'on fait dans la mise en œuvre des opérations de déguerpissement à Abidjan est déplorable ». J'emprunte cette belle phrase à un de nos étudiants. Il a écrit son mémoire sur la libération des emprises en droit ivoirien[9]. En effet, cette phrase à elle seule résume le désarroi de la population « au pied de l'échelle sociale », pour reprendre les mots de l'Abbé WRESINSKI. Cette phrase qui témoigne de la conviction de l'étudiant en question, rend compte de la réalité des rapports de la politique d'embellissement aux droits fondamentaux. Il s'agit de rapport conflictuel, de violation des droits fondamentaux lors de la politique d'embellissement. Deux voies peuvent être empruntées pour démontrer la place quasi-inexistante des droits fondamentaux dans la politique d'embellissement du District d'Abidjan.

A. Les droits au logement et à la propriété, violés

Le pouvoir public doit mettre au cœur de ses actions ou de sa politique de développement le respect des droits des administrés. En effet, l'État en tant que gardien de la protection des individus, a une obligation fondamentale de promouvoir le bien-être des citoyens. Cette mission implique non seulement la garantie des libertés individuelles, mais également la protection des droits administrés. Il va sans dire que la réussite de la politique publique d'embellissement du District d'Abidjan ne saurait ignorer l'individu et les droits rattachés à sa personne. C'est donc toute la question de l'aspect cognitif de la politique publique théorisée par Pierre Muller. Harold Lasswell résume cette exigence de gain par la formule « Politics : Who Gets What, When, How ». Or dans la vaste politique d'embellissement de la ville d'Abidjan, notamment dans le volet concernant la libération des emprises, l'on note une atteinte au droit au logement des individus. Le

---

[9] *Cf.*, Kouassi Donatien N'DRI, *La libération des emprises en droit ivoirien*. Mémoire pour l'obtention du Master 2 en droit public, Université Alassane Ouattara de Bouaké, 2024.

droit au logement, il faut le rappeler, fait partie des droits fondamentaux à valeur constitutionnelle[10]. Aux termes de l'art. 38 de la Constitution ivoirienne, « *L'État favorise l'accès des citoyens au logement* ». De cette disposition, nous pouvons dire que toutes les personnes ont un droit au logement, c'est-à-dire l'accès de chaque citoyen à un logement. Miloon KOTHARI, ancien rapporteur spécial des Nations Unies sur les logements convenables, parle du droit au logement comme un « *droit fondamental de la personne humaine à un logement convenable, le droit de tout homme, femme, jeune et enfant d'obtenir et de conserver un logement sûr et sécurisé dans une communauté où il puisse vivre en paix et dans la dignité* »[11]. Le second droit fondamental que la politique d'embellissement du District d'Abidjan foule au pied, c'est le droit à l'éducation. Il faut en rendre compte dans la suite de cette communication.

B. Le droit à l'éducation ignoré

La libération des emprises porte atteinte au droit à l'éducation. D'abord, il convient de préciser que le droit à l'éducation a une valeur constitutionnelle. Ainsi, aux termes de l'art 9 de la Constitution ivoirienne, « *toute personne a droit à l'éducation* »[12]. L'éducation au sens du vocabulaire juridique de G. CORNU, est « *l'action de former intellectuellement et moralement une personne* »[13]. Si la responsabilité de l'éducation des enfants incombe *a priori* aux parents[14], le rôle que joue l'État est déterminant. En effet, il a la charge de créer un cadre propice pour la formation des futurs cadres en construisant des établissements pour mener à bien cette mission, ainsi que trouver le meilleur système éducatif.

---

[10] Art 38 de la loi n° 2016-886 du 08 novembre 2016 portant Constitution de la république de Côte d'ivoire.

[11] Miloon **KOTHARI** Rapport du Rapporteur spécial sur droit à un logement convenable en tant qu'élément du droit à un niveau de vie suffisant, présenté en application de la résolution 2000/9 de la commission des droits de l'homme, Commission des droits de l'homme, Cinquante-septième session, Nation Unies, E/CN.4/2001/51, 25 janvier 2001.

[12] Art 9 de la loi n° 2016-886 du 08 novembre 2016 portant Constitution de la république de Côte d'ivoire, *op.cit.*

[13] Gérard **CORNU**, *Vocabulaire Juridique, op.cit.*, p.234.

[14] Sidwaouga **OUEDRAOGO,** « La protection du droit à l'éducation en cas d'atteinte à l'intégrité du territoire au Burkina Faso », *Afrilex*, n°231,2014, p.19.

Mais, au contraire, la politique publique d'embellissement s'est avérée à par moment nuisible à ce droit. En effet, dans la mise en œuvre des opérations de libération des emprises, les établissements dédiés à la formation des administrés ne sont pas épargnés, pourtant ils sont légalement construits. Il s'agit, entre autres, de l'école Cha-Hélène dont l'annexe avait fait l'objet de démolition. En effet, construite sur deux lots du lotissement « *Gesco Restructuration* » et dont l'un, le N° 261 de l'îlot 35 d'une superficie de 560 M2, cet établissement a fait l'objet d'un dossier de demande d'ACD suivant le reçu N° 2017012600047 de l'Ordre de Recettes des Droits domaniaux délivré par le Service du Guichet unique du Foncier et de l'Habitat du ministère de la Construction[15]. Pourtant l'équipe du Gouverneur du District n'a pas épargné ce lieu de formation de jeunes, candidats à la formation. Ces destructions portent atteinte au droit à l'éducation. Pour finir, il convient de retenir que la libération des emprises porte atteinte au droit au logement et à l'éducation.

Conclusion

« Quelles que soient les raisons invoquées pour justifier ces destructions, les autorités ont clairement manqué à leurs obligations en matière de droits humains »[16]. Ainsi se résume l'essentiel de la critique formulée par l'ONG internationale Amnesty International relativement à la politique d'embellissement de la ville d'Abidjan. Les autorités d'Abidjan semblent avoir entendu les critiques portées contre la politique en question. En effet, lors du Conseil des ministres du 21 novembre 2024, le gouvernement ivoirien a décidé de suspendre la « politique de déguerpissement ». La moralité : la politique publique la plus souhaitée ou la plus minutieusement préparée, mais qui ignore les droits de l'homme est vouée à l'échec. Les droits de l'homme dans la ville restent une exigence implacable.

[15] Assalé **TIEMOKO**, Rapport sur le déguerpissement à Yopougon-Gesco, site ?http://pressecotedivoire.ci/article/19195-deguerpissement-de-yopougon-gesco-le-depute-assale-tiemoko-sort-un-rapport-qui-dit-tout, le 12 mai 2024 à 13h 30.

[16] Déclaration faite par Hervey Delmas KOKOU, directeur exécutif d'Amnesty International Côte d'Ivoire

LES DROITS DE L'HOMME ET LES OPÉRATIONS DE DÉGUERPISSEMENT À CONAKRY EN GUINÉE : APPROCHES ANTHROPOLOGIQUE ET JURIDIQUE

Moustapha Keïta-Diop
Université de Sonfonia-Conakry

Introduction

"Le droit n'est pas ce qu'en disent les textes que ce qu'en font les acteurs". Expression d'Étienne Le Roy[1].

La plupart des villes africaines sont actuellement ébranlées et bouleversées par des expulsions forcées, affectant généralement les populations les plus pauvres, en zones urbaines comme rurales. Les projets de développement, impulsés par les États et mis en œuvre par les agents publics au nom de l'intérêt général ou d'utilité publique, entraînent chaque année, à travers le monde, des millions de personnes expulsées, qui quittent leurs logements ou leurs terres en perdant leurs abris ou de leurs moyens de subsistance sans aucune politique d'accompagnement ou de recasement. Les personnes victimes des opérations de déguerpissement ou des expulsions forcées se retrouvent alors complètement démunies et basculent dans l'extrême pauvreté avec de graves traumatismes et un impact considérable sur leurs conditions de vie.

Cet article interroge la réalité de la justice en confrontant les opérations de déguerpissement au respect des droits de l'Homme et de la dignité humaine en Guinée. Cheminant entre passé et présent, s'appuyant sur la démarche anthropologique et juridique, on s'aperçoit aisément encore de nos jours que les expulsions forcées disposent de

[1] Professeur des universités, Directeur du Laboratoire d'anthropologie juridique de l'Université de Paris 1, spécialiste du foncier et mon directeur de thèse. C'est ici une manière de rendre hommage à mon grand maître décédé. Pour lui le droit, ce sont des pratiques.

“*profondes racines coloniales*” [2], pour montrer que l’héritage colonial d’exploitation et d’exclusion des populations locales, persiste et se perpétue dans le temps et dans l’espace en Afrique. Les sources que nous exploitons ici reposent sur le processus d’élaboration d’un “*guide pratique de mise en œuvre des opérations de déguerpissement en Guinée*”[3] pour humaniser ces interventions récurrentes de la puissance publique, souvent conflictuelles et violentes. Ce guide vise à définir les étapes et les modalités de mise en œuvre des opérations de déguerpissement contre les occupations dites anarchiques et illégales sur les domaines publics de l’État. Cette étude, basée sur une description ethnographique des opérations de déguerpissement à Conakry, a permis de recueillir les témoignages des principales victimes, de quelques agents techniques des services communaux de l’urbanisme et de l’habitat. Nous avons aussi exploité nos travaux de recherche en cours[i], certaines de nos communications[4] et quelques-unes de nos observations[5] sur les problématiques foncières en Guinée. Faut-il préciser que les opérations de déguerpissement sont différentes des opérations d’expropriation pour cause d’utilité[6] dont le cadre juridique est plus ou moins défini dans le code foncier et domanial de 1992, qui se borne à reprendre les principales dispositions en la matière dans le Code civil ; alors que la notion de déguerpissement — nous y

---

[2] Moustapha Diop, 2007, *Réformes foncières et gestion des ressources naturelles en Guinée. Enjeux de patrimonialité et de propriété dans le Timbi au Fouta Djalon*, Karthala, 439 p.

[3] Moustapha Diop, 2023, Rapport final : “Élaboration et vulgarisation du guide pratique de mise en œuvre des opérations de déguerpissement en République de Guinée : renforcement du dialogue multi-acteurs pour une gouvernance foncière et environnementale responsable en Basse-Guinée”, juillet, 102 pages. Étude réalisée pour le compte du Ministère de l’urbanisme, de l’habitat et de l’aménagement du territoire avec la collaboration de l’ONU-HABITAT, de Fonds de consolidation de la paix, du PNUD et de l’ONG-ACCORD-Guinée.

[4] Moustapha Keïta-Diop, 2024, Communication, « Changement climatique, transformation environnementale, problèmes fonciers, déplacement et appauvrissement des populations locales en Guinée, Réseau NELGA-GIZ-FIG-Working-Week-19-24 mai-Accra-Ghana.

[5] Moustapha Diop, Julien Kodom, 2014, rapport : “Analyse des connaissances, des outils et des capacités pour la sécurisation foncière des terres agricoles au profit des populations affectées par le barrage de Fomi”, Global Water Initiative-Guide-SA-109 pages.

[6] Voir « Manuel d’opérations sous formes de lignes directrices pour l’expropriation pour cause d’utilité publique et la compensation des terres et des ressources naturelles en République de Guinée », Ministère de la ville et de l’aménagement du territoire, Conakry, septembre 2017, 66 pages.

reviendrons plus loin — n'est pas réglementée ni encadrée, mais largement pratiquée et mise en œuvre par les États d'Afrique francophone. Dans cette perspective, les normes internationales de protection des droits de l'Homme, considèrent le déguerpissement comme une forme d'expulsion forcée, comme les déplacements massifs des villages ou des populations locales en zones rurales ou péri-urbaines. Mais il s'agit ici essentiellement de traiter et de discuter sur les opérations de déguerpissement intervenues particulièrement dans la ville de Conakry[7], affectant principalement les populations les plus pauvres en milieu urbain sans tenir compte des droits humains et de la dignité humaine.

I. Opérations de déguerpissement et expulsion des pauvres des centres urbains

Les opérations de déguerpissement sont considérées par les pouvoirs publics comme une cause d'utilité publique justifiant l'usage de la force légitime ; alors que ces interventions de la puissance publique enfoncent davantage les populations dans l'extrême pauvreté.

1. Expulsions forcées et justification d'utilité publique

La ville de Conakry, depuis 1958[8], s'est fortement transformée, présentant actuellement la physionomie d'une vieille ville coloniale dégradée et encombrée. Autrefois qualifiée de la *Perle de l'Afrique Occidentale Française* — Conakry est devenue une ville fantôme avec des ghettos où les habitants cohabitent avec de tas d'ordures. Cette situation étonne et gêne les étrangers de passage. La ville est principalement caractérisée par des constructions anarchiques bâties sur la voie publique, en face d'édifices publics ou à l'intérieur des bâtiments publics. Ces occupations faisant le plus souvent offices d'activités commerciales, de services ou de restaurations de rue, de salles de coiffure, des kiosques — pour vente d'articles variés — de garages mécaniques ou de nettoyage de voitures. C'est à Conakry qu'on voit la vente des produits alimentaires dans les centres de santé ou à l'intérieur des bâtiments publics. C'est à Conakry que les piétons

[7] Les expulsions forcées en zones rurales feront l'objet ultérieurement d'un autre article.
[8] Date de l'indépendance de la Guinée et la rupture avec la France.

marchent en évitant des vieilles voitures, de vieux camions, de meubles vétustes ou des objets en tout genre... abandonnés sur les trottoirs ou les emprises de la voie publique.

C'est face à cette situation que le gouvernement guinéen a engagé une vaste opération de déguerpissement le 30 janvier 2022 de Kaloum au Centre-ville de Conakry, en touchant les préfectures de Coyah, Dubréka et Forécariah. Les agents techniques du Ministère de l'urbanisme, de l'habitat ont participé à cette opération de déguerpissement dont les victimes contestent tant la mise en œuvre urgente que son caractère d'utilité publique". Dans cette situation d'opposition ou d'affrontement, les points de vue des agents techniques[9] de l'État et ceux des victimes sont diamétralement opposés.

"Il faut nécessairement libérer les domaines publics illégalement et anarchiquement occupés par les citoyens. L'administration a déjà bien ciblé les domaines à récupérer ainsi que la voirie. Mais il faut savoir que la dimension de la voirie est définie : il s'agit de la rue et des tronçons. Notre référence centrale — en tant que techniciens — est souvent une ancienne construction coloniale. C'est comme ça que notre équipe technique se repère face à l'occupation anarchique et par manque du plan cadastral. C'est parce qu'à l'époque coloniale, on respectait la voirie, l'alignement des poteaux électrique avec une distance de 2 mètres par rapport aux immeubles bâtis. La route est composée de la chaussée et des trottoirs, il y'a aussi des bornes et des clôtures en fil barbelé. Au fil du temps, en fonction des besoins d'extension de la population, les gens sont venus empiéter sur les emprises de la voie publique. Pour déguerpir les occupants et démolir les bâtiments incriminés, on procède par marquage. Les citoyens sont préalablement bien informés une semaine au moins après le marquage que les opérations de déguerpissement doivent inéluctablement intervenir. Nous intervenons régulièrement avec les services de sécurité munis d'un ordre de mission du Ministère de l'urbanisme, de l'habitat et de l'aménagement du territoire. Dans ces circonstances, rien n'est

[9] Entretiens réalisés en mars 2023 avec les agents techniques du MUHAT dans le cadre de la réalisation de l'étude portant sur l'élaboration d'un guide technique de prévention des opérations de déguerpissement en Guinée : Direction nationale de l'aménagement du territoire et de l'urbanisme (DATU) ; Direction nationale du domaine et du cadastre (DATU) ; Direction nationale de l'architecture, de la construction et du logement (DACLO) ; Direction générale du patrimoine bâti public et l'Agence de Gestion des routes (AGEROUTE) ; les Directions communales de l'habitat de Matam et de Dixinn.

épargné, tout est dégagé ou rasé sur les domaines publics anarchiquement et illégalement occupés"[10]

La dynamique de l'occupation des populations locales met en évidence l'incapacité des pouvoirs publics à mettre en valeur les terres conquises depuis la période coloniale. La gestion foncière a été délaissée aux populations pendant très longtemps avant que les politiques d'ajustement structurel de la Banque mondiale et du Fonds monétaire international n'interviennent pour généraliser la propriété privée[11] en Guinée. Cela a rapidement provoqué la course effrénée à l'appropriation privative[12] pour envahir les domaines publics terrestres et maritimes. La fameuse politique ou le fameux slogan de "mise en valeur" — prônée à l'époque coloniale — s'est transformée dans la pratique pour devenir "la terre à ceux qui ont le pouvoir ou des moyens de construire".

La ville actuelle de Conakry est une création coloniale et s'est progressivement développée au-delà de la presqu'île du Kaloum. Elle a connu un développement très rapide : la population de Conakry[13], passe au début du XIXe siècle — en moins de dix ans — de 300 à 10. 000 habitants. La création de cette ville s'inscrit dans la logique d'exploitation et d'exportation des ressources naturelles des colonies vers la métropole. D'où la construction des voies de chemin de fer et le port de Conakry permettant de relier les zones d'extraction des matières premières vers les ports, qui occupent une place importante dans ce système d'exploitation. C'est ainsi que la ville attirait et attire toujours les populations de l'intérieur du pays. Mais cette ville coloniale ou métropolitaine connaît une division [14] d'occupation spatiale entre quartiers indigènes et européens. La ville se développe en creusant de nombreuses inégalités sociales, en repoussant les populations les plus pauvres loin des centres urbains. Les occupations précaires et illégales deviennent alors les moyens d'expansion de la ville : les populations occupent les domaines publics et privés de l'État en dehors des normes

---

[10] Entretien avec la Direction communale de l'habitat de Matam en mars 2023.

[11] Code foncier et domanial de la Guinée de 1992, ordonnance 0/92/019 du 30 mars 1992, J.O de la Guinée, n° spécial, mai 1992.

[12] Moustapha Diop, 2002, « La course à la propriété foncière en Guinée », in *Études Foncières*, n° 92, juillet-août, pp. 36-38.

[13] Caroline Herbelin, 2003, « Des villes divisées » in Pierre Singaravelou (dir.) *Colonisations. Notre Histoire*, Seuil, pp. 504-507.

[14] Goerg Odile, 2004, « Conakry : la ville et son double (des années 1880 à nos jours » in Sophie Dulocq et Pierre Soubias (Dir.), *L'espace et ses représentations en Afrique*, Paris, Karthala, pp.139-158.

de l'urbanisme et de l'habitat, et ne peuvent nullement obtenir un titre foncier sur ces parcelles illégalement et anarchiquement occupées. Cette situation — d'occupation de facto — a donc favorisé des pratiques de contournement et la multiplication des conflits fonciers ou domaniaux en milieux urbains. D'où les opérations violentes de déguerpissement pour récupérer, aménager et bâtir les domaines publics de l'État.

2. Des expulsions forcées très violentes face aux populations très pauvres

La population guinéenne, globalement estimée à 11. 88351 habitants, est caractérisée par un fort taux de croissance démographique (2, 8 %)[15] et constituée majoritairement de femmes (52 %) dont 32 % sont âgées de 15 à 34 ans avec 55 % de jeunes filles. La majorité des populations, affectées par les opérations de déguerpissement, concernent particulièrement les femmes sans ou à faible revenu. Il s'agit des populations dont la plupart cherchent un toit ou de moyens de subsistance en milieu urbain. Elles n'ont de choix que d'occuper des terrains appartenant à l'État : des réserves foncières, des zones humides, des terrains non constructibles, des milieux insalubres. Il n'est pas rare de voir les populations pauvres en milieux urbains s'installer le long du chemin de fer, auprès de chenaux techniques, des tuyaux de conduites d'eau ou sous les lignes de haute tension. C'est dire que l'empiétement[16] de la voie publique est une pratique courante dans la ville de Conakry. Les victimes de ces opérations reprochent à l'État son incapacité à construire des logements sociaux dignes de nom :

"Les personnes déplacées sont choquées, désemparées devenant encore plus vulnérables qu'auparavant. Toutes les victimes des opérations de déguerpissement ont condamné les pouvoirs publics pour agissement précipité sans concertation préalable ni délai suffisamment accordé pour leur permettre de prendre des dispositions nécessaires. Ces opérations s'effectuent avec beaucoup de violence ; ceux qui protestent ou résistent sont arrêtés et transportés dans les pick-up de la police. Il faut nécessairement un préavis d'au mois trois (3) mois et des

---

[15] Source : « Étude de vulnérabilité », 2020, ONU-HABITA-Fonds du Sécréterait Général pour la consolidation de la paix. Modèle de document du projet-pays, République de Guinée, 32 p.

[16] Moustapha Diop, 2015, « La violence ethnique de l'État postcolonial en Guinée », TUMULTES, n° 44, pp. 103-115.

moratoires. Un préavis de 72 heures n'est pas suffisant. Nous demandons alors des mesures d'accompagnement lorsque ces opérations doivent intervenir pour cause d'utilité publique. Pour nous, l'utilité publique c'est la population elle-même. Ces mesures doivent se traduire par la construction des cités, des logements sociaux avant de faire dégager les gens. En réalité et dans les faits, c'est l'État même qui a installé les gens sur son domaine avant de se retourner aujourd'hui contre eux. L'État ne doit pas travailler seul, il doit associer les communautés avant d'agir. Ce que nous récusons, c'est la manière d'agir avec violence et humiliation. La population est aujourd'hui complètement perdue et traumatisée face à l'incapacité de l'État à respecter les textes et les procédures légales. Le guide pratique des opérations de déguerpissement est certes nécessaire, mais l'État doit s'engager à le respecter et à le mettre correctement en application[17] ".

Les opérations de déguerpissement et de démolition des bâtiments et des habitations mobilisent un dispositif impressionnant de police et de gendarmerie. Les agents du Ministère de l'urbanisme et de l'habitat sont présents et réquisitionnent des bulldozers pour démolir les bâtiments. Les victimes du déguerpissement se retrouvent au chômage et sans domicile fixe, ce qui aggrave la vulnérabilité des populations les plus pauvres en milieu urbain. Les conséquences des expulsions sont difficilement réparables : traumatismes psychologiques, décès précoces par désespoir de cause, sentiment d'attachement au quartier ou zone de résidence ou les victimes vécurent depuis des années, où les liens sociaux de voisinage se sont noués et consolidés depuis longtemps. D'après de nombreux témoins [18], les opérations d'expulsions se déroulent parfois la nuit ou de manière discriminatoire : certains immeubles sont démolis et les occupants expulsés, alors que, dans le même carré, d'autres bâtiments ne sont pas touchés.

De nombreux témoignages recueillis auprès des victimes et des ONG de défense des droits de l'homme décrivent une situation de désolation, d'amertume, d'humiliation et de traumatisme. De milliers de maisons ont été rasées dans la ville de Conakry et aux alentours. Selon ces déguerpis[19], le gouvernement n'a pas fourni de logement de remplacement ni d'indemnisation aux personnes déplacées, en violation

---

[17] Entretiens réalisés et propos recueillis auprès des membres du cadre de concertation de la commune de Dixinn le 6 mars 2023.

[18] Les membres du cadre de dialogue et de concertations de la commune de Dixinn.

[19] Déclaration des Human Rights du 18 juin 2019 à propos des expulsions forcées draconiennes en Guinée.

du droit international relatif aux droits humains. Le gouvernement n'a pas seulement démoli des maisons, il a bouleversé les vies et des moyens de subsistance des personnes les plus vulnérables. Quelques témoignages illustrent bien le vécu des victimes des opérations de déguerpissement :

« Nous avons été brutalement surpris par l'ampleur des opérations. Nous avons juste essayé de sauver quelques meubles et biens que nous possédons. Nous nous sommes retrouvés du jour au lendemain sans abri et dans la nature. Certains ont trouvé un abri dans les écoles ou dans les mosquées ; d'autres sont restés auprès de maisons en ruine et sous des bâches ou des tentes de fortune pour se protéger des intempéries naturelles. Certaines personnes ont pu trouver des logements de remplacement, mais en répartissant les membres dans différentes familles d'accueil avec l'aide des voisins ou des parents. Ceux qui n'ont pas eu cette solidarité de proximité ont donc été obligés de quitter la ville de Conakry pour aller s'installer dans les zones les plus reculées et loin de tout. Certaines familles ont passé plus de cinq jours à dormir sous un arbre près de leurs maisons démolies avec des enfants. Plusieurs semaines après les expulsions, certaines victimes n'ont pas trouvé de logements fixes. Elles trouvèrent refuge dans des maisons d'amis pour dormir la nuit et repartir le lendemain. »

Un homme raconte : « Je garde mes vêtements, mes chaussures et mes affaires de toilette dans mon sac à dos. Je vis dehors avec mon épouse et ma mère âgée. J'ai peur, parce que sans électricité et sans lumière, je suis obligé de rester éveiller pour protéger ma famille en raison de problème d'insécurité et de bandits qui rodent. À côté de moi, une veuve très âgée, avec ses enfants et petits-enfants et un bébé de huit mois, partagent une même hutte délabrée à côté des débris des maisons démolies. Nous n'avons nulle part où aller désormais. Les membres de familles nombreuses sont obligés de se séparer et de s'organiser en petits groupes pour être hébergés. Certains enfants scolarisés sont hébergés par des proches pour qu'ils puissent rester auprès de leur école. Les femmes sont séparées de leurs enfants et se retrouvent parfois seules. Plusieurs victimes sont donc traumatisées et les enfants particulièrement perturbés. Nous avons passé toute notre enfance dans ce quartier avec nos parents et nos amis. Nous vivions comme faisant partie de la même famille, car nous partagions les mêmes organisations culturelles et sociales de fraternité et de solidarité. Maintenant tous ces liens sociaux et d'attachement sont démolis et les familles dispersées. »

La colère face à ces expulsions a conduit certains jeunes à organiser des manifestations, qui ont été fortement réprimées, les forces de l'ordre utilisant des gaz lacrymogènes pour disperser les manifestants. Tous ces problèmes engendrés montrent que les opérations de déguerpissement ne sont pas juridiquement contrôlées ni humainement encadrées. Le sort des personnes déguerpies ne faisant pas partie — selon la perception des pouvoirs publics — des critères des droits de l'Homme et de la dignité humaine.

Le chiffre total des victimes n'est pas officiellement établi. Certaines sources[20] avancent le nombre des victimes à 1203 familles touchées et de 19. 219 personnes affectées. D'autres sources[21] ne parlent que de la situation des victimes de façon générale sans connaître effectivement leur nombre. Mais ce qui est établi, est que ces expulsions forcées touchent les populations les plus pauvres et quelques hauts fonctionnaires[22] de l'État.

II. Les opérations de déguerpissement et le respect des droits humains

La notion d'utilité publique — justifiant les opérations de déguerpissement-mérite ici d'être questionnée depuis la conquête coloniale en relation avec les normes internationales de protection des droits de l'Homme. Dans cette perspective, il s'agit de chercher aujourd'hui — à travers le guide pratique, d'humaniser ces interventions publiques violentes et humiliantes.

1. Des droits humains et la notion d'utilité publique

La notion d'utilité publique, indissociable à celle du domaine public, excluait complètement les populations indigènes dont les droits fonciers ont été totalement ignorés par l'administration coloniale française. Cette notion d'utilité publique, mécaniquement reprise par les États

---

[20] Collectif des victimes des opérations de déguerpissement, 2021, « Mémorandum sur la démolition d'au moins 250 bâtiments par le Régime d'Alpha Condé, Conakry, 5 p.

[21] CNOSCG, OCGR, 2021, Rapport, « Étude sur les opérations de déguerpissement à Conakry et environnants », 19 pages.

[22] Ansoumane Sacko, 2022, « La récupération du domaine de l'État à l'épreuve de la transition en Guinée : plaidoyer pour une cause perdue », Annales de l'Université de Parakou, série-Droit et Science politique, vol. 5, n°2, T.2, pp.1767-1802.

africains, ne pouvait pas tenir compte des droits de l'Homme africain et de sa dignité humaine. Faut-il rappeler — dans cette perspective — que les terres qui sont considérées aujourd'hui comme faisant partie des domaines publics de l'État appartenaient aux communautés locales bien avant la période coloniale. Il s'agit des terres communautaires usurpées par l'administration coloniale française sur la base de sa politique dite des "*terres vacantes et sans maître*". C'est ainsi que le décret local du 24 février 1901, portant organisation du domaine public en Guinée française et dépendances, avait justifiée de telles usurpations des terres des communautés villageoises. L'institutionnalisation de la domanialité publique, étroitement liée aux potentialités naturelles du sol et du sous-sol de ce territoire, lançait alors les bases juridiques de la mise en valeur des terres en Afrique au profit de l'administration coloniale française. Par énumération, l'article 1er du décret de 1901, classait et délimitait le domaine public de la Guinée française en ces termes :

"Le rivage de la mer ; les cours d'eau navigables ; les lacs ; les étangs et les lagunes ; les canaux de navigation et leurs chemins de halage ; les canaux d'irrigation exécutés dans un but d'utilité publique ; les chemins de fer ; les routes ; les sentiers ; les ports et rades ; les digues maritimes ou fluviales ; les ouvrages d'éclairage ou de balisage ; les lignes télégraphiques ou téléphoniques ; les ouvrages exécutés partiellement ou totalement avec subvention de la colonie ; les ouvrages de fortification des places de guerre ou des postes militaires et par extension tous les ouvrages que le Code civil et les lois françaises déclarent comme non susceptibles de propriété privée".

Ce texte ressemble étrangement à certaines[23] dispositions actuelles de l'ordonnance du 30 mars 1992, portant réforme foncière et domaniale en Guinée.

« Le domaine public des personnes publiques (art. 95) est constitué par l'ensemble des biens de toute nature, immobiliers et mobiliers, classés ou délimités dans le domaine public, affecté à l'usage du public ou à un service public. Il comprend le domaine naturel et le domaine artificiel... Le domaine naturel (art. 96) comprend les espaces naturels déterminés par la loi, notamment la mer territoriale, le sous-sol de la mer territoriale, les rivages de la mer couverts et découverts lors des plus hautes marées, la zone déterminée par décret, à partir des limites des plus fortes marées, les cours d'eau navigables et flottables, dans les

[23] En particulier les articles 95, 96 et 97 relatifs au domaine public naturel et domaine public artificiel de l'État en Guinée.

limites déterminées par la hauteur des eaux coulant en plein bord avant de déborder, les lacs et étangs. »

La théorie coloniale de la mise en valeur reposait exclusivement sur l'exploitation des ressources naturelles [24] et mettait l'accent en particulier sur l'exploitation agricole et minière. L'État indépendant guinéen est allé encore plus loin que les colons dans le processus de dépossession, en élaborant une notion extensible à l'infini du domaine public, réduisant ainsi considérablement les terres susceptibles de devenir propriété privée ou occupées par les communautés locales sur la base du droit foncier coutumier. Ces réformes, exigées par les bailleurs de fonds, ne remettent pas en cause la continuation de l'héritage colonial, bien au contraire, elles consolident le principe de "*domanialité publique*" en perpétuant ainsi le monopole foncier de l'État[25] et en méconnaissant totalement les droits fonciers coutumiers.

Cette politique de domanialité publique ne s'applique pas seulement au déguerpissement en milieu urbain. Elle a favorisé la spoliation des terres des communautés villageoises, qui sont actuellement expulsées de force, déplacées et malmenées, particulièrement dans les zones d'exploitation minière. Toutes ces politiques visaient à garantir la mise en valeur des terres au profit exclusif des colons : *"La colonisation avait introduit en Afrique noire, des innovations tendant à provoquer l'affirmation de l'individu aux dépens de toutes formes d'organisations collectives ou communautaires. Dans la perspective de la mise en valeur des terres, ces innovations devraient conduire à l'individualisation des droits fonciers et à l'avènement de l'entrepreneur. L'objectif essentiel était de substituer la conception romaine et individualiste de la propriété à tous les autres rapports entre l'homme et la terre"* [26] L'originalité de la colonisation [27] est de "*combiner la propriété privée avec la propriété marchande*". Dans ce

---

[24] Cette politique d'exploitation et d'exportation des matières premières se perpétue encore de nos jours en Afrique avec plus de plus dégâts que des biens pour les populations locales et de leur environnement naturel.

[25] Etienne Le Roy, 1991, « L'État, la réforme et le monopole foncier », in *L'appropriation de la terre en Afrique*, Paris, Karthala, pp. 159-186.

[26] Etienne Le Roy, 1989, in « La propriété foncière du code Napoléon en Afrique : l'échec de la raison écrite », Paris, LAJP, p.2.

[27] Claude Rivière, 1971, « Dynamiques des systèmes fonciers et développement des inégalités sociales. À propos du cas guinéen. *Seminar on problems of land tenure in African Development*. Leiden, 13-17 décembre 1971, *Cahiers Internationaux de Sociologie*, LIV, pp.1-994.

processus, les colons *"furent les premiers gagnants du mode de spoliation qu'ils avaient inventé"*. Pour d'autres[28], *"la propriété, c'est le vol "*. Bref, la politique coloniale d'exploitation et d'exportation — se perpétuant et s'accentuant en Afrique — a rarement favorisé le développement local et les droits fonciers des populations indigènes.

2. Normes internationales et pratiques hors droit des États

C'est dans ce contexte que de nombreuses familles ont été régulièrement dépossédées des terres occupées. Ces expulsions forcées contribuent largement à la déstructuration des cellules familiales des habitants en milieux urbains. C'est le cas notamment des familles fonctionnant sur la base des relations polygamiques ou vivant avec de nombreux parents, venant le plus souvent de l'intérieur du pays pour pouvoir vivre en ville. Malgré l'importance au départ[29] du patrimoine foncier et immobilier, ces familles s'appauvrissent progressivement sous la pression exercée par le marché foncier et le développement de la propriété privée.

L'idée de la propriété privée ou l'individualisation[30] des rapports fonciers ne fait que gagner les esprits dans un contexte où l'État est absent et sur l'aménagement du territoire et sur l'exercice de la justice. C'est pourquoi les conflits fonciers s'intensifient non seulement à l'intérieur des familles, mais aussi entre citoyens et l'administration publique. Les populations occupent et construisent partout où il existerait de terrains vides ou non mis en valeur. Le plan de développement urbain, le schéma national d'aménagement du territoire, les plans d'occupation des sols ne sont pas respectés et mis en œuvre. Les autorités ne réagissent que lorsqu'un projet de développement se profile à l'horizon en se précipitant pour tout dégager.

La notion de déguerpissement, élaborée et pratique à l'époque coloniale, n'est pas clairement définie. Les vastes domaines publics usurpés et constitués ne pouvaient pas être mis en valeur et l'administration coloniale, laissait subtilement les indigènes s'installer

---

[28] Pierre-Joseph Proudhon, 2021, *Théorie de la propriété*, texte intégral, Paris, L'Esprit du Temps, 156 p.

[29] Il faut préciser qu'avant la conquête coloniale en Afrique, la terre était largement disponible mais la main d'œuvre rare. Mais cette situation s'inverse fortement aujourd'hui : la main d'œuvre est disponible et la terre se fait de plus en plus rare.

[30] Moustapha Diop, 2007, *Réformes foncières et gestion des ressources naturelles en Guinée. Enjeux de patrimonialité et de propriété dans le Timbi au Fouta Djalon*, Paris, Karthala, 442 p.

à leur risque et péril, puisqu'elle pouvait à tout moment déguerpir les occupants sans indemnité ni recasement, en dehors de tout respect des droits de l'Homme et de la dignité humaine à l'égard des populations africaines colonisées. La seule définition que nous avons pu trouver et qui serait attribuée à la législation tchadienne[31]- avec toute la précaution requise selon la source consultée — considère que *"le déguerpissement est l'opération par laquelle, il est fait obligation, pour des motifs d'utilité publique, à des occupants d'une terre appartenant à la puissance publique de l'évacuer même s'ils ont cultivé ou construit. Le déguerpissement sert donc à mettre fin à la situation d'occupation illégale d'un terrain. Par extension, le terme s'applique aussi à des destructions de bâtiments construits sur des terrains non constructibles"*. Selon cette définition, les opérations de déguerpissement sont assez courantes dans les pays du Sud — notamment en Afrique — où de nombreuses personnes construisent sur des terrains au statut flou. Le déguerpissement n'est pas considéré comme une expropriation, les habitants déguerpis ne touchent donc pas de juste et préalable indemnisation. Mais les normes internationales[32] considèrent au contraire le déguerpissement comme une forme d'expulsion forcée, qui peut être temporaire ou permanente et affectée foncièrement de familles ou des communautés de leurs foyers ou des terres qu'elles occupent.

En tenant compte de cette définition par extension, le déguerpissement fait partie de nombreuses formes d'expulsions forcées. Cette notion extensive met l'accent sur les expulsions permanentes ou temporaires portant sur un logement ou une terre ; les expulsions menées contre la volonté des occupants ; les expulsions menées avec ou sans recours à la force ; l'absence des mesures d'accompagnement prévoyant un logement de remplacement convenable et une réinstallation ; une indemnisation suffisante ou un accès à des terres productives ; l'absence de possibilité de contester soit la décision, soit la procédure dans le respect de la légalité, des obligations nationales et internationales de l'État. Les expulsions

---

[31] Source : fr.wikipédia.org/wik/Déguerpissement, définition attribuée à la législation tchadienne. Mais cette notion de déguerpissement qui n'est pas définie par les textes guinéens- permet de mesurer les modalités et les effets de cette mode d'intervention de la puissance publique en Afrique dans la récupération des biens de l'État.

[32] Source : Observation générale N°7 du Comité des droits économiques, sociaux et culturels, 1977.

forcées sont diverses et prennent plusieurs formes tant dans les zones rurales que dans les zones urbaines :

- ➢ Elles sont mises en œuvre principalement dans le cadre des projets de développement (construction des barrages ou des routes), les activités minières extractives ou industrielles, l'embellissement des villes et les projets de rénovation ou de transformation urbaine, zonage, urbanisme et aménagement du territoire ;
- ➢ Elles interviennent pour faciliter la réalisation des grandes infrastructures sportives, culturelles ou l'acquisition et la location de terres à grande échelle, la privatisation et/ou la spéculation foncière et immobilière… Cette liste est non exhaustive.

Pour le droit international des droits de l'Homme, les expulsions forcées constituent de violations flagrantes des droits de l'Homme. Mais le droit international n'interdit pas toutes les formes d'expulsion. Quelques précisions pour lever les malentendus fréquents repris :

- ➢ L'interdiction des expulsions forcées ne s'applique pas aux expulsions effectuées conformément à la loi et aux instruments internationaux relatifs aux droits de l'homme ;
- ➢ Une décision administrative ou judiciaire ne suffit pas forcément à rendre l'expulsion légitime ou la justifier : même si un Tribunal national a statué en faveur d'une expulsion ou même si celle-ci est effectuée conformément à la législation nationale, la situation peut encore constituer une expulsion forcée si elle n'est pas conforme aux normes internationales des droits de l'homme et des obligations qui en découlent pour l'État ;
- ➢ Les expulsions forcées n'impliquent pas nécessairement le recours physique à la force : des personnes peuvent être forcées à quitter leur logement ou leur terre sous l'effet du harcèlement, de la menace ou d'autres formes d'intimidation, comme les coupures d'eau, d'électricité ou d'autres façons de rendre la situation des occupants intenable… de tels cas peuvent constituer une expulsion forcée.

En réalité, la communauté internationale n'interdit pas les expulsions forcées qui interviennent en conformité avec la loi et les instruments internationaux relatifs aux droits de l'Homme. Elle demande aux États de prendre toutes les mesures possibles pour prévenir et éviter les expulsions forcées en assurant la pleine réalisation du droit à un logement convenable[33]. De même, l'Union Africaine[34] exige un accès équitable à la terre, la sécurisation foncière, l'égalité de genre, l'amélioration de la gouvernance dans le secteur foncier et la réduction des conflits, sont des aspirations fondamentales des populations africaines dans la quête des meilleures conditions de vie et de prospérité. Au-delà d'être un élément de l'héritage culturel et de l'identité sociale des populations africaines, la terre est également une ressource importante pour le développement d'autres secteurs de l'économie. Tout ceci constitue des aspirations que les politiques foncières sur le continent doivent traduire. L'organisation pour l'alimentation et l'agriculture (FAO) [35] recommande aux États de s'assurer que toutes les actions relatives au foncier et à la gouvernance sont conformes aux obligations qui leur incombent en vertu de la législation nationale et tiennent dûment compte des engagements volontaires contractés en vertu des instruments juridiques régionaux et internationaux applicables. Elle rappelle que les expulsions forcées ou les déguerpissements ne constituent pas un principe, mais une exception. C'est seulement lorsque ces opérations sont inévitables et qu'elles sont légalement justifiées par l'utilité publique qu'elles peuvent intervenir.

Mais dans la pratique ces instruments internationaux, régionaux et nationaux de protection des droits de l'Homme en matière des opérations d'expulsion forcées sont rarement respectées par les États. Certaines administrations publiques font souvent de nombreux excès de pouvoir dans l'exercice de leurs missions de service publics et les juridictions se bornent à confirmer les décisions des autorités administratives sans évoquer les droits fondamentaux qui sont légalement protégés par les instruments juridiques internationaux, régionaux et nationaux. Pourtant les textes accordent à toute victime ou menacée par une opération d'expulsion forcée le droit d'accéder légalement et légitimement à une ou plusieurs voies de recours. Elle a

[33] Pactes internationaux relatifs aux droits économiques, sociaux et culturels, ONU-Habitat, Nations unies, droit de l'Homme, Haut-Commissariat, 2014, « Expulsions forcées », fiches n° 25, Rev.1, 66 pages.
[34] Cadre et Lignes directrices sur les politiques foncières en Afrique : un cadre pour le renforcement des droits fonciers, l'amélioration de la productivité et des conditions de l'existence, UA, septembre 2010, page 28.
[35] Gouvernance responsable des régimes fonciers applicables aux terres, aux pêches et aux forêts dans le contexte de la sécurité alimentaire nationale, FAO, Rome, 2012. Texte connu par son nom d'usage de « Directives volontaires » et qui sont en réalité non contraignantes pour les États.

droit à ce que sa cause soit entendue de manière équitable, et doit avoir accès à l'assistance d'un avocat et bénéficier d'une aide juridictionnelle. Des procédures de conciliation peuvent être mises en place en assurant tous les droits de victimes. Dans les conditions légales, l'opération doit être suspensive tant que l'affaire est pendante devant les instances de conciliation ou de jugement. Les différentes voies de recours — si elles sont ouvertes — permettent d'arrêter les opérations de déguerpissement en attendant les accords de conciliation ou de la décision du juge. Dans cette situation, les normes internationales permettent aux personnes expulsées ou menacées de déguerpissement d'exercer plusieurs possibilités de recours au niveau national, régional et international.

Pourquoi les États africains sont toujours obligés de déplacer massivement et de force les populations locales ? Le développement ne peut-il pas se faire autrement que de déguerpir les populations en les privant de leurs toits et de leurs moyens de subsistance ? Comment protéger les populations locales contre les expulsions forcées ?

Face à ces interrogations fondamentales, faut-il conclure que la multiplication des expulsions forcées dénote — en dépit des potentialités naturelles du pays — l'incapacité de l'État à impulser le développement local dans le processus d'instabilités politiques chroniques en Guinée. La ville de Conakry, accusant un retard très important — par rapport à d'autres villes africaines — est confrontée actuellement à un problème majeur d'urbanisme et d'aménagement du territoire, avec une très grande insuffisance de logements sociaux, de transports, de routes, d'eau et d'électricité. C'est pourquoi les autorités publiques[36] veulent rattraper rapidement ce retard ; mais elles le font souvent dans la précipitation et dans la violence. Pourtant, la communauté internationale[37] condamne les expulsions forcées comme une *"forme flagrante de violation des droits de l'homme"*. Ces condamnations restent dans la pratique de simples lettres mortes. La violence inhérente à l'État-postcolonial, s'est enracinée fortement depuis les conquêtes coloniales contre les peuples autochtones[38]. Les

[36] Moustapha Diop, 2015, « La violence ethnique de l'État postcolonial en Afrique. Le cas de la Guinée », TUMULTES, n°44, pp. 103-115.

[37] Voir pactes internationaux relatifs aux droits économiques, sociaux, culturels..." in ONU-HABITAT-Nations unies, Droit de l'homme haut-commissariat, 2014, "les expulsions forcées", fiche n°25, Rev. 1, 66 pages

[38] Roxanne Dunbar-Ortiz, 2014, *An Indigenous peoples'. History of the United States*, Beacon Press, Boston, 296 p.

expulsions forcées traduisent cet héritage de violence incarnée par les agissements des États transposés en Afrique : expulser de force, raser les quartiers pauvres, c'est déplacer en démolissant les populations les plus pauvres.

Faut-il surligner dans cette perspective que les États généraux sur le foncier en République de Guinée ont finalement eu — pendant cette période de transition militaire — du 14 au 17 novembre 2022. Les principales recommandations qui tiennent compte du Cadre et lignes directrices de l'Union Africaine, des Directives volontaires de la FAO et de tous les engagements nationaux de l'État vis-à-vis de la communauté internationale. Ces recommandations offrent également une opportunité en Guinée de réglementer dans l'équité et dans la dignité les opérations de déguerpissement et de déplacements involontaires des populations. Le gouvernement de transition exprime alors la volonté et la nécessité de mettre en place de réformes foncières responsables pour sécuriser les domaines de l'État et les terres appartenant aux populations, notamment par une délimitation claire entre les domaines des personnes publiques et ceux des personnes privées.

Conclusion : Concilier opérations de déguerpissement et respect des droits humains

Le guide pratique des opérations de déguerpissement vise à concilier la nécessité des opérations de déguerpissement pour les pouvoirs publics et la protection des droits des personnes dans l'équité et dans la dignité humaine. Il s'agit de responsabiliser chaque partie dans ses droits et obligations. Ce guide est donc placé dans une perspective de renforcement du dialogue multi-acteurs et conçu comme un outil didactique ou pédagogique pour éduquer les citoyens dans le respect des biens publics en facilitant l'intervention des pouvoirs publics lorsque les opérations de déguerpissement deviennent nécessaires ou inévitables. C'est dire que pour les deux parties (L'État et ses citoyens), ce guide pratique des opérations de déguerpissement en Guinée est un outil d'information, de sensibilisation, de responsabilisation, du respect des droits, des obligations et de défense des droits humains.

La revendication de la violence physique légitime et illégitime : période de troubles dans le quartier de Sawanda

Par Mamadou Aliou DIALLO
Docteur en sociologie à l'Université Général Lansana Conté de Sonfonia

Introduction

« L'État moderne ne se laisse définir sociologiquement que par le *moyen* spécifique qui lui est propre, ainsi qu'à tout autre groupement politique, à savoir la violence physique (…). La violence n'est évidemment pas l'unique moyen normal de l'État— cela ne fait aucun doute—, mais elle est son moyen spécifique (…). Il faut concevoir l'État contemporain comme une communauté humaine qui, dans les limites d'un territoire déterminé— la notion de territoire étant une de ses caractéristiques—, revendique avec succès pour son propre compte *le monopole de la violence physique légitime*. Ce qui est en effet le propre de notre époque, c'est qu'elle n'accorde à tous, le droit de faire appel à la violence que dans la mesure où l'État le tolère : celui-ci passe donc pour l'unique source du « droit » à la violence. Par conséquent, nous entendrons par politique l'ensemble des efforts que l'on fait en vue de participer au pouvoir ou d'influencer la répartition du pouvoir, soit entre les États, soit entre les divers groupes à l'intérieur d'un même État (…). L'État consiste en un rapport de *domination* de l'homme sur l'homme fondé sur le moyen de la violence légitime (c'est-à-dire sur la violence qui est considérée comme légitime). L'État ne peut donc exister qu'à condition que les hommes dominés se soumettent à l'autorité revendiquée chaque fois par les dominateurs ».

Max Weber, *Le savant et le politique*, Librairie Le Plon, 1959, p124, 125, 126.

La question des manifestations de rue en République de Guinée a été démystifiée et démocratisée quantitativement dans les années 2006-2007 par le groupe de docteur Ibrhima Fofana et Hadja Rabiatou Serah Diallo, sous le régime du général Lansana Conté. Depuis l'arrivée d'Alpha Condé au pouvoir en 2010, les manifestations de rue se sont démultipliées, les violations des droits de l'homme aussi. Ces troubles sont généralement enregistrés sur l'axe le « Prince » et sont devenus, dans certains quartiers, des normes intériorisées. Ces manifestations ont évolué et leurs formes ont changé. À travers elles, la violation des personnes est devenue flagrante et normalisée par certains acteurs. Elle est une source de revenus qui permet à certaines familles[1] de joindre les deux bouts.

Dans les manifestations de rue, l'Etat, dans le cadre du monopole de la violence physique, en concurrence avec des acteurs qui ne disposent pas de légitimité. Lorsque les acteurs sont dans cette logique de concurrence, il est difficile de déterminer la responsabilité en cas de violations des droits de l'homme, car les deux acteurs en concurrence se la rejettent. La vulgarisation des contestations dans les rues constitue un champ mouvant et difficile à contenir par les politiques, car après le régime d'Alpha Condé, une accalmie a été observée, mais depuis un certain temps, elles ont recommencé avec une autre fréquence. L'interdiction de manifester par les autorités est vue comme un défi à relever, par conséquent l'interdiction ne constitue plus un frein aux manifestations. L'argument qui accompagne la démultiplication consisterait à protester pour rendre les quartiers invivables et ainsi exprimer son désaccord face à cette interdiction.

Il est question de se pencher sur la dualité quant au monopole de la violence physique qui est légitimée pour un acteur et non autorisé pour l'autre, aussi sur la responsabilité des deux acteurs en concurrence.

Méthode

Dans le cadre de ce travail, il a été question de procéder par une enquête par questionnaire, par des observations et des entretiens semi-directifs. Pour avoir accès au terrain, j'ai fait un travail en amont, celui-ci consistait à être dans une organisation de jeunes du quartier, donc de réaliser certaines actions dans le quartier, ce qui permet de se faire connaître auprès du public et de pouvoir circuler librement lors des manifestations. L'enquête a démarré au mois d'août 2024, les observations ont été réalisées pendant les périodes de troubles, quant à

[1] Les familles dont on fait allusion sont celles qui ont des jeunes parmi ceux qui sont coupables de brigandage, car ils apportent la quête journalière au domicile familiale.

la réalisation des entretiens et à l'administration du questionnaire, elles ont été effectuées dans le quartier pendant que le calme régnait. L'échantillon portait sur 189 individus, dont 129 hommes et 60 femmes ; ces personnes sont issues de milieux ou d'environnements différents. Les personnes enquêtées se sont saisies des entretiens pour exprimer un mécontentement face à la prolifération des manifestations anarchiques, qui empiète sur leurs activités économiques ou sur celles de leurs proches. Sur les189 enquêtés, 9 ont été choisis pour l'entretien, beaucoup ont refusé l'entretien, car ils ont pensé que leurs propos allaient être diffusés dans différents canaux de communication avec des vidéos à l'appui. Cette peur de s'exprimer librement montre que la question des droits de l'homme dans le quartier tangent. Les personnes qui ont accepté l'entretien, disposent d'un certain capital culturel et ont une idée du milieu de la recherche scientifique. Un policier a été interviewé, cet entretien a été négocié, ce policier en question habite dans un quartier voisin du lieu d'enquête et est respecté par tous les jeunes de son quartier.

I. La violence, un moyen de régulation

Les ouvrages de Juliette Volcler et d'Anna Feigenbaum montrent qu'il existe également des techniques de contrôle et de répression des foules qui reposent sur la transformation du milieu. En l'occurrence, les deux auteures décrivent et analysent les étapes par lesquelles les gaz lacrymogènes et le son se sont imposés, au sein des services de sécurité, comme des moyens de rendre l'atmosphère hostile, momentanément toxique ou chargée de vibrations qui la rendent invivable, afin de contraindre les populations à se disperser et à réintégrer leurs domiciles. Ces équipements sont donc à l'origine d'un « maintien de l'ordre atmosphérique ».

Christophe Wasinski, « Rendre le milieu hostile : contrôler et réprimer par le son, les gaz lacrymogènes et les projectiles « non-létaux », *Cultures & Conflits*, 2021, pp 203-214, p 204.

1. Un pouvoir de pression dans l'équilibre des interactions humaines

Angelina Peralva, dans ces travaux sur les nouvelles faces de la violence revient sur ce qui accentue la prolifération des violences dans les rues. Au prime abord, elle pointe du doigt la crise économique et sociale. « L'accroissement du chômage, déscolarisation, déficit de logements — opèrent dans le sens d'une aggravation des situations d'exclusion. Celles-ci favorisent par contre un phénomène très large d'occupation des rues des grandes villes par des bandes d'enfants, qui constituent autant de victimes probables de tous les risques encourus lors d'une utilisation non régulée de l'espace urbain… il est certain que la crise économique produit à tous les niveaux des effets importants du point de vue d'une dégradation générale des conditions de vie. On sait aujourd'hui par exemple, que l'apport de l'enfant représente une part considérable des revenus familiaux, ce qui le pousse à quitter vite l'école ou à la fréquenter irrégulièrement ; ce qui le pousse aussi, pris dans la dynamique des petits boulots qu'il entreprend, à ne pas rentrer chez lui pendant plusieurs jours ; ce qui entraîne, enfin, un affaiblissement radical de la famille en tant que lieu de socialisation, favorisant le déploiement de la violence sous les formes les plus diverses » (A, Peralva, 1992, p 3 et 6).

Disposer du pouvoir d'user de la violence permet d'imposer une certaine autorité à ceux ou celles qui n'en disposent pas. Dans une telle configuration, les interactions humaines sont régulées par l'État et favorisent un équilibre dans le fonctionnement de la société. La violence, dans une certaine mesure, « devient, au sens propre, un mode de régulation des interactions humaines » (Ibid, p 1). Par son biais, la possibilité de trouver une entente cordiale dans les interactions sociales domine et s'impose comme un principe facilitateur.

Dans le cadre de notre étude, le quartier de Sawanda[2], la violence physique légitime, c'est-à-dire celle exercée par l'État en période de tranquillité permet aux habitants de vivre sous les ordres et la protection des forces de l'ordre. Le fait que des agents comme ceux de la Brigade anticriminelle usent de la violence pour se faire respecter dans le quartier, crée un certain équilibre entre les populations et cela devient un moyen permettant de maintenir la tranquillité dans le quartier.

Dans le quartier de Sawanda, compte tenu de l'instabilité, des patrouilles nocturnes sont souvent déployées pour imposer une domination sur les populations civiles (les délinquants et les autres habitants). La présence de ces patrouilles participe au changement de

---

[2] Le nom du quartier est une pure imagination. Nous avons voulu garder l'anonymat du quartier pour cause de sensibilité. Le quartier étant sensible et très connu pour son instabilité, beaucoup de personnes enquêtées ont demandé de garder l'anonymat et ont demandé à ce que le nom du quartier ne soit pas clairement cité dans le travail.

certains comportements et de certaines habitudes, c'est-à-dire que ces patrouilles quand elles sont dans le quartier, poussent les habitants qui ont des comportements déviants à se conformer aux normes sociales ou à tenter de réintégrer la société avec toutes ses contraintes. On observe donc que les comportements de certains habitants sont adaptables en fonction des situations et des agents des forces de l'ordre qui sont dans l'espace pour imposer une domination.

En période de troubles, le degré de domination pour permettre une régulation des interactions sociales est dépendante de l'appartenance à une catégorie des forces de l'ordre. Dans ce quartier, le fait d'appartenir à la police (CMIS), disposer du gaz lacrymogène, de matraques, de boucliers… ne permet pas d'imposer une domination qui va conduire à réguler les interactions sociales immédiatement, car l'appartenance à cette catégorie est méprisée par les manifestants. Quand la police (CMIS) est dans le quartier, elle est souvent victime de jets de pierres. Elle est, au fil du temps, devenue un interlocuteur privilégié avec les jeunes, avec des échanges de gros mots, des affrontements violents, qui perdurent et qui finissent par s'estomper en fin de journée, dans certains cas de figure. Ces deux groupes, à force de s'affronter continuellement, ont fini par développer de nouveaux répertoires d'actions, communiquer indirectement, créer des liens tendus, décrispés et amicaux. Les agents sur le terrain créent des relations avec certains jeunes, compte tenu de la fréquence des manifestations et perdent le pouvoir d'user de la violence pour réguler les relations interpersonnelles parce que les jeunes du quartier n'ont pas peur des armes conventionnelles, ont fini par intérioriser le mode opératoire des policiers et aussi à se socialiser directement ou indirectement avec eux. Cette situation a été exposée par Malhafane : « *Je suis souvent dans les manifestations, mes parents sont contre le fait que je sorte pour manifester, mais ils n'arrivent pas à me freiner. Quand je suis dans les manifestations, je vois des amis, je me crée de nouveaux amis. Les policiers qui viennent pour nous disperser ont le gaz lacrymogène avec eux, ce qui fait que nous n'avons pas vraiment peur d'eux, nous cherchons juste à ne pas être attrapé pour éviter d'être conduits au poste. Quand les policiers arrivent, certaines personnes sont contentes, mais franchement quand je vois les policiers, je ne suis pas content, c'est pour cette raison que nous jetons les pierres sur leur véhicule. Quand ils arrivent, ils cherchent à maintenir le calme. Mais nous résistons souvent. Dans ces manifestations, certains policiers deviennent des amis, c'est-à — dire nos interlocuteurs. Je vais quand même vous dire que nous arrêtons les résistances lorsque les gens de la brigade anticriminelle viennent sur le terrain, ils sont très sévères et détiennent les balles réelles. Quand c'est les hommes de la brigade anticriminelle qui viennent sur le terrain, je vous dis tout de suite que, comment dire ça même, donc tout est réglé rapidement quand les hommes de cette unité arrivent ; quand ils arrivent tout le monde prend la fuite hein (rire...)*[3] ». Les proposes de jeune montrent à suffisance que la présence des agents de maintien de l'ordre a une influence à dimension variable. Quand les policiers (CMIS) sont sur le terrain, la régulation des interactions humaines est souvent lente et parfois, elle perdure dans le temps, mais quand ce sont les agents de la brigade anticriminelle qui se présentent, la régulation, la restauration de la tranquillité est facile et rapide. Il explique cette différence par le fait que les deux agents ne disposent pas le même matériel pour assurer la sécurité, le matériel des policiers est purement dissuasif et cela fait amuser les jeunes manifestants, qui, dans certains cas, cherchent à faire perdurer la situation pour en tirer profit. On voit aussi que ces agents créent des liens avec les jeunes. Il faut noter qu'à force d'envoyer les mêmes agents sur le terrain, fait que ces derniers interagissent et trouvent un moyen pour tisser des liens (A. Spire, 2008), se faire des faveurs, etc.

Il faut préciser que les modes d'action illégaux s'intensifient parce que l'État, acteur de la violence, peine à établir ou à maintenir son emprise (A, Roger, 2011, p 5) sur l'organisation de ces jeunes, ce qui explique la démultiplication des troubles dans la zone et les difficultés à cerner ceux qui sont à la tête des groupes qui revendiquent quand bon leur semble. Le constat qui domine est que lorsqu'il y a institutionnalisation du groupe d'action, en l'occurrence des groupes de jeunes qui perturbent la quiétude sociale, la configuration de cette interaction offre « les moyens de canaliser les interactions et de les maintenir dans un registre légalisé » (Ibid, p 5).

2. La juxtaposition de la violence et de la violation des droits de l'Homme

Le pouvoir de pression dont dispose l'État dans le quartier de Sawanda permet à la fois de maintenir l'ordre et de créer un désordre. Lorsque les agents dépêchés dans les différents secteurs du quartier

[3] Entretien avec Malhafane, jeune manifestant du quartier Sawanda, entretien réalisé le 25 octobre 2024.

parviennent à contenir les jeunes, on constate que la circulation des véhicules reprend rapidement et les agressions deviennent de simples rimeurs. Toutefois, quand les jeunes résistent face aux policiers, ces derniers quittent le terrain et laissent ces jeunes faire régner leurs lois, donc un certain désordre s'installe pour faciliter les agressions et les pillages. Dans cette violence de l'Etat, « Charles Tilly observe toutefois que « l'existence et l'intensité de la violence collective dépendent de la manière dont les structures de pouvoir et leurs organisations spécialisées de répression font face à ce qui les défie » (C. Tilly, 2010, p 195). Il n'est pas inintéressant de revenir rapidement sur l'étude de la violence politique qui est la jonction entre l'ordre et le désordre. La violence politique est, dans son dessein, productrice d'ordre et productrice de désordre. Chowra MAKAREMI sur cette dualité et jonction « la violence est productrice d'ordre, elle est productrice de désordre, le désordre lui-même est producteur d'ordre… La violence est instrumentale dans l'institution de dispositifs d'États et l'organisation d'ordres politiques et sociaux […] elle produit des espaces régulés de différenciation sociale. Mais elle est aussi, pour ceux qui en font l'expérience, un bouleversement de l'ordre qui entraine un « recalibrage des cadres moraux et des cadres de perception » (C. Makaremi, 2016, p 26-27). Pour qualifier ces jeunes qui troublent la quiétude et la tranquillité, elle va utiliser le concept de « génération sociale » qui est constitué de jeunes hommes dont la carrière est bloquée par le contexte socioéconomique, et qui se servent de la violence pour élever leur statut social et économique (Ibid, p 27). Pour le cas de cette étude, ces jeunes se servent des manifestations autorisées ou non pour user de la violence. Dans cette configuration, ils sont automatiquement chassés des routes principales par les policiers ; l'intérieur des quartiers où il n'y a pas d'auto-défense devient un espace de luttes pour exprimer la violence.

Toutefois, il arrive parfois que ces jeunes ne trouvent pas suffisamment un espace à l'intérieur du quartier pour exprimer la violence, dans ce cas, ils retournent sur les routes principales pour agresser les passants et provoquer les agents des forces de l'ordre, qui vont pénétrer dans les quartiers pour chercher ces casseurs. Cette stratégie de provocation et d'intervention est largement décrite par un agent des forces de l'ordre dans un entretien. Selon lui, « *On ne veut vraiment pas aller dans les quartiers, aller jusque dans les concessions. Il y a des moments, nous sommes tranquilles et des jeunes viennent nous provoquer, en insultant nos mères en nous qualifiant de soldats malformés, etc. Quand c'est ça, nous sommes tenus d'entrer dans le quartier. On peut rester toute une journée au même endroit, mais quand des jeunes délinquants viennent nous insulter ou nous provoquer, on réagit ; ils ne savent pas si nous avons mangé ou même bu quelque chose, mais ils se permettent quand même de venir nous provoquer. On cherche à éviter qu'ils ne provoquent d'autres personnes et perturber la tranquillité des citoyens qui vivent à côté. On se permet aussi d'aller dans le quartier parce que ces jeunes utilisent certains endroits du quartier pour agresser les personnes qui reviennent du travail ou qui cherchent à passer pour rejoindre une autre destination. Je dois vous dire que notre travail n'est pas facile, mais ces jeunes sont peut-être des frères ou cousins de certains de nos collègues qui sont déployés ailleurs. Il faut quand même dire que si on se laisse faire, on subit une violence grave, parce que ces jeunes sont prêts à tout. Ils n'arrivent pas à faire de nous ce qu'ils veulent, parce que nous ne nous laissons pas faire aussi. On sait de quoi ils sont capables et on fait tout pour ne pas leur donner la moindre occasion…* [4] ».

Dans le cadre de cette étude sur le quartier de Sawanda, les résultats de l'enquête montrent clairement la production d'un ordre et d'un désordre, ils mettent aussi en avant les positions que prennent certains acteurs qui habitent le secteur et font ressortir une autre configuration du quartier dans cet intervalle de perturbation. Ainsi, les résultats du questionnaire de l'enquête de terrain viennent montrer la mouvance des configurations dans le quartier, c'est-à-dire le changement de son organisation en périodes de troubles pour permettre une régulation, empêcher la formation de noyaux de voleurs à l'arrachée.

[4] Extrait de l'entretien avec un agent de maintien de l'ordre. L'agent a voulu que son anonymat soit gardé.

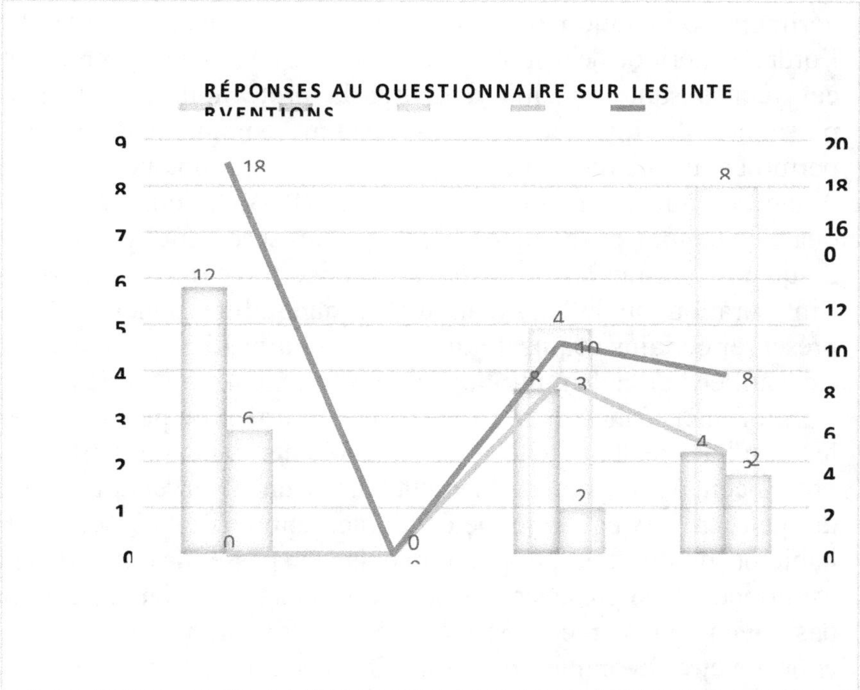

	Favorable à l'intervention des jeunes du quartier	Non favorable à l'intervention des jeunes	Favorable à l'intervention des Forces de défense	Non favorable à l'intervention des Forces de défense
Ecart	0	0	49	80
Hommes	129	0	80	49
Femmes	60	0	22	38
Ecart	0	0	38	22
Total	189	0	102	87

Source : Réponses du questionnaire de l'enquête (Octobre 2024)

Les résultats du questionnaire de l'enquête montrent que sur un échantillon de 189 personnes, 129 hommes s'expriment favorablement à l'organisation du maintien d'ordre dans le quartier par les jeunes de ce même quartier, une forme d'auto-défense mise en place pour éviter de polluer l'atmosphère dans ce secteur. Pour les femmes, elles sont 60 à se déclarer favorable à cette organisation d'auto-défense. Sur ces résultats du questionnaire, il y a lieu de constater l'existence d'une véritable sollicitation des jeunes du quartier quant au maintien de l'ordre en période de trouble. Les personnes interrogées considèrent que ces jeunes sont à même d'assurer la protection des biens et des personnes du quartier, car ces ils sont connus déjà par certains perturbateurs, ce qui fait d'eux de véritables interlocuteurs bénéficiant d'une certaine domination symbolique (P Bourdieu, 1976). Dans le quartier, ils sont, en quelque sorte, légitimés et soutenus par les habitants du quartier, ce qui les procure une certaine force qui se matérialise par l'instauration ou le maintien d'une tranquillité éphémère, afin de préserver certains acquis du quartier (restaurer l'image de celui-ci, qui est souillée par la démultiplication des troubles).

Sur l'intervention de la police dans le quartier, on peut observer dans les résultats de l'enquête que les habitants sont dubitatifs et ne se prononcent pas tous favorablement quant à une intervention à l'intérieur du quartier. Le quasi-rejet de cette intervention s'explique, d'après les habitants du quartier, par le fait que dans le passé, ils ont une mauvaise expérience de la présence des policiers dans le quartier et ne souhaitent pas revivre la même expérience. Sur cette intervention, la majorité exprime être favorable, mais à la différence du groupe d'auto-défense dans le quartier, celle accordée aux forces de l'ordre n'est pas absolue et n'est pas pleinement exprimée. Sur un échantillon de 189 personnes, 80 hommes sont favorables à l'intervention des forces de l'ordre dans le quartier et 49 hommes sont contre celle-ci. Quant aux femmes, 22 sont favorables et 38 ne le sont pas. Sur le 189, il ressort que 102 enquêtés (hommes et femmes) sont favorables et 87 (hommes et femmes) s'opposent à cette intervention. Dans les résultats, l'écart entre les hommes et les femmes qui sont défavorables est important. Une majorité de femmes s'expriment contre l'intervention, ce qui s'explique par le fait que ces dernières sont toujours les plus touchées lorsqu'il y a troubles et lorsque les forces de l'ordre ratissent le quartier, les hommes sont moins présents, car ils sont souvent au travail ou à d'autres activités en dehors du quartier.

Face à une situation de trouble dans le quartier la question des droits de l'homme n'est interrogée par aucun des acteurs sur le terrain (les policiers et les jeunes casseurs). Du côté de la police, lorsqu'il y a débordement, l'objectif principal consiste à maintenir l'ordre et à sortir de la crise donc tous les moyens peuvent être utilisés pour y arriver, ce qui implique de cacher les moyens légaux pour pouvoir avoir une bonne défense. Du côté des jeunes, il y a forcément violation des droits de l'homme, car ils agressent physiquement et violentent des personnes extérieures de l'événement. Quand la police est absente des lieux, des délits ou des infractions plus graves sont commis. À l'absence des forces de l'ordre, les jeunes casseurs sont ceux qui font régner la loi de la terreur et ignorent l'existence des droits de l'homme. Dans les résultats de cette enquête, il a été observé que les deux parties, de manière différente, agissent en violation des droits de l'homme. Les jeunes constitués pour assurer l'auto-défense sont ceux qui sortent les victimes des mains des jeunes casseurs, car la police se trouve à d'autres endroits du quartier.

II. Un partage du pouvoir de la violence

« Dans les différents quartiers de la ville, les jeunes sont manipulés ou sollicités sur tous les fronts : ils peuvent, selon les quartiers, mobiliser pour les manifestations politiques, assurer directement la police locale ou participer à la dégradation des équipements publics ou privés. Le phénomène de gangs16 se développe à Conakry comme celui des jeunes devenant agents de sécurité de leurs quartiers. Ce phénomène d'une sécurité assurée par les jeunes prend de l'ampleur comme en témoignent les trois grandes grèves organisées par les syndicats entre février 2006 et janvier 200717. Au cours de ces événements, de nombreux immeubles ont été sérieusement endommagés ou brûlés. Aussi certains propriétaires immobiliers ont voulu se mettre à l'abri en se plaçant sous la protection des jeunes du quartier. D'où de nombreux soutiens au profit des jeunes, et notamment, le financement des activités sportives et culturelles. C'est ainsi que le système dit de parrainage, consistant à subventionner l'organisation des matchs de football, des soirées dansantes, des mariages ou baptêmes est apprécié à Conakry. Ces actions de bienfaisance, qui prennent la place d'une forme d'assistance sociale de proximité, pallient fortement l'absence de services et d'équipements publics dans ces quartiers. C'est souvent, pour les riverains plus ou moins aisés, le prix à payer pour garantir la sécurité de leurs biens mobiliers et immobiliers.

En l'absence de sécurité publique et sans développement urbain dans ces quartiers, chaque riverain se protège en entretenant ou en renforçant encore ses relations de proximité ou de voisinage. L'implication dans la vie sociale du quartier devient donc un gage de sécurité, encore plus rassurante lorsqu'elle s'appuie sur les relations ethniques. Ce phénomène urbain, particulièrement lié à la pauvreté, au développement des inégalités sociales en ville, pourrait également s'interpréter comme une forme d'occupation spatiale tolérée alors qu'elle contrevient à la loi, face à l'impuissance des pouvoirs publics ».

Moustapha Diop, La violence ethnique de l'État postcolonial Le cas de la Guinée, *TUMULTES*, numéro 44, 2015, p 108-109.

1. Le partage du monopole de la violence en période de trouble et la place du respect des droits de l'Homme

L'intériorisation de l'instabilité du quartier par les habitants et les agents des forces de l'ordre pousse chaque acteur à ne plus se positionner comme victime, mais à transcender l'image de la victime qui marginalise et à être dans la posture du combattant. Il convient de préciser que l'appartenance à un groupe centré sur les ressemblances ou sur les appartenances va dans le sens du constructivisme social, car celle-ci ne va pas de soi. Cette intégration dans un groupe de ressemblance ou d'appartenance se construit par le biais des interactions avec des jeunes partageant les mêmes codes, la même situation dans le quartier. Ainsi, comme le précise Christine Renaudat, « cette prise de conscience d'un socle commun s'inscrit dans un rapport d'opposition entre *l'in-group* et *l'out-group*, entre *nous* et les *autres*. Elle explique le resserrement des liens communautaires et les processus de recomposition du groupe ethnique, national ou africain… » (C. Ranaudat, 1998, p 11). Cette opposition est clairement exprimée contre ceux qui assurent institutionnellement la défense et le maintien de l'ordre (les policiers).

Le fait de subir une violence symbolique conduit au passage à la violence physique. Dans une telle configuration, d'après Didier Bigo, « La violence symbolique ne conduit pas à la paix sociale et ne met pas forcément fin à la violence physique. Cette dernière est toujours vécue comme retenue, suspendue et prête à éclater. La violence symbolique redouble donc souvent la violence physique. Parfois, rarement, les dynamiques d'interdépendances sociales favorisent le registre de la violence symbolique par le biais de l'auto-contrainte, moins directement visible et poussent certes à une raréfaction du registre de la violence physique, mais le plus souvent il n'y a que superposition et combinaison des registres » (D. Bigo, 1994, p 7). Quand la violence physique est retardée par la violence symbolique, elle finit par le champ à d'autres répertoires d'actions. À Sawanda, la maîtrise ou le monopole de la violence est un domaine partagé entre acteurs sur le terrain.

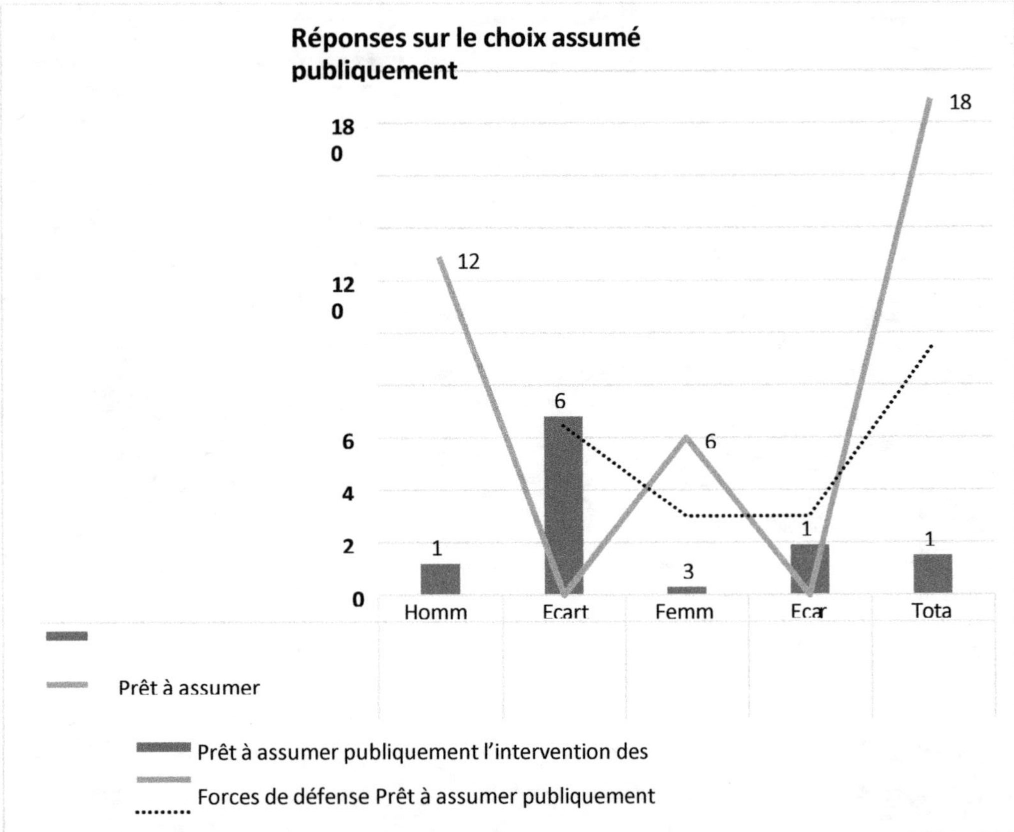

Réponses sur le choix assumé publiquement
18 0
12 0
6
4
2
0
12
18
6
6
1
3
1
1
Homm
Ecart
Femm
Ecar
Tota
Prêt à assumer
Prêt à assumer publiquement l'intervention des
Forces de défense Prêt à assumer publiquement

Prêt à assumer publiquement l'intervention des Forces de défense	12	68	3	19	15
l'intervention des jeunes du quartier	129	0	60	0	189

Source : Réponses du questionnaire de l'enquête (Octobre 2024)

Sur le fait d'assumer publiquement sa position quant à l'intervention des policiers dans le quartier de Sawanda, les habitants, d'après les résultats de l'enquête, affichent clairement une hostilité. Sur les 80 hommes qui se sont déclarés favorables à l'intervention des policiers dans le quartier de Sawanda, 12 sont prêts à soutenir publiquement cette position, c'est-à-dire lors des rencontres ; sur les 22 femmes qui soutiennent être favorables à l'intervention des forces de l'ordre dans le quartier, 3 affirment assumer publiquement cette position. Dans ces chiffres, il n'est pas expliqué les raisons qui empêchent les autres d'assumer publiquement la position quant à l'intervention de la police dans le quartier. Il convient de souligner que le soutien officieux est largement supérieur à celui officiel. Assumer publiquement l'intervention de la police dans le quartier est souvent mal interprété par certains individus, car il y a une intériorisation d'une norme officieuse qui oppose les acteurs. Cette dualité se normalise dans les interactions et crée une forme d'adversité à certains égards. Les personnes qui expriment publiquement qu'elles sont favorables à une intervention de la police dans le quartier sont souvent associées aux policiers et traitées d'infiltrées au service des forces de l'ordre. Elles sont, à travers ce simple soutien, exposées à certaines menaces.

Quant à la position d'assumer publiquement l'organisation d'auto-défense des jeunes du quartier, force est de constater que la majorité des enquêtés admet, sans trop d'inquiétudes, une position très soutenue. À travers ces résultats, on peut observer que dans les moments de troubles dans le quartier (grèves, manifestations spontanées…), le monopole de la violence physique est partagé entre trois groupes d'acteurs : les forces de l'ordre, les jeunes casseurs et les jeunes constitués en groupes d'auto-défense du quartier. Le dernier groupe d'acteurs bénéficie de l'onction des habitants qui, pendant les périodes de troubles, accusent les policiers d'outrepasser certaines prérogatives régaliennes et les casseurs de souiller l'image du quartier. L'acteur défendable, aux yeux des autorités du quartier, sont ceux qui sont constitués en groupe d'auto-défense et empêchent les agressions des autres acteurs. Une habitante du quartier revient sur ces différents acteurs dans un entretien, d'après elle : « *Ce ne sont pas des manifestations qui sont organisées, tout est spontané. Tu es là en train de faire ton activité et d'un seul coup, tu entends qu'ils ont barricadé la route. Lorsque cela arrive, il faut s'attendre que les jeunes se mettent à voler et à s'infiltrer dans le quartier pour se cacher. Il arrive que les forces de l'ordre les suivent. Il y a des moments, ce sont les jeunes du quartier qui se lèvent pour les faire sortir du quartier. Je tiens à préciser que quand les jeunes qui barricadent viennent dans notre secteur, ils brutalisent leurs victimes, certaines sont blessées. Ils piègent souvent les victimes qui ne connaissent pas le secteur et les dépouillent de leurs biens. Pendant qu'ils sont dans le secteur, ils sont les seuls maitres sur le terrain et font régner l'ordre, organisent la circulation des engins roulantsmais quand les policiers pénètrent dans le quartier, ils prennent la vedettes et quand ils partent, les jeunes du quartier viennent pour les chasser, car ces loubards font régner la terreur en violentant les populations, ces jeunes du quartier assurent la sécurité du quartier et même quand la police arrive dans le quartier, nous sommes là pour leur dire que ces jeunes-là maintiennent la tranquillité et l'ordre, s'ils partent les jeunes loubards vont venir pour violenter les populations qui passent par le quartier…*[1]».

La violence dans le quartier est socialement construite, elle est entretenue par sa récurrence, ce qui fait que d'autres acteurs, en usant des répertoires, ont intégré le champ et se sont créé d'autres répertoires pour mieux agir et servir la violence. Il faut souligner qu'elle est aussi, et souvent, organisée par l'État (et/ou les élites) et légitimée par le maintien de l'ordre (C. Calzolaio, P. Colombo et C. Makaremi, 2016, p 9). Quand les acteurs sont connus des forces de l'ordre, ils développent des interactions qui vont déboucher sur des relations entretenues et voulues par tous, car chaque acteur parvient à avoir un intérêt dans le système dominé par le désordre ou par les troubles. Les casseurs, voleurs, etc, lorsqu'ils commettent leurs délits, sont, dans certains cas rattrapés par les agents des forces de l'ordre, mais puisque la victime n'est pas trouvable, le bien revient à l'acteur qui détient l'acte réglementaire d'user de la violence.

À Sawanda, l'usage de la violence est encouragé et soutenu (groupe d'auto-défense et forces de l'ordre). Cet argument va dans le même sens que celui de François Dubet qui dit : « la violence juvénile est d'autant mieux tolérée qu'elle se déroule dans un groupe intégré, dans une "communauté" suffisamment assurée de partager des normes et des critères d'évaluation des conduites pour ne pas se sentir menacée par une violence qui, elle le sait, restera localisée et prévisible. L'intégration du groupe autorise une injonction paradoxale par laquelle les adultes réprouvent et encouragent la violence. Les hommes surtout, en font un test de la valeur et du courage ; ils la condamnent en principe

[1] Extrait de l'entretien avec une mère habitant le quartier de tous les dangers

et la soutiennent en fait (F. Dubet, 1992, p 3). En se basant sur le profil de ces jeunes qui violentent les passants, la question de l'intériorisation des normes de conduite se pose ; dans ce sens, il est question de faire la même analyse que Durkheim et de l'Ecole de Chicago sur le fait que la faible intériorisation des normes a pour conséquence direct l'excès de la déviance et de la marginalité ; la formation des bandes de jeunes est la conséquence de la désorganisation sociale. Ces jeunes casseurs ou agresseurs, connaissent des problèmes d'acceptation des normes ou d'assimilation de celles-ci, ils sont, dans cette configuration, confrontés à un dérèglement de leurs conduites en société. Ils ne respectent plus les normes édictées par l'État, mais celles édictées par leurs chefs dans leurs groupes de fonctionnement.

2. Des responsabilités partagées

La violence est multiple et ses responsabilités sont partagées. Dans le quartier de Sawanda lorsque les jeunes sortent pour piller ou voler, les policiers n'anticipent pas leurs actions. L'arrivée des agents des force de l'ordre doit être synonyme de tranquillité, mais dans ce quartier, cette arrivée est suivie d'une autre forme de violence pour s'accaparer de l'espace pour dompter la nature et imposer sa marque. Des morts sont enregistrés, à certains endroits, des agressions à d'autres, il est très difficile d'établir une responsabilité, car les acteurs qui usent de la violence sont multiples. Bien que la police soit l'autorité détentrice du monopole de la violence physique légitime, dans le quartier, en période de troubles, elle est concurrencée par des jeunes agresseurs, qui usent de la violence physique illégitime. Le fait que ces jeunes soient aussi violents dans leurs agissements, lorsqu'ils dérobent un bien à une personne, fait ressortir une certaine colère, une certaine frustration ou même une certaine acceptation de ce qu'ils sont devenus. En l'absence de la police ou des jeunes de l'auto-défense, certains jeunes casseurs se permettent de dire aux passants, qu'« il est l'heure des sacs », c'est-à-dire qu'il est l'heure que les femmes rentrent chez elles, car ils vont commencer les agressions, à voler les sacs. Ce message divulgué est un avertissement, mais qui est plein de sens, car il indique que les gens ont intériorisé leurs codes et vont tout de suite faire appel aux jeunes de l'auto-défense pour les chasser et donc rejoindre les forces de l'ordre pour en découdre et perturber la circulation pour mieux pouvoir voler et interagir avec les policiers, qui dans certains cas, ne réagissent pas face à de telles situations. Dans un entretien avec une habitante du quartier, il ressort ceci : « *Les jeunes qui agressent et qui sont chassés par nos jeunes qui défendent le quartier sont, pour moi, à classer ou à mettre dans la même catégorie que les policiers. Ils agressent les honnêtes citoyens qui rentrent du travail, dérobent leurs biens, les insultent, les traumatisent, etc. Les policiers qui sont derrière eux font la même chose, mais pour eux, c'est très bien organisé et les personnes ne peuvent se plaindre quelque part. Donc s'il y a violation des droits de l'homme, c'est parce que les policiers l'ont voulu et ils le font aussi. Les deux-là sont en train de violer les droits de l'homme à chaque fois qu'il y a manifestation ici. Si l'État voulait arrêter cette pagaille, il l'aurait déjà fait. Les policiers connaissent tous les lieux où ces jeunes se réunissent, mais ils ne vont jamais là-bas, ils ne font qu'attraper des civils et les maltraiter, les humilier devant d'autres personnes. Ça n'engage que moi, mais les deux-là se partagent la responsabilité de tous les crimes et délits lors des périodes de troubles*[2] ».

Comme il a été souligné à l'entame, les responsabilités sur les différentes violations des droits de l'homme sont partagées entre les acteurs détenteurs du monopole de la violence physique légitime et illégitime. Les acteurs souvent s'accusent mutuellement et cherchent à se décharger.

La découverte de la violence physique légitime dans le quartier par les policiers a poussé les casseurs et agresseurs à décoder celle-ci, à se la réapproprier, afin de façonner une résistance contre eux. Quand on est détenteur du monopole de la violence physique légitime dans le quartier, on peut dépouiller un passant en faisant valoir l'exercice de la fonction, on peut tirer pour tuer ou blesser en faisant valoir la légitime défense. Mais quand on est un groupe détenteur de la violence physique illégitime, après avoir fini de dépouiller une personne, on quitte les lieux pour se trouver une cachette et garder les objets volés et quand une personne est tuée ou blessée, ils quittent aussi rapidement les lieux, car ils sont facilement identifiables.

Avec la démultiplication des troubles, l'insécurité des personnes et de leurs biens, le monopole de la violence physique se trouve dans une interaction à trois dimensions. Lorsque les troubles à l'ordre public sont effectifs, il appartient à la police d'user du pouvoir régalien pour maintenir l'ordre. Ces troubles, dans le quartier de Sawanda, ces derniers temps, se font sur les artères principales et peuvent déborder pour se cloisonner à l'intérieur du quartier. Sur les artères principales,

---

[2] Un habitant du quartier et commerçant dans le secteur.

la police et la gendarmerie assurent le maintien de l'ordre avec le matériel à leur disposition. Toutefois, lorsque les troubles débordent, les jeunes à la base de ceux-ci prennent d'assaut les petites ruelles du quartier pour brigander les personnes qui cherchent à sortir et à échapper aux différents pièges à l'intérieur des secteurs. Ces jeunes sont dans une logique d'agression et de vol d'objets. Lorsqu'ils se retrouvent seuls face aux citoyens du secteur, ils s'érigent en maître des lieux et font régner leurs lois. Ainsi, ils assurent avec brutalité le monopole de la violence physique, ils décident du sort de celui ou celle qui tombe dans leurs pièges. La violence physique dont ils font usage n'est pas légitimée par l'État, mais dans l'entourage, celle — ci est cautionnée dans la mesure où ils apportent en famille les biens qu'ils dérobent aux victimes. On peut voir certaines familles, compte tenu de leurs conditions de vie, avaliser les actions de voles, encourager et défendre ces jeunes lorsqu'ils sont sur le point d'être arrêté. La violence est un instrument de terreur qui ne sert pas à maintenir l'ordre, mais qui sert à entretenir le flou pour en tirer un maximum de profit.

Quand cette violence s'accentue et se fait ressentir, un autre groupe déjà constitué fait un travail de ratissage pour maintenir la tranquillité. Ces jeunes réunis en groupe d'auto-défense vont être acceptés et défendus par les habitants du quartier. Ces habitants vont servir d'agents "légitimateurs" de la violence des jeunes qui assurent la défense du quartier.

Conclusion

Sur ces différentes observations, il convient de constater qu'il y a une ramification de la violence, une forme de partage du monopole de la violence. Trois acteurs revendiquent avec succès le monopole de la violence physique. Le premier acteur, l'État ; le deuxième, les jeunes qui brigandent les populations dans des espaces restreints ; le troisième, les jeunes qui assurent la défense du quartier, qui tirent leur légitimité des interventions des habitants qui avalisent leurs sorties et qui les reconnaissent par leurs gilets. À travers cette ramification, la complexification des troubles, la conception de la violence wébérienne connait un changement.

LE MAINTIEN DE L'ORDRE PUBLIC ET LE RESPECT DE L'INTÉGRITÉ PHYSIQUE DE LA PERSONNE HUMAINE EN GUINÉE

Par Dr Bana MARA
Docteur en droit public à l'Université d'Avignon et Pays de Vaucluse (France)
Doyen de la Faculté des Sciences juridiques et politiques de l'Université Kofi ANNAN de Guinée
Enseignant-chercheur à l'Université Général Lansana Conté de Sonfonia-Conakry
Avocat au barreau de Guinée

Introduction

« *Le recours inapproprié, excessif ou illégal à la force par la police peut violer les libertés fondamentales et les droits protégés, affecter les relations entre la société et la police et provoquer des tensions et des troubles* »[1].

Sans doute, cela est d'autant plus vrai que personne ne devrait plus « perdre son droit d'être protégé contre la torture et autres peines ou traitements cruels, inhumains ou dégradants en aucune circonstance, quelle qu'elle soit, y compris dans le cadre d'émeutes violentes ou de manifestations illégales »[2].

La question du maintien de l'ordre public et le souci de protéger l'intégrité physique de la personne humaine se pose comme une problématique purement constitutionnelle. D'une part, la première fonction de la Constitution est la régulation des pouvoirs publics, autrement appelée fonction institutionnelle, d'autre part elle a une

---

[1] Commission européenne pour la démocratie par le droit (commission de Venise), *Lignes directrices du BIDDH/OSCE et de la commission de Venise sur la liberté de réunion pacifique (2*e *édition),* 9 juillet 2010. Cité par ACAT France, *Maintien de l'ordre : à quel prix*, 2020, p. 10.

[2] Note du Secrétariat général à l'Assemblée générale des Nations unies, *Usage de la torture hors détention et interdiction de la torture et autres peines ou traitements cruels, inhumains ou dégradants*, A/72/178, 20 juillet 2017, §15. Cité par ACAT France, *Maintien de l'ordre : à quel prix*, 2020, *ibid.*

fonction substantielle, pour reprendre l'expression du Doyen Louis Favoreu, c'est-à-dire la fonction de consécration et de protection des droits fondamentaux dont relève le droit à la vie et au respect du corps humain.

Dans un autre sens, si l'État a le devoir constitutionnel de maintenir ou de rétablir l'ordre public pour le bien de tous, il est aussi d'une obligation constitutionnelle pour lui de protéger les droits fondamentaux de ces citoyens. Dès lors, la nécessité de concilier les deux extrêmes devient, pour chaque État démocratique, un impératif à la fois politique et vital.

Désormais, avec l'accélération du développement économique et politico-social, les droits fondamentaux et les exigences des sociétés accroissent. N'ayant pas toujours la solution immédiate et adéquate à toutes les demandes, les États sont souvent confrontés à de multiples formes de revendications, politiques ou sociales, satisfaisables ou inatteignables, pacifiques ou violentes. Dans la plupart des cas, le manque de solutions satisfaisantes et/ou immédiates de la part de l'État ou des parties, peut facilement déboucher sur des manifestations aux conséquences parfois regrettables. Face à ces situations complexes, l'État a recours à plusieurs stratégies de maintien ou de rétablissement de l'ordre public. Celles-ci peuvent aller de simple encadrement des manifestations à l'usage des armes létales, selon les degrés de violence. Si ce phénomène est presque mondial à nos jours, toutefois, il frôle voire dépasse les limites raisonnables en Afrique de l'Ouest, et plus qu'encore en Guinée. Depuis 2010, la sous-région est confrontée à des séries d'instabilités sociales, politiques, économiques et sécuritaires suite à la mauvaise gouvernance et à la manipulation ethnique ou raciale. Ces pays ont particulièrement connu un cycle incessant ou ininterrompu de troubles socio-politiques les amenant ainsi à sévir avec la plus grande fermeté sous le sceau du maintien de l'ordre public. En Guinée, cette réalité n'a pas changé jusqu'au 3 décembre 2024 dernier où « le journaliste et éditorialiste Habib Marouane Camara a été enlevé au quartier Lambanyi[3] en partance pour un rendez-vous avec l'homme d'affaires Kerfalla Person Camara (KPC) » [4]. Une disparition

[3] Un quartier périphérique de la ville de Conakry.

[4] Adama Hawa BAH, « Disparition de Habib Marouane Camara : un mois sans trace du journaliste », Guinée360.com, consulté le 22/01/2024. URL : https://www.guinee360.com/03/01/2025/disparition-de-habib-marouane-camara-un-mois-sans-trace-du journaliste/#:~:text=Dans%20la%20soir%C3%A9e%20du%20mardi%203%20d%C

mystérieuse qui vient encore raviver le titre de la présente communication sur le respect de l'intégrité physique de la personne humaine.

Mais avant de revenir sur le fond, il faut d'abord rappeler ou préciser le sens de certaines notions afin de faciliter la meilleure compréhension de la présente contribution :

Les droits fondamentaux : sans rentrer dans un développement répétitif puis que c'est le thème central du colloque et j'espère que la plupart des intervenants y reviendront, ***ils désignent l'ensemble des droits et libertés reconnus et protégés par la norme suprême qu'est la Constitution***. Autrement appelés droits de l'homme ou droits humains, ils regroupent les droits civils et politiques, les droits économiques, sociaux et culturels, mais aussi des droits comme la solidarité internationale ou le droit à un environnement sain.

L'ordre public : « L'ordre public fait partie de ces notions qui échappent à l'emprise de toute définition. Il s'agit là d'un concept dont les contours sont flous et le contenu difficile à déterminer. Mais après avoir listé près d'une vingtaine de définitions, Philippe Malaurie dira de l'ordre public que *''c'est le bon fonctionnement des institutions indispensables à la collectivité''* »[5].

Autrement dit, l'ordre public désigne l'ensemble des règles d'intérêt général régissant la vie en société. Il s'agit des règles obligatoires touchant à l'organisation de la Nation, à l'économie, à la morale, à la santé, à la sécurité, à la paix publique, aux droits et aux libertés essentielles de chaque individu.

Par la notion de **maintien de l'ordre public**, l'on entend « l'ensemble des mesures visant à prévenir les atteintes à l'ordre public et à le rétablir lorsqu'il est troublé »[6]. Ce qui revient à dire que l'exercice de la liberté de manifester, et dans toutes les circonstances doit rimer avec la quiétude ou la tranquillité de tous.

Quant au respect de l'intégrité physique de la personne humaine, il consiste à protéger le corps humain contre toute forme d'atteinte de la part d'un tiers ou de soi-même. Cela signifie qu'une personne est en

---

3%A9cembre%202024%2C,ses%20avocats%20n%E2%80%99ont%20eu%20aucune%20nouvelle%20de%20lui.

[5] Aurélien BAMDE, « La notion d'ordre public », le droit dans tous ses états, 24 février 2017, Consulté le 09/09/2024. Consultable sur : https://aurelienbamde.com/2017/02/24/la-notion-dordre-public/

[6] L'art. 2 de la loi L/2015/009/AN portant maintien de l'ordre public en République de Guinée.

droit d'exiger qu'aucune atteinte ne soit portée à son corps, à sa santé ou à sa vie, du moins tant que l'ordre public n'est pas en jeu. « Le corps est le support de la personne. Mais la personne ne se réduit pas à son corps tout comme elle ne saurait être séparée de celui-ci : elle est indivisiblement corps et esprit »[7]. Ce droit au respect de son intégrité physique appartient donc au droit à la vie, qui appartient à son tour aux droits civils.

Et les "***droits civils***", désignent l'ensemble des prérogatives attachées à la personne. Il comprend notamment, le droit au respect de la vie privée et de la vie familiale, au respect du domicile et au respect de sa correspondance, le droit à l'image, le droit à la liberté et à la sûreté, le droit d'aller et de venir, le droit à la liberté de pensée, de conscience et de religion, le droit à la liberté d'expression, à la liberté de réunion et à la liberté d'association, le droit au mariage et le droit de fonder une famille. Ces droits civils se distinguent par ailleurs aux droits civiques, qui sont des droits qui permettent plutôt aux citoyens de participer à la vie politique de l'État. Ce sont par exemple le droit de vote, le droit d'éligibilité, la liberté d'opinion, la liberté de réunion et d'association.

Ce sont justement les droits civils qui sont, à l'état actuel des choses, les droits les plus violés par l'État lors des opérations de maintien d'ordre, à tort ou à raison. Mais comme la jouissance de ces droits ne saurait s'arrêter au nom d'un prétendu maintien de l'ordre public, comment peut-on alors trouver un trait d'union entre les deux contraintes ? Est-ce possible d'encadrer les manifestations ou les contestations tout en prenant en compte le respect de l'intégrité physique et de la dignité humaine ?

De ce qui précède, le concept de maintien d'ordre est un concept vague, flou et difficile à cerner, en ce sens qu'il peut donner lieu à différentes interprétations et servir de puissants moyens de contrôle voire de répression pour l'État contre les droits fondamentaux constitutionnellement garantis. C'est pourquoi, vu la complexité de la notion et la diversité des droits fondamentaux, nous essayerons d'articuler notre intervention uniquement autour du maintien de l'ordre public en temps de paix et son effet direct sur le seul droit fondamental du respect de l'intégrité physique de la personne humaine. Mais contrairement à ce qu'on pourrait imaginer, le maintien d'ordre n'est

[7] DDJ, « Comment définir la protection de l'intégrité physique ? », *Doc du juriste*, 2023. Blog consulté le 02/12/2024 et consultable sur : https://www.doc-du-juriste.com/droit-prive-et-contrat/droit-civil/dissertation/comment-definir-protection-integrite-physique-645265.html

pas qu'uniquement suicidaire pour le droit à la vie ou à l'intégrité physique. Il peut également s'avérer à la fois comme un moyen de protection de l'intégrité physique de la personne humaine (**I**) et comme un facteur d'atteinte à l'intégrité physique de la personne humaine (**II**).

I. Le maintien de l'ordre public comme moyen de protection de l'intégrité physique de la personne humaine

Certainement, il paraîtrait paradoxal pour beaucoup de personnes, d'analyser le maintien d'ordre comme moyen de protection de l'intégrité physique de la personne humaine, tellement les relations entre les forces de maintien d'ordre et les citoyens se sont détériorées au fil des ans. Pourtant, la véritable finalité du maintien d'**ordre** vise à assurer la sûreté, la sécurité, la tranquillité, la salubrité publique, la protection de l'intégrité physique de la personne **humaine** et la sécurité des biens. À ce titre, le maintien de l'ordre public ne saurait être synonyme de violences ou d'atteintes à l'intégrité physique des personnes d'autant plus que cette dernière demeure strictement protégée tant par les textes internes (A) que par les instruments juridiques internationaux dont la Guinée est signataire (B).

A. La protection par les textes internes

Dans son ensemble, l'arsenal juridique interne garantit la protection de la personne humaine contre toute forme d'atteinte, mineure ou grave. D'ailleurs, n'est-ce pas le fondement primaire de toutes les normes, juridiques et sociales. Cet attachement des normes internes à la protection de la personne humaine contre les actes attentatoires à son intégrité physique, est d'abord confirmé par la Constitution (1) qu'est la norme suprême, mais aussi par les textes législatifs et réglementaires (2).

1. Les dispositions constitutionnelles

Sans exception aucune, toutes les Constitution de la République, de 1958 à 2020, ont respectivement protégé la protection de la personne humaine contre les atteintes, qu'elles soient corporelles ou non.

Pour l'article 42 de la Constitution du 10 novembre 1958 « Nul ne peut être arbitrairement détenu ». Cette disposition est reprise par l'article 23 de la Constitution du 14 mai 1982 en ces termes : « La personne humaine est sacrée. Le Parti-Etat a l'obligation de la protéger et de la faire respecter… Chaque citoyen a droit au libre développement de sa personnalité dans le respect de l'ordre démocratique et social ».

Quant à la Constitution du 23 décembre 1990, elle également à son article 5 que « La personne et la dignité de l'homme sont sacrées. L'État a le devoir de les respecter et de les protéger… Les droits et les libertés énumérés ci-après sont inviolables, inaliénables et imprescriptibles. Ils fondent toute Société et garantissent la paix et la Justice dans le monde. [Et à l'article 6 d'ajouter] : L'homme a droit au libre développement de sa personnalité. Il a droit à la vie et à l'intégrité physique. Nul ne peut être l'objet de tortures, de peines ou de traitements cruels, inhumains ou dégradants ». Les Constitutions de 2010 et de 2020 disposent en ces mêmes termes.

Bien que ce droit ne semble pas être protégé aujourd'hui tel que prévue par la Constitution, la junte s'était toutefois dotée d'une Charte de la transition le 27 septembre 2021 qui disposait en son article 10 que : « La personne humaine est sacrée. Toute personne a droit au respect de son intégrité physique et morale, de son identité et à la protection de son intimité et de sa vie privée ».

Au plan national, pour ainsi dire, le respect de l'intégrité physique de la personne humaine a toujours été consacré au plus haut niveau de la hiérarchie des normes. Mais pour compléter ce dispositif constitutionnel, déjà appréciable, le cadre législatif vient à son tour ajouter un plus au mécanisme de protection de l'intégrité de la personne humaine.

2. Le cadre législatif

D'ici comme ailleurs, « la loi assure la primauté de la personne, interdit toute atteinte à la dignité de celle-ci et garantit le respect de l'être humain dès le commencement de sa vie. Chacun a droit au respect de son corps »[8]. Sans aucune moindre contradiction, le législateur guinéen va dans ce sens que le législateur français quand il affirme que : « Chacun a droit au respect de son corps. Le corps humain est inviolable. Le corps humain, ses éléments et ses produits ne peuvent faire l'objet d'un droit patrimonial. Le juge peut prescrire toutes mesures propres à empêcher ou faire cesser toute atteinte illicite au corps humain ou des agissements illicites portant sur des éléments ou

[8] L'article 16 du code civil français.

des produits de celui-ci »[9]. Il ne peut être porté atteinte à l'intégrité du corps humain qu'en cas de nécessité médicale pour la personne. *Le consentement de l'intéressé est recueilli préalablement, hors le cas où son état rend nécessaire une intervention thérapeutique à laquelle il n'est pas à même de consentir*[10].

Tandis que le Code guinéen de déontologie médicale, vient renforcer ce dispositif normatif en affirmant que « Le médecin au service de l'individu et de la santé publique exerce sa mission dans le respect de la vie humaine, de la personne et de la dignité. Le respect dû à la personne ne cesse pas de s'imposer après la mort (art. 2) ».

Il ressort de ces considérations législatives et déontologiques qu'aucune atteinte (hormis les cadres thérapeutiques et de maintien de l'ordre public, et sous réserves du respect des règles d'éthique) contre l'intégrité physique de la personne humaine n'est autorisée, qu'elle soit volontaire ou involontaire, qu'elle soit de la part d'une tierce personne ou de soi-même. C'est pourquoi que la question d'euthanasie (c'est-à-dire le droit de demander à autrui de donner la mort à soi-même) demeure très controversée dans beaucoup de pays aujourd'hui et presque inexistante en Guinée, parce qu'elle s'apparenterait à une pratique contre-culture.

Comme pour compléter ou renforcer le cadre législatif interne, le code guinéen de la santé et de l'hygiène publique aborde la problématique dans le même sens que les précédents textes. Ainsi, le titre III du code de la santé publique insiste sur *le principe du respect de la personne humaine*[11].

La liste est complétée par la loi L/2015/009/AN portant maintien de l'ordre public en République de Guinée. Cette loi réitère que « le maintien de l'ordre public est assuré par les forces de sécurité qui sont instituées pour préserver la sécurité publique, la sécurité des personnes et de leurs biens… (article 3 ». Au-delà du cadre strictement interne, l'intégrité physique de la personne humaine reste également protégée par les instruments juridiques internationaux.

B. La protection par les textes internationaux

Cette protection est renforcée également tant à l'échelle régionale qu'à l'échelle internationale.

---

[9] L'article 45 du code civil guinéen.

[10] L'article 46 du code civil guinéen.

[11] Les articles 237 et ss du code de la santé de la santé publique.

1. Quelques textes régionaux

Au niveau régional, la Guinée est membre de la Charte Africaine des Droits de l'Homme et des Peuples, un texte dont elle a pris part à la rédaction. Cette charte dispose en son article 4 que « La personne humaine est inviolable. Tout être humain a droit au respect de sa vie et à l'intégrité physique et morale de sa personne : Nul ne peut être privé arbitrairement de ce droit », et l'article 5 d'ajouter que « Tout individu a droit au respect de la dignité inhérente à la personne humaine et à la reconnaissance de sa personnalité juridique. Toutes formes d'exploitation et d'avilissement de l'homme notamment l'esclavage, la traite des personnes, la torture physique ou morale, et les peines ou les traitements cruels inhumains ou dégradants sont interdites ».

La Communauté Économique des États de l'Afrique de l'Ouest s'est progressivement s'ériger aussi en défense des droits de l'homme, notamment à travers sa Cour de justice. Grâce à cette institution, « elle s'est inscrite dans un processus d'intégration plus dynamique... avec l'adoption du nouveau Protocole Additionnel A/SP.1/01/05 du 19 Janvier 2005 portant amendement du Protocole A/P/17 /91 relatif à la Cour de justice de la Communauté »[12]. Cette réforme a donné la possibilité aux justiciables de saisir directement la juridiction communautaire après l'épuisement de toutes les voies de recours internes. « Contrairement donc aux Cours de justice de la SADC et de la CEAC qui ont un mandat implicite pour la protection des droits de l'homme, la Cour de justice de la CEDEAO a reçu un mandat clair et explicite en matière de droits de l'homme »[13].

2. Les textes internationaux

Au plan international, la Guinée a ratifié la Déclaration universelle des droits de l'homme du 10 décembre 1948, qui indique à son article 3 que « Tout individu a droit à la vie, à la liberté et à la sûreté de sa personne ». Que « Nul ne sera soumis à la torture, ni à des peines ou traitements cruels, inhumains ou dégradants (art. 5) ».

Article 3

---

[12] Thierno KANE, *La Cour de Justice de la CEDEAO à l'épreuve de la protection des Droits de l'Homme*, Maitrises en sciences juridiques, Université Gaston Berger de Saint- Louis Sénégal, 2012.

[13] *Idib.,*

Pour le Pacte international relatif aux droits civils et politiques du 16 décembre 1966, « Le droit à la vie est inhérent à la personne humaine. Ce droit doit être protégé par la loi. Nul ne peut être arbitrairement privé de la vie (art. 6.1). Nul ne sera soumis à la torture ni à des peines ou traitements cruels, inhumains ou dégradants. En particulier, il est interdit de soumettre une personne sans son libre consentement à une expérience médicale ou scientifique (art. 7) ».

Ces instruments juridiques indiquent clairement que les opérations de maintien d'ordre ne sont pas des cas isolés s'exerçant en dehors de la légalité. Elles doivent, en toutes circonstances et pour quelques raisons que se soient, tenir compte des lois qui protègent l'intégrité physique de la personne humaine. Si le maintien d'ordre vise à assurer la paix et la sécurité des personnes et des biens, il ne doit pas par conséquent user des forces parfois disproportionnées pour maintenir voire même pour rétablir l'ordre.

Les médecins qui reçoivent également les blessés ou les morts de ces citoyens victimes des bavures, doivent les soigner avec humanité et en application de leur code de déontologie.

Par contre, lorsque le maintien de l'ordre public s'effectue sans une véritable observation de ces instruments protecteurs suscités, il peut s'avérer comme un facteur d'atteinte à l'intégrité physique de la personne humaine.

II. Le maintien de l'ordre public comme facteur d'atteinte à l'intégrité physique de la personne humaine

Certes, si le droit à la vie et le respect de l'intégrité physique de la personne humaine demeurent sacrés, ils ne sont pas pour autant absolus. Pour des raisons médicales (recherches bioéthiques à des fins thérapeutiques, don d'organes ou de tissus) tout comme pour des raisons de sécurité publique, se droit peut se voir empiété en toute légalité.

Mais hormis ce cadre légal, tout autre forme d'atteinte à la vie ou l'intégrité physique devient arbitraire et inacceptable. Le maintien d'ordre en Guinée sort carrément de ce cadre normal pour se transformer en une guérilla urbaine entre forces de l'ordre et manifestants. Chaque année, les manifestations se comptent par centaine. « À caractère revendicatif ou festif, organisées ou spontanées, elles participent à l'exercice de la liberté... » Mais comme l'exercice de la liberté de manifester est inhérent au maintien d'ordre, l'intervention des forces de l'ordre doit relever d'un équilibre délicat, mouvant au gré des orientations et choix politiques, des conditions d'engagement des forces de l'ordre, mais également de la forme des manifestations et de leurs participants. L'encadrement des manifestations sur la voie publique se fonde sur la notion floue de prévention de troubles à l'ordre public et constitue « *un jeu complexe d'interventions sur des scènes très diverses dont les paramètres sont multiples et parfois difficilement maîtrisables* »[14]. Dès lors, l'imprécision inhérente au terme d'ordre public « *ne doit pas être exploitée pour justifier l'interdiction ou [la gestion violente des manifestations]* »[15].

Pour la Cour européenne des droits de l'homme (CEDH), « *lorsqu'un individu se trouve privé de sa liberté ou, plus généralement, se trouve confronté à des agents des forces de l'ordre, l'utilisation à son égard de la force physique alors qu'elle n'est pas rendue nécessaire par son comportement porte atteinte à la dignité humaine et constitue, en principe, une violation du droit garanti par l'article 3 de la Convention européenne des droits de l'homme portant sur la torture et les traitements cruels, inhumains ou dégradants* »., l'article qui interdit la torture et les traitements cruels, inhumains ou dégradants. La Cour a également constaté à plusieurs reprises des traitements inhumains ou dégradants dans des affaires où la force avait été utilisée de manière inutile ou excessive dans le cadre de manifestations[16].

Il faut rappeler que dans le contexte guinéen, les multiples atteintes à l'intégrité physique de la personne humaine émanent à la fois de l'ignorance ou du mépris des règles par certains agents des forces de l'ordre (A) et doivent être pour cela corrigées afin de donner un sens au respect de l'intégrité physique des personnes (B).

A. Par l'ignorance ou le mépris des règles d'encadrement et de manifestations des acteurs

Dans un premier temps, certains agents illettrés (surtout dans la police), ignorent clairement le contenu des règles relatives à la gestion des opérations de maintien d'ordre. Ce qui a pour effet immédiat, soit

---

[14] Cité par ACAT France, *Maintien de l'ordre : à quel prix*, 2020, p. 11.

[15] *Ibid.,*

[16] CEDH, *R. L. et M. J. D. contre France*, 19 mai 2004, §61. Cité par le rapport ACAT, op. cit. p. 10.

l'usage des armes non conventionnelles dans le maintien d'ordre soit l'usage disproportionné des armes conventionnelles.

Dans ces conditions, non seulement les manifestants sont violemment réprimés, mais aussi les personnes arrêtées sont torturées pour la recherche d'aveux et de renseignements.

En faisant une rétrospective de ces atteintes à la vie et à l'intégrité physique des personnes depuis 2010, le tableau funeste est effroyable. Ainsi : « Entre 2019 et 2021, au moins 66 personnes avaient déjà été tuées principalement lors de rassemblements d'opposition au projet de réforme de La Constitution initié par le président Alpha Condé pour briguer un troisième mandat, d'après un rapport d'Amnesty International »[17]. Mais selon le Front National pour la Défense de la Constitution (FNDC) en 2021, le nombre de victimes pour la même époque s'élevait à 92 personnes tuées et des centaines de blessés, un chiffre que le Ministre de la sécurité d'alors M. Albert Damantang CAMARA mettra en doute lors d'un entretien avec les médias.

Pour Mme Samira Daoud, directrice régionale Amnesty International Afrique de l'ouest et du centre, l'usage excessif de la force débouchant sur des cas de morts n'a pas cessé même après le départ d'Alpha Condé du pouvoir. Elle ajoute aussi que : *« Depuis septembre 2021, sous la transition du Comité National pour le Rassemblement et le Développement (CNRD), ce sont au moins 47 personnes qui ont été tuées selon notre décompte. Et un plus grand nombre encore de personnes qui ont été blessés toujours par les mêmes corps au cours des manifestations en faveur soit du retour à l'ordre constitutionnel ou pour demander le respect des droits humains. Sur les 47 personnes tuées, 75 % d'entre eux ont moins de 25 ans et 40 % ont été des mineurs de moins de 18 ans. Les blessés ont été victimes principalement de tirs d'armes à feu et dans une moindre mesure de cartouche de gaz lacrymogène. Certaines personnes ont été percutées par des véhicules des forces de défense et de sécurité ». Elle précise toutefois que* ces chiffres émanent des enquêtes de terrain menées principalement dans la commune de Ratoma. Elle dit avoir sollicité plusieurs fois des autorités guinéennes un droit de réponse aux principales conclusions de son rapport, mais sans succès.

---

[17] VOA, « La contestation contre le 3e mandat a fait 90 morts, selon l'opposition guinéenne », *VOA* du 12 octobre 2020, Consultable le 12/09/2024. Le lien : https://www.voaafrique.com/a/contestation-en-guin%C3%A9e-90-morts-selon-l-opposition-le-gouvernement-conteste/5618658.html

Quant à l'ONG Human Rights Watch (HRW), elle « s'inquiète, dans un nouveau rapport, de la situation des droits humains sous la junte CNRD en Guinée. Si l'ONG salue l'organisation du procès du massacre du 28 septembre 2009, un progrès important pour la justice dans le pays, elle dénonce les disparitions forcées des deux acteurs de la société civile, Foniké Menguè et Mamadou Billo Bah, ainsi que la répression des médias et des journalistes. HRW apporte, surtout, des précisions sur les circonstances de la mort de manifestants en 2024 »[18].

Loin d'être une particularité guinéenne, le constat des atteintes à l'intégrité physique de la personne humaine est presque identique dans la majorité des États de la CEDEAO. Même le Sénégal qui fut longtemps réputé comme la vitrine de la démocratie en Afrique de l'Ouest, « perd de plus en plus son lustre, à cause des bavures répétitives des forces de défense et de sécurité »[19]. Pour le groupe de média sénégalais **En Quête**, « l'image du pays a sérieusement été écornée, avec la mort de l'étudiant Mouhamadou Fallou Sène tombé au front, alors qu'il ne demandait, avec ses pairs, que le paiement de leurs bourses. Mais La liste n'est pas exhaustive, les bavures sous nos cieux semblent s'ériger en règle. Et il serait de mauvais aloi de vouloir l'imputer au seul régime du président Makcy Sall. Le mal est beaucoup plus profond. Il a su transcender les temps. À chaque régime son lot de ''massacres''. Et toujours, c'est la population qui en paie le lourd tribut. Sous Wade, plusieurs cas de bavures policières ont été décelés. Les plus célèbres resteront sans doute la mort de Mamadou Diop, les morts survenus à Fanaye (Podor), Sina Sidibé à Kédougou, Malick Ba à Sangalkam, Balla Gaye à l'Université Cheikc Anta Diop, pour ne citer que celles-là »[20]. D'autres ont trouvé la mort, pas sur les champs d'opérations, mais plutôt en détention.

À s'en tenir aux discours et des plaintes des civils en général et des partis politiques en particulier, nous avons l'impression que les agents des forces de sécurité et de défense sont les seuls acteurs des violences

---

[18] RFI, « Guinée : HRW documente la mort de manifestants en 2024 dans un rapport », RFI, 07/12/2024, consulté le 10/11/2024, sur le lien : https://www.rfi.fr/fr/afrique/20241207-guin%C3%A9e-hrw-documente-la-mort-de-manifestants-en-2024-dans-un-rapport

[19] En Quête, « Maintien de l'ordre au Sénégal : les limites de la répression », *la vie sénégalaise*, du 19, Mai 2018, Consulté le 10/11/2024, consultable sur le lien : https://laviesenegalaise.com/maintien-de-lordre-au-senegal-les-limites-de-la-repression/

[20] *Ibid.*,

portant atteinte à l'intégrité physique des personnes humaines en Guinée, ou parfois ailleurs aussi. Mais à analyser l'évolution récente des violences dans le pays, nous constatons clairement que ces agents de l'État sont également victimes des menaces, des intimidations, des agressions verbales et physiques de la part des civils déchaînés. Il arrive parfois, bien que rare, que les forces de maintien d'ordre soient pris à parti entrainant ainsi des blessés graves et des morts dans leur rang. Par exemple, le jeudi 18 novembre 2018, « un policier a été tué... après avoir été "copieusement bastonné" par des jeunes de Wanidara, un fief de l'opposition dans la banlieue de Conakry, d'après le directeur régional de la police de la capitale guinéenne, Boubacar Kassé. Il a ajouté que le brigadier-chef Bakary Camara a été blessé par des jeunes qui lui ont administré des sévices corporels graves, qui ne lui ont laissé aucune chance de vie »[21].

Lors d'une autre manifestation le 21 octobre 2020 à Bambéto, un policier tombé du pick-up s'est fait rattraper et lyncher par les manifestants[22]. Dans le même mois d'octobre 2020, trois gendarmes et un militaire cortégeant un train minéralier avaient été lynchés par les manifestants à la T7 à Sonfonia/Conakry. Selon un décompte de l'AFP, fait à partir des chiffres officiels de la police nationale guinéenne, ce décès portait ainsi le nombre de policiers tués entre 2010 et 2018 à 13. Ce chiffre démontre toute la gravité des violences entre les forces de sécurité et les manifestants.

C'est pourquoi le Président des policiers sénégalais à la retraite, M. Cheikhna KEÏTA, en appelle à la compréhension et à la relecture de la notion de violences sous tous les angles du problème. Plutôt que de toujours s'en prendre aux forces de maintien d'ordre, il estime au contraire, qu'il faut parfois : « *se mettre du côté de ces agents. Dans ce genre de guérilla urbaine, tout peut arriver. C'est trop facile de rejeter la faute sur les forces de l'ordre. Quand un gendarme, esseulé, se retrouve entouré de manifestants qui menacent sa vie, qu'est-ce qu'il*

---

[21] AFP, « Un policier tué, cinq jours de deuil des opposants après la mort d'un 100e manifestant en Guinée », VOA Afrique, du 8 novembre 2018, consulté le 03/11/2024 sur le lien : https://www.voaafrique.com/a/un-policier-tu%c3%a9-5-jours-de-deuil-des-opposants-apr%c3%a8s-la-mort-d-un-100e-manifestant-en-guin%c3%a9e/4650429.html

[22] Guinée360, « Violences en Guinée : Mort d'un policier à Bambeto ce mercredi », Guinée360, 21 octobre, 2023, consulté le 20/11/2024. Consultable sur le lien : https://www.guinee360.com/21/10/2020/violences-en-guinee-mort-dun-policier-a-bambeto-ce-mercredi/

fait ? Vous voulez qu'il y laisse sa vie ? Je pense que personne ne souhaite la mort d'un individu. [Et il souhaite pour cela] que chacun revienne à la raison. Bien que cet ancien officier de la police conseille des stratégies à adopter à ces confrères encore en activité], il regrette toutefois, le manque de soutien et de mauvaise compréhension de la population. Pour lui, « quand un élément est en difficulté sur le théâtre des opérations… Il doit faire ce qu'on appelle un repli stratégique. Moi, je dis qu'il faut fuir, si c'est possible. Mais là également, il y a problème. Nous sommes tous témoins de ce qui est arrivé à Fodé Ndiaye, lors des manifestations en 2012. Il avait une arme, mais ne l'a pas utilisée. Il a voulu se sauver. Quand il est entré dans une maison pour demander de l'aide, on l'a chassé et livré à la foule. Et personne n'en parle »[23].

Ces sentiments anti-flics ou la haine de la police vont au-delà même de la sous-région ouest africaine. En France par exemple, « les violences à l'égard des fonctionnaires de police ou de la gendarmerie deviennent, non plus l'exception, mais la norme. La haine anti-flics chez une certaine catégorie de la population est devenue systémique. On observe aussi des actes de plus en plus hostiles à l'égard des forces de l'ordre lors d'opérations de sécurité routière ou encore au cours de missions de maintien de l'ordre : le plus banal des contrôles peut se transformer en cauchemar. Entre 2009 et 2019, les chiffres du ministère de l'intérieur augmentent d'environ 40 % et passent de 26 721 agressions à 37 431 par an. Depuis 2000, ces chiffres ont doublé. Ce sont près de 85 actes de violence contre des agents qui sont recensés chaque jour, pour la seule police nationale. Le constat est dramatique, mais surtout très inquiétant pour les mois et années à venir. Non seulement ces atteintes à l'intégrité des forces de l'ordre sont de plus en plus nombreuses, mais elles sont également d'une violence inédite. En 2020, selon le ministère de l'intérieur, 8719 policiers et gendarmes ont été blessés en service et 11 ont été tués »[24]. D'après un bilan de la Direction générale de la police nationale française, « en moyenne, 23 membres des forces de l'ordre ont été agressés chaque jour en France

---

23 En Quete, « Maintien de l'ordre au Sénégal : les limites de la répression », *la vie sénégalaise*, du 19, Mai 2018, Consulté le 10/11/2024, consultable sur le lien : https://laviesenegalaise.com/maintien-de-lordre-au-senegal-les-limites-de-la-repression/

24 Stéphane RAVIER, « Hausse ininterrompue des violences envers les forces de l'ordre », JO Sénat du 20/05/2021, Question écrite n°22983 - 15e législature, Consulté le 10/11/2024. Consultable sur le lien : https://www.senat.fr/questions/base/2021/qSEQ210522983.html

entre janvier et fin juillet 2024. Ce rapport, publié par *Le Figaro*, révèle qu'au cours de cette période, 2 652 policiers ont été blessés lors d'agressions physiques en service, un chiffre en hausse de 88 % sur les dix dernières années. Du côté des gendarmes, 2 300 ont été blessés en mission, soit une augmentation de 20 % par rapport à l'année précédente. Pire, le rapport pointe une augmentation de 183 % des agressions armées contre les gendarmes en dix ans.

En plus des agressions directes, les interventions des forces de l'ordre sont devenues de plus en plus périlleuses. Entre les refus d'obtempérer et les guet-apens lors des opérations, ces données témoignent d'une violence croissante qui marque désormais le quotidien des forces de sécurité, rendant leurs missions de plus en plus dangereuses »[25].

Face à une telle explosion de violences aux conséquences imprévisibles sur l'intégrité physique des personnes impliquées, il est nécessaire de revoir les formes de manifestation et de maintien de l'ordre public.

B. La nécessaire réforme des règles, la sensibilisation et la formation des acteurs

Traditionnellement considérés comme des remparts contre la délinquance, les casses, les violences ou d'autres troubles graves, les forces de sécurité et de défense jouent un rôle essentiel dans le maintien de la sécurité et de la stabilité de l'État. C'est surtout le meilleur moyen pour les citoyens de jouir pleinement de leur liberté et d'échapper à toute forme d'atteinte physique. Mais ce rôle n'est pas toujours connu et respecté par les différents acteurs, il convient d'apporter un certain nombre de réformes. Car, « Si au fil des années, les missions de maintien et de rétablissement de l'ordre sont en perpétuelle évolution, elles n'en restent pas moins toujours effectuées sous l'égide de trois principes cardinaux, qui régissent l'emploi de la force : l'absolue nécessité, la proportionnalité et la gradation. Car le but ultime d'une

---

[25] LA REDACTION, « Violences contre les forces de l'ordre : une escalade alarmante », *l'essor de la sécurité*, consulté le 08/11/2024, consultable sur le lien : https://lessordelasecurite.org/violences-contre-les-forces-de-lordre-une-escalade-alarmante/

manœuvre de rétablissement de l'ordre est de ne pas générer un trouble plus grand que celui qui est traité »[26].

Pour rendre cette approche accessible à tous, la réforme doit commencer par la précision du sens des textes et la formation des agents de maintien (1) et la sensibilisation de la population sans oublier la promotion de la justice pour sévir les atteintes (2).

1. L'urgence de réformes et l'impératif de justice

La réforme concerne essentiellement le domaine textuel (a), mais aussi les moyens et techniques d'opération des agents sur le terrain (b).

a) La réforme des textes législatifs, des moyens et des techniques d'opérations

Les textes, notamment la loi L/2015/009/AN portant maintien de l'ordre public en République de Guinée, doivent être plus clairs quant à la définition des notions et des types d'armes à employer lors des opérations de maintien d'ordre. Ce manque de clarté entraîne souvent une interprétation et une application diverse des dispositions législatives et réglementaires, d'où les causes des graves atteintes à l'intégrité physique des personnes.

En plus de la révision des textes, il faut aussi renforcer obligatoirement les moyens et les techniques d'intervention des agents. L'adoption de la mission à l'évolution des violences ou manifestations, surtout en terme de stratégies et d'utilisation proportionnée des armes conventionnelles dans le cadre du maintien d'ordre.

*Pour le journaliste sénégalais Pape Sané, spécialiste des questions de sécurité, « le terme ''**maintien de l'ordre**'' a tendance à disparaître. La tendance, c'est le concept ''**gestion des foules**'', car maintien de l'ordre est un terme fourre-tout... L'intervention des forces de l'ordre est très normée. Il est recommandé de recourir d'abord à la médiation. Ensuite, il faut utiliser un mégaphone pour avertir les gens. Dans le cas où il est incontournable d'user de la force, il faut mettre en place un barrage. A défaut de barrage, on doit utiliser des moyens adaptés pour disperser les foules. Une arme assourdissante comme la bombe lacrymogène, par exemple... ''. Le journaliste estime également que ces bavures surviennent parce que ''Soit les éléments sont dépassés sur le*

---

[26] Pablo AGNAN, « Le maintien de l'ordre : un dogme ''made in'' gendarmerie », *Ministère de l'intérieur*, publié le 29 décembre 2021. Consulté le 2/12/2024. URL : https://www.gendarmerie.interieur.gouv.fr/gendinfo/dossiers/la-gm-d-hier-et-de-demain/le-maintien-de-l-ordre-un-dogme-made-in-gendarmerie

théâtre des opérations, soit ils s'en fichent des règles. A cause de l'impunité, ils peuvent se croire tout permis. Mais, pour moi, le problème c'est au niveau de l'encadrement »[27].

Ceci étant, une fois que ces dispositions sont prises, notamment la révion complète et claire des textes, la dotation en moyens et techniques d'intervention, toute personne qui se rendrait coupable d'une atteinte à l'intégrité physique d'un civil ou d'agent de sécurité, devra répondre de ses actes devant la justice.

b) L'impératif de justice

Tout comme les civils, tout « officier de police judiciaire qui dirige l'opération doit être le premier à se conformer à la législation en vigueur. En cas de violation, il faut sanctionner ».[28]

Malgré la méfiance récurrente des citoyens envers la justice qu'ils considèrent parfois corrompue et inféodée au pouvoir politique, donc incapable de sanctionner les agents des forces de sécurité pour atteinte à l'intégrité physique des personnes, il y a eu néanmoins quelques progrès judiciaires ces trois dernières années. Ces progrès ont connu à la fois la condamnation des civils, auteurs des violences physiques, mais surtout la condamnation des agents des forces de sécurité.

Le plus retentissant de ces procès à succès fut le procès des massacres du 28 septembre 2009 à Conakry par le tribunal criminel de Dixinn. Ce procès a permis de condamner les anciens cadres de la junte militaire d'alors pour leur participation respective au massacre qui avait fait au moins 150 morts avec des centaines de cas d'atteintes corporelles avec des conséquences parfois irréversibles.

De même, le 25 janvier 2021, le même tribunal avait mené le procès des 13 personnes accusées du meurtre de l'agent de police Brigadier-chef Bakary CAMARA, tué par les manifestants en novembre 2018 à Wanidara/Conakry. Mais le verdict ayant conclu à l'acquittement des 7 mis en cause présents, ce fut une véritable déception pour la famille du policier, qui « espérait enfin connaître l'identité de ceux qui ont ôté la vie à leur fils. Hélas ! »[29] Toutefois, le tribunal a condamné par défaut les 6 autres accusés en fuite à 30 ans de réclusion criminelle.

---

[27] EnQuete, « Maintien de l'ordre au Sénégal : les limites de la répression », *la vie sénégalaise*, du 19, Mai 2018, Consulté le 10/11/2024, consultable sur le lien : https://laviesenegalaise.com/maintien-de-lordre-au-senegal-les-limites-de-la-repression/

[28] *Ibid.*,

[29] Saïdou Hady DIALLO, « Meurtre du policier Bakary Camara à Wanindara (Conakry) : 6 des 13 accusés condamnés à 30 ans de prison ! », guineematin.com,

En 2022, le tribunal de Dixinn avait également interpellé quatre policiers et un gendarme dans le cadre du procès de l'assassinant du jeune Thierno Mamadou Diallo, 19 ans, tué par balle lors de heurts entre forces de sécurité et manifestants en juin 2022. Si quatre des personnes avaient simplement été placées sous contrôle judiciaire, le cinquième quant à lui, « le nommé adjudant-chef Moriba Camara a été inculpé et placé sous mandat de dépôt pour des faits présumés de meurtre sur la personne de Thierno Mamadou Diallo »[30]. Pour certains observateurs, « ces mises en cause, le fait qu'elles soient rendues publiques et la divulgation des identités des cinq suspects sont exceptionnels dans un pays dont les forces de gendarmerie et de police sont de longue date montrées du doigt par les défenseurs des droits pour leur usage excessif de la force et l'impunité dont elles bénéficient de la part des autorités »[31].

Si voulons véritablement assurer le maintien de l'ordre public en contenant professionnellement les violences, les forces de l'ordre devraient faire bon usage des armes, mêmes celles conventionnelles. Les civils également devraient manifester ou jouir de leurs libertés dans le respect de l'ordre public. Dans les cas où, il y a des dérapages, que les auteurs des violences disproportionnées ou injustifiées, qu'ils soient civils ou agents de l'ordre public soient traduits devant les tribunaux. En aucun cas, un pouvoir public ne doit occulter la justice dans le fonctionnement des forces de maintien d'ordre. Pour mettre à l'abri des agents responsables de certaines bavures, il peut arriver que les décrets ou lois soient pris à cette fin. Mais de telles lois ou dispositions sont à abrogées si l'on souhaite maintenir l'harmonie entre les civils et leurs frères d'armes. Ce fut le cas au Sénégal sous Macky SALL, où la loi d'amnistie votée par les députés d'alors avait fait l'objet de vives critiques de la part d'un « collectif réunissant des journalistes, des cartographes et des scientifiques des données [qui avait] établi qu'au moins 65 personnes ont perdu la vie lors des violences politiques survenues entre février 2021 et février 2024 au Sénégal. Parmi elles, 51

---

consulté le 11/10/2024 sur le lien : https://guineematin.com/2021/01/27/meurtre-du-policier-bakary-camara-a-wanindara-conakry-6-des-13-accuses-condamnes-a-30-ans-de-prison/

[30] Africanews, « Guinée : un policier écroué pour la mort d'un jeune tué par balle », Africanews-AFP, du 14 juin 2022. Consulté le 20/11/2024 et consultable sur le lien : https://fr.africanews.com/2022/06/14/guinee-un-policier-ecroue-pour-la-mort-d-un-jeune-tue-par-balle/

[31] *Ibid.*,

ont été tuées par balle »[32]. C'est pourquoi que l'Amnesty International avait appelé à l'annulation de la loi d'amnistie et à la justice pour les victimes des manifestations de 2021 à 2024 au Sénégal.

2. Par la sensibilisation et la formation des acteurs

Les manifestations ainsi que les missions de maintien de l'ordre public par les agents des forces de défense et de sécurité doivent devraient toujours être précédés, selon les contextes, par des actions de sensibilisation (a) et de formation (b) sur le rôle des agents de sécurité et les limites de la liberté de manifester des citoyens.

a) La sensibilisation de la population sur le rôle des agents et les limites de la liberté de manifester

Face au climat politique qui prévaut actuellement au pays, les partis politiques, les Organisations de la société civile et les familles doivent sensibiliser leurs membres ou proches sur les conséquences des manifestations non pacifiques. L'État doit également participer à cette sensibilisation du public dans les langues nationales surtout qu'il dispose désormais le monopole des médias et de l'information dans le pays.

De part et d'autre, la lutte contre les discours de haine et les actes d'incitation à la violence au sein des forces de sécurité et des communautés doit prendre le dessus sur les ordres illicites et les propagandes politiques.

— Au sein des forces de sécurité, la hiérarchie doit faire passer le message de paix et de tolérance. Un message par lequel les frères en treillis doivent qu'ils sont-là pour la population et non contre la population, qu'ils sont payés et entretenus aux frais de cette même population. Alors, les moments d'incompréhension et mécontentement d'une partie de cette population ne se transforme pas en guérilla où l'on se croirait tout permis en terme de répression, car toute action attente à la vie ou à l'intégrité physique des personnes débouche nécessairement sur des sanctions judiciaires. Cela veut dire qu'ils doivent toujours à garder à l'esprit le principe de proportionnalité tout au long de leurs opérations. Loin d'être une adversité entre civils et forces de sécurité, c'est plutôt une question de responsabilité pour les uns et les autres.

---

[32] Africanews, « Sénégal : vers une abrogation de l'amnistie pour les violences politiques ? », africanews.com, du 6 mars 2025, Consulté le 11/03/2025. Consultable sur le lien : https://fr.africanews.com/2025/03/06/senegal-vers-une-abrogation-de lamnistie-pour-les-violences-politiques//

Car, malgré quelques bavures sécuritaires parfois, au final les deux groupes composent la même société. Cette réalité est résumée dans la plaidoirie émouvante du Président des policiers sénégalais à la retraite en ces termes : « [quelques bavures, oui, mais] je pense que cela peut être dû au fait que ce sont généralement de jeunes officiers qui sont à la commande de certaines opérations délicates. Ils sont de la même génération que les manifestants. Il y a donc la fougue, le tempérament, et tout ça peut exacerber la tension entre manifestants et forces de l'ordre. Mais le plus important est de savoir que nous ne sommes pas des ennemis, mais des partenaires. Pendant que tout le monde dort, nous laissons femmes et enfants pour veiller sur leur sécurité. Aussi, demeurons-nous les fonctionnaires les plus pauvres. Moi qui vous parle, j'ai servi mon pays partout. Aujourd'hui, je suis à la retraite et à la fin du mois, je perçois moins de 100 000 F. Et pourtant, on ne grogne pas »[33].

— Au sein de la population, l'accent doit particulièrement être mis sur le rôle positif des agents de maintien de l'ordre public, un ordre public qui n'est garanti que dans l'intérêt de ces mêmes populations. Il faut enseigner la culture de l'ordre et de la paix, la culture de collaboration et de tolérance envers les forces de sécurité dont le principal rôle est normalement de garantir un climat où les libertés individuelles et collectives peuvent s'exercer sans entraves. Un tel environnement favorise la cohésion sociale, renforce l'espace civique et les mécanismes indépendants de protection des droits de l'homme.

Cette sensibilisation est si importante, qu'elle serait encore plus efficace si elle était couplée des formations des acteurs concernés.

b) La formation des agents de maintien de l'ordre

La formation est l'occasion pour les agents des forces de sécurité d'adapter leurs compréhensions et leurs techniques à la gestion des foules, autrement dit au maintien d'ordre dans le contexte actuel, mouvant et violent.

Loin d'être une formation occasionnelle, l'initiative doit intégrer de manière permanente et obligatoire, des modules de qualité portant sur les nouvelles tendances du maintien d'ordre, (actuellement qualifié de gestion des foules ailleurs) dans les écoles nationales de police, des forces armées, de la garde nationale et de la gendarmerie, tant pour la formation initiale que spécialisée.

---

[33] En Quête, op. cit.,

Ce processus doit consister dans un premier temps, à assurer une formation initiale destinée aux jeunes recrues et dans second temps à maintenir un programme de « formation spécialisée s'adressant aux professionnels déjà en fonction »[34]. La méthodologie de mise en œuvre de ces formations doivent « reposer sur une approche participative et inclusive de tous les acteurs »[35].

Les autorités mêmes en sont conscients, car : « Cette dynamique a pour objectif de renforcer les acquis des structures nationales en charge de la sécurité et de mettre la dimension humaine au centre des préoccupations de développement ». Tout en demeurant reconnaissant vis-à-vis du PNUD pour le financement des formations des agents des forces de défense et de sécurité, le Ministre Dr Mohamed DIANE affirmera en 2019 lors d'une rencontre avec le représentant-pays de PNUD, que la Guinée s'engage désormais « à consolider les acquis de [ces formations] par diverses actions, notamment : le renforcement du dialogue civilo-militaire, la prévention contre le terrorisme et l'extrémisme violent ; l'amélioration de la chaine pénale ; la modernisation de la police technique et scientifique ; l'intégration des innovations dans les missions des forces de défense et de sécurité ; le renforcement des capacités de la protection civile ; la prise en charge de toutes les phases des crises et catastrophes ainsi que la prise en compte de la dimension genre »[36].

Comme la finalité de cette politique « vise à renforcer les capacités humaines des forces de défense et de sécurité par la formation et la mise à niveau du personnel », cela demande alors une implication réelle de la hiérarchie, notamment par la mise en place des programmes ou des sessions

---

[34] **Bureau international des droits des enfants,** « Programme de formation aux droits de l'enfant au sein des institutions nationales de formation des forces de défense et de sécurité au Niger », *IBCR.ORG*, 2011, Consulté le 08/12/2024, URL : https://www.ibcr.org/fr/projets/programme-de-formation-aux-droits-de-lenfant-au-sein-des-institutions-nationales-de-formation-des-forces-de-defense-et-de-securite-au-niger/

[35] Mamadou Saliou DIALLO, « et de Sécurité (FDS) en gestion des crises et catastrophes et offre un lot de kits sanitaires dans le cadre de la riposte contre la pandémie COVID-19 en Guinée », *Relief web*, Consulté le 05/06/2024, URL : https://reliefweb.int/report/guinea/le-pnud-appuie-la-formation-et-la-sensibilisation-des-forces-de-d-fense-et-de-s-curit

[36] Guinée7, « Deuxième génération de la Réforme du secteur de sécurité : Le ministre de la Défense s'entretient avec le Représentant du PNUD », Guinee7.com, du 9 mai 2021, Consulté le 3/10/2024, URL : https://www.guinee7.com/2021/05/09/deuxieme-generation-de-la-reforme-du-secteur-de-securite-le-ministre-de-la-defense-sentretient-avec-le-representant-du-pnud/

de formation dans les écoles nationales de la police, de la gendarmerie et de l'armée. C'est justement dans ce cadre qu'une « trentaine de soldats du groupement des forces spéciales a reçu une formation sur l'aguerrissement commando, organisée par le détachement d'appui opérationnel commando des éléments français au Sénégal (EFS) en 2018 à Kindia. Tout comme à l'école nationale de la police de Kagbélen (Grand Conakry), 72 policiers reçurent une formation en 2018 sur les cours de droit pénal, de procédure pénale et en procédures de garde à vue ».

Tel un père de famille et son enfant, les forces de sécurité doivent veiller sur la sûreté et la tranquillité de la population, mais cela ne veut nullement signifier que lorsque la population est parfois en excès de colère qu'elle ne doive être contrôlée ou sanctionnée de façon proportionnelle. Une façon qui s'apprend nécessairement par la formation et dans le plus grand intérêt de toutes les parties.

Conclusion

Au final, le maintien de l'ordre public et l'exercice de la liberté avec le respect de l'intégrité physique à l'appui, ne semblent pas être des préoccupations divergentes en perpétuelles velléités, mais des soucis convergents visant la même finalité, celle du maintien des conditions d'exercice des libertés individuelles. Le plus important ici est de trouver les justes limites pour pouvoir concilier les deux notions. Mais la conciliation entre l'ordre et la liberté n'est pas un problème récent, le député républicain Fresneau, s'y était déjà opposé depuis 1921. Voici ce qu'il déclarait à cette occasion : « Si l'on a présenté... ces droits de l'État et ces droits de l'individu, a-t-on fait quelque chose de bien remarquable, de bien utile au peuple... ? On a tout simplement posé un problème, l'éternel problème de la conciliation du droit de l'individu avec le droit de la société, de la conciliation de l'ordre avec la liberté »[37].

De ce qui précède, la limite entre le respect de l'intégrité physique de la personne humaine et le souci de maintenir la paix et la sécurité de la société, demeure très sensible au point que chaque partie, manifestants et forces de l'ordre, doit agir avec retenue et dans le respect de la loi. Que les manifestants sachent que les forces de l'ordre

[37] Propos rapportés par le Pr. François LUCHA1RE Naissance d'une constitution : 1848, p. 55 - Fayard, 1998. Cité par Pierre Mazeaud, « Libertés et ordre public », *Conseil constitutionnel*, 2003, consulté le 14/10/2024. URL: https://www.conseil-constitutionnel.fr/les-membres/libertes-et-ordre-public

ne maintiennent l'ordre que dans leur propre intérêt. Que les forces de l'ordre aussi sachent que la défense de la société l'emporte sur la défense d'un régime ou du pouvoir d'un seul homme. Cela n'est pas un choix personnel, ni une faveur, mais plutôt le respect de la loi, car c'est elle fixe les limites de toute action. En tout cas, c'est ce qu'a reconnu le Conseil Constitutionnel français dans l'un de ces Arrêts de 2003 en ces termes : « Il appartient au législateur d'opérer la conciliation nécessaire entre le respect des libertés et la sauvegarde de l'ordre public sans lequel l'exercice des libertés ne saurait être assuré. [Autrement dit], il appartient au législateur d'assurer la conciliation entre, d'une part, la prévention des atteintes à l'ordre public et la recherche des auteurs d'infractions, toutes deux nécessaires à la sauvegarde de droits et de principes de valeur constitutionnelle, et, d'autre part, l'exercice des libertés constitutionnellement garanties, au nombre desquelles figurent le respect de la vie privée »[38].

Malheureusement le législateur guinéen, et avec le climat politique qui prévaut actuellement dans le pays, ne semble pas oser et/ou pouvoir concilier les opérations de disparitions forcées et/ou exécutions extra-judiciaires de la junte militaire et le respect de l'intégrité physique des opinions dissidentes. Mais peut être que le sursaut patriotique des agents finira par emporter sur les envies politiques personnelles, le tout assurant aux citoyens une meilleure protection de leur vie et de leur corps.

---

[38]Propos rapportés par le Pr. François LUCHA1RE Naissance d'une constitution : 1848, p. 55 - Fayard, 1998. Cité par Pierre Mazeaud, « Libertés et ordre public », *Conseil constitutionnel*, 2003, consulté le 14/10/2024. URL: https://www.conseil-constitutionnel.fr/les-membres/libertes-et-ordre-public

DISCOURS DE CLÔTURE DU COLLOQUE

Dr Bana MARA
Doyen de la Faculté des sciences juridiques et politiques

Monsieur le Fondateur ;
Monsieur le Recteur ;
Chers invités et chers étudiants ;
Chers collègues intervenants ;
Mesdames et messieurs ;

Si ces deux jours se sont passés vite c'est qu'ils se sont déroulés dans le cadre d'une organisation sans faille et dans une atmosphère cordiale, amicale, si caractéristique de l'hospitalité dans laquelle nous avons baigné les cinq sens éblouis.

Nous voici au terme de ces deux journées de travaux. Je ne voudrais pas ajouter un discours trop long aux brillantes interventions des collègues et à la remarquable synthèse des communications de Monsieur le Rapporteur.

Je souhaite simplement remercier, au nom de toute la communauté universitaire de Kofi ANNAN de Guinée, tous les participants ici réunis pour la qualité de leur réflexion et surtout pour leur disponibilité malgré la distance.

J'exprime particulièrement ma reconnaissance à Monsieur le Fondateur pour le financement sans réserve de ce colloque, à Monsieur le Recteur pour son adhésion et son orientation pour la réussite de ces travaux, à mon cher ami et collègue Dr Sadou DIALLO pour son implication et sa patience, sans lesquelles ce colloque ne saurait connaître une telle réussite.

Permettez-moi, enfin, d'adresser mes vifs remerciements à la commission d'accueil, composée des étudiantes et étudiants de la Faculté des sciences juridiques et politiques, qui ont donné à cet événement tout son éclat.

Au cours de ces deux journées de travaux, nous avons passé en revue, et de manière très modeste, les grandes problématiques liées à la protection des droits fondamentaux dans notre maison commune, qu'est l'espace de la CEDEAO.

Certains ont parlé de l'effectivité de ces droits devant les juridictions constitutionnelles qui devraient, de par leurs décisions, garantir les droits économiques des citoyens. Une question de protection qui a également été abordée pour mettre en lumière le traitement différencié des travailleurs communautaires dans les différents pays de la CEDEAO.

D'autres ont plutôt mis en avant, d'une part les mérites de certaines cours constitutionnelles qui se sont taillé une place particulière dans la protection des droits fondamentaux, et nous nous en félicitons, et d'autre part, comment d'autres juridictions constitutionnelles cherchent encore leur envol tout en s'inspirant du juge constitutionnel béninois ou sénégalais afin que la protection de ces droits fondamentaux soit une réalité.

Il a également été scruté aussi comment peut-on concilier la problématique du maintien de l'ordre public et le souci de protection de l'intégrité physique de la personne humaine dans nos États, surtout ceux en transition. À ce niveau nous avons constaté, un réel recul, même si notre collègue, Dr Salif CISSE a tenté de nous rassurer du côté malien. Les communications ont montré que les manifestations et les voix dissidentes sont très souvent réprimées mettant ainsi en péril l'intégrité physique des personnes concernées.

Par ailleurs, notre collègue sociologue Dr DIALLO nous a montré jusqu'où, nous juristes, étions néophytes ou avions un jugement erroné sur la relation entre la sociologie et les droits de l'homme. En revisitant les résultats de ses enquêtes sur notre problématique, il a démontré que les forces de défense et de sécurité, ainsi que les citoyens, peuvent tous participer à la violation des droits humains à travers les violences. Des violences que ces acteurs, chacun en ce qui le concerne, légitiment par les « comportements violents » des parties adverses.

Vous l'avez compris, ce colloque a été l'occasion de revisiter ou d'évaluer le niveau de protection des droits fondamentaux dans l'espace CEDEAO. Il a surtout été montré que les constats ne sont pas si amers partout. Mais les intervenants ont toutefois souhaité qu'il fallait désormais tourner les réflexions vers la recherche de solutions ou de propositions beaucoup plus novatrices et courageuses pour une meilleure protection de nos droits fondamentaux.

Je voudrais terminer mon intervention par le souhait que les recommandations issues de ces travaux, très abondants, puissent contribuer significativement à la consolidation des politiques et des mécanismes de promotion et de protection des droits fondamentaux dans nos pays respectifs. Nos pays se retrouvent aujourd'hui à un tournant décisif de leur histoire. Une histoire marquée considérablement par un bouleversement de la géopolitique mondiale dont l'Afrique occupe désormais l'épicentre, à cause de ses ressources naturelles et de ses nouveaux choix de partenaires.

Je termine par exprimer mes sincères remerciements à tous ceux qui ont contribué de près ou de loin, notamment en matière de financement, de logistique, d'accueil, au succès de ce premier colloque international de notre Faculté depuis sa création en 1999.

Que chacune et chacun d'entre vous, Mesdames et Messieurs qui avez répondu à notre invitation pour assister à cet événement scientifique, trouvent ici l'expression de notre gratitude.

Nos amis étrangers sont venus parfois de très loin et ont dû repousser d'autres contraintes, pour pouvoir participer à ce colloque. Qu'ils trouvent ici l'expression de ma reconnaissance.

Je vous remercie de votre écoute.

Colloque international à l'Université Kofi Annan de Guinée

Rapport des communications

<u>Thème</u> : La protection des droits fondamentaux dans l'espace CEDEAO : État des lieux depuis 2010

Du mardi 10 au mercredi 11 décembre 2024, ont été présentées dans la salle « **Espace Malick CONDE** », des communications de colloque portant sur différentes thématiques de recherche.

Les séances de présentation des travaux des communications ont débuté à la suite des présentations des invités et des intervenants par **Dr Bana MARA** et **Dr Sadou DIALLO**. C'est ainsi qu'après, les mots d'ouverture du Colloque ont été prononcés par **Pr Mohamed Tayeb LASKRI**, Recteur de l'Université Kofi Annan de Guinée. Dans leurs allocutions, tous ont remercié les personnes ayant effectué le déplacement afin de prendre part à ce Colloque international. Ils ont particulièrement adressé leurs sincères remerciements aux intervenants extérieurs.

La séance de présentation des communications s'est déroulée en deux jours (**Du mardi 10 au mercredi 11 décembre 2024**).

Ont effectivement prononcé des communications :

✓ **Dr Sadou DIALLO**

Sujet de la communication : Les causes d'ineffectivité de la justiciabilité des droits sociaux devant le juge constitutionnel guinéen.

✓ **Pr Mamadou Falilou DIOP**

Sujet de la communication : La protection du droit à la vie dans les pays du Sahel affecté par le terrorisme.

✓ **Dr Walter Têtê FOLI KOUE**

Sujet de la communication : La justice constitutionnelle des droits de l'homme au Bénin.

✓ **Dr Mamadou Aliou DIALLO**

Sujet de la communication : Période d'incertitude politique : la revendication de la violence physique légitime face au respect des droits de l'Homme.

- ✓ **Dr Salif CISSE**

Sujet de la communication : État des lieux de la protection des droits fondamentaux sous l'ère de la transition actuelle au Mali : analyse au regard d'une approche politiste.

- ✓ **Dr Nfally CAMARA**

Sujet de la communication : La protection du droit des travailleurs migrants dans l'espace CEDEAO.

- ✓ **Dr Yabré Anselme SIEZA**

Sujet de la communication : La protection des droits fondamentaux au Burkina Faso.

- ✓ **Dr Bana MARA**

Sujet de la communication : La protection des droits fondamentaux civils en Guinée.

- ✓ **Dr Ibrahim MANDIANG**

Sujet de la communication : La protection des droits et libertés au Sénégal : analyse des mécanismes normatifs et institutionnels

- ✓ **Dr Abdoulaye SYLLA**

Sujet de la communication : La protection constitutionnelle de l'environnement en Guinée.

- ✓ **Dr Netton TAWA**

Sujet de la communication : La place des droits fondamentaux dans les politiques publiques d'embellissement du district autonome d'Abidjan.

- ✓ **Dr Badara Aly TOURE**

Sujet de la communication : Propos libres sur la protection du consommateur en droit guinéen.

PREMIERE JOURNEE DE COMMUNICATION

- ✓ **La première communication** du jour est l'œuvre du **Pr Mamadou Falilou DIOP** (09 heures et 50 minutes)

Dans son intervention, **Pr DIOP** a développé la question relative au respect des instruments juridiques internationaux destinés à protéger les droits de l'Homme.

Pr DIOP a ajouté que la protection des droits de l'homme n'est pas effective. Pour lui, c'est la population civile qui est victime de ces actes terroristes. Il avança que c'est difficile de lutter contre le terrorisme. Le communicant a rappelé que le droit à la vie n'est pas totalement respecté dans les pays du Sahel. Il prend exemple sur le Mali en informant que cet Etat est dans une situation sécuritaire très instable.

Pr DIOP pense qu'il est nécessaire de mener des réflexions sociologiques sur les actes terroristes. Selon lui, les limites de la protection des droits de l'homme résident dans le fait que ceux-ci ne sont pas respectés dans la pratique. Il précise que les textes qui encadrent les droits de l'homme existent en la matière.

La communication du **Pr Mamadou Falilou DIOP** a pris fin à 10 heures et 20 minutes.

✓ **La seconde communication** a été présentée par **Dr Bana MARA** (10 heures et 35 minutes)

De prime abord, **Dr MARA** commença par féliciter le communicant, **Pr DIOP** pour la qualité de sa communication. Il a ensuite remercié le fondateur, **Dr Ousmane KABA** pour son soutien inlassable à la réussite du présent colloque international, et a ensuite ajouté que **Dr KABA** est absent à ce colloque international suite à des raisons familiales. **Dr MARA** a enfin remercié tout le personnel de l'Université Kofi Annan de Guinée pour leur détermination sans oublier les participants extérieurs pour leur disponibilité.

Dans sa communication, **Dr Bana MARA** a validé l'idée que l'Etat a une obligation constitutionnelle. Cette phrase a été suivie de la définition des mots-clés du thème de sa communication qui sont les suivants : droits fondamentaux, ordre public, intégrité physique, personne humaine.

Dr Bana MARA a dégagé une problématique ayant débouché sur un plan binaire. Le communicant a développé les textes et moyens destinés à protéger les droits de l'homme. Il a fait mention de la charte africaine des droits de l'homme qui est destinée à protéger les droits de l'homme. Selon lui, ces textes fondent les champs de manœuvre de l'ordre public. Pour **Dr MARA**, certaines atteintes à la vie sont dues à plusieurs facteurs comme par exemple le manque de formation, etc.

Dr MARA ajoute de plus qu'une prise de conscience est nécessaire de la part des autorités et des manifestants. Le communicant a souhaité que les textes soient interprétés afin que ceux-ci soient rendus plus clairs. Il finit sa communication par dire que les manifestants doivent agir dans le cadre du respect de la loi. Il a rappelé que le maintien de l'ordre public est défini par les conditions prévues par la loi.

La communication de **Dr Bana MARA** a pris fin à 11 heures et 05 minutes.

✓ **La troisième communication** a été prononcée par **Dr Sadou DIALLO** (11 heures et 20 minutes)

D'entrée de jeu, **Dr DIALLO** a apporté un éclairage terminologique des concepts clés de sa communication comme par exemple : ineffectivité, justiciabilité. Ainsi, après certaines analyses, le communicant a dégagé une problématique avant d'annoncer le plan de son travail.

Selon **Dr DIALLO**, la méconnaissance des instruments juridiques contribue à certaines violations des droits fondamentaux. C'est dans ce contexte qu'il a développé le contenu de l'article 13 de la Constitution qui garantit les droits fondamentaux de la personne humaine. Pour lui, la justiciabilité des droits sociaux n'est pas encouragée par les autorités. **Dr DIALLO** pense que l'État est réticent face à la mise en œuvre des droits sociaux. Pour lui, l'État risque de supporter les charges liées à l'indemnisation du préjudice qu'il a causé.

En définitive, **Dr Sadou DIALLO** a mentionné qu'il y a une certaine ineffectivité due à plusieurs facteurs. Il ajouta qu'il n'y a pas une jurisprudence relative à la revendication des droits sociaux devant le juge constitutionnel guinéen.

La communication de **Dr Sadou DIALLO** a pris fin à 11 heures et 50 minutes.

✓ **La quatrième communication** a été présentée par **Dr Walter Têtê FOLI KOUE** (12 heures et 05 minutes)

Avant tout propos, **Dr KOUE** a salué toute l'équipe de l'Université Kofi Annan de Guinée suite à l'accueil chaleureux qui a été réservé aux communicants étrangers.

Au début de sa communication, **Dr KOUE** a mentionné les principes méthodologiques dégagés dans le cadre de l'élaboration de son travail. Il a donné une définition des concepts tels que : justice constitutionnelle et droits de l'homme.

Dans sa communication, **Dr KOUE** a fait mention de quelques avancées relatives au concept de justice constitutionnelle au Bénin sans oublier de rappeler quelques défis qui s'imposaient. Le communicant n'a pas manqué d'évoquer les fondements du droit constitutionnel et des droits de l'homme. Il a aussi souhaité le respect des normes relatives à la protection des droits de l'homme afin que l'on puisse réellement parler d'une justice équitable.

La communication de **Dr Walter Têtê FOLI KOUE** a pris fin à 12 heures et 35 minutes.

✓ **La cinquième communication** a été présentée par **Dr Mamadou Aliou DIALLO** (12 heures et 50 minutes)

Dr DIALLO a commencé sa communication tout en remerciant les organisateurs de ce colloque international qui s'est déroulé au sein de l'Université Kofi Annan de Guinée.

À l'entame de ses propos, **Dr DIALLO** a rappelé sa spécialité tout en précisant qu'il est sociologue. Il a ensuite fait mention de la méthodologie ayant conduit à l'élaboration de son travail.

Dans son exposé, **Dr DIALLO** a montré la nécessité du respect des droits de l'homme dans le cadre de la revendication de la violence physique légitime en période d'incertitude politique. Pour lui, même si une revendication est dite légitime, celle-ci doit se faire dans le cadre du respect des droits fondamentaux. Il a ajouté que généralement, nous avons tendance à assister à des abus de la part de certains acteurs.

Dr DIALLO pense que toutes les revendications méritent un encadrement et ce, dans le cadre du respect des droits de l'homme. Et pour ce faire, le communicant suggère de faire recours aux textes.

La communication de **Dr Mamadou Aliou DIALLO** a pris fin à (13 heures et 20 minutes).

✓ **La sixième communication** a été prononcée par **Dr Salif CISSE**. (13 heures et 35 minutes)

Avant d'entrer dans le vif du sujet, **Dr CISSE** a remercié tout le personnel de l'Université Kofi Annan de Guinée et, plus singulièrement **Dr Bana MARA** et **Dr Sadou DIALLO** qui n'ont ménagé aucun effort pour la réussite du présent colloque international.

Ainsi, **Dr CISSE** a fait un rappel concernant la méthodologie adoptée pour élaborer son travail. Il a rappelé que cette réflexion a été construite autour d'une introduction suivie d'un plan en trois parties dont chacune est développée en plusieurs sous-titres.

Durant sa communication, **Dr CISSE** a surtout insisté sur les progrès réalisés par les autorités de la transition actuelle en matière de protection des droits fondamentaux au Mali. Outre ces acquis, **Dr CISSE** a mis en exergue les défis auxquels ces autorités de la transition demeurent confrontées.

Dr CISSE a mentionné les efforts consentis par les autorités de la transition en faveur de la protection des droits fondamentaux. Ces efforts concernent entre autres : la reprise de Kidal, la construction des hôpitaux, la construction des centres de détentions pénitentiaires, l'amélioration de la situation carcérale des détenus, l'égalité des chances, la lutte contre la criminalité, etc.

Pour **Dr CISSE**, malgré ces avancées majeures, les autorités de la transition au Mali demeurent liées à des défis parmi lesquels on peut citer : l'interdiction illégale de toutes les manifestations politiques, la persistance de la criminalité dans certaines zones, la lenteur de certains dossiers en instance de jugement, la pléthore dans certaines maisons de détention, le dépassement des délais de garde à vue et de détention provisoire, les arrestations arbitraires de certaines personnalités.

Globalement, **Dr CISSE** trouve que les droits fondamentaux connaissent peu de violations grâce aux efforts fournis par les autorités de la transition actuelle au Mali.

La communication de **Dr Salif CISSE** a pris fin à 14 heures et 05 minutes.

DEUXIEME JOURNEE DE COMMUNICATION

✓ **La première communication** de la deuxième journée a été prononcée par **Dr Nfally CAMARA**. (10 heures et 02 minutes)

Au commencement de son propos, **Dr CAMARA** a motivé le choix du thème de sa communication. Pour lui, il est très nécessaire de mettre en place des politiques de développement des droits des travailleurs migrants en Afrique de l'Ouest. **Dr CAMARA** a informé que les Etats et la Cour de la CEDEAO ont la responsabilité de protéger les droits des travailleurs migrants. Il a ajouté que l'OIT est chargée de produire des règles en rapport avec le droit du travail. Il a aussi mentionné le fait que les textes ne s'intéressent qu'aux travailleurs en situation régulière. Le communicant a avancé l'idée selon laquelle la migration de façon globale doit s'intéresser au développement économique de toute l'Afrique. Il a fini par dire que la CEDEAO ne doit pas être la communauté des Chefs d'Etats mais plutôt celle des États.

La communication de **Dr Nfally CAMARA** a pris fin à 10 heures et 32 minutes.

✓ **La seconde communication** de la deuxième journée est celle produite par **Dr Abdoulaye SYLLA**. (10 heures et 47 minutes)

Avant d'entrer dans le vif du sujet, **Dr SYLLA** commença par remercier **Dr Bana MARA** et **Dr Sadou DIALLO** compte tenu de leurs engagements pour l'effectivité de ce colloque international. Il a aussi manifesté son sentiment de joie par rapport à la présence des communicants extérieurs venus de différents horizons afin de prendre part à ce colloque international.

Dès le début de son exposé, le communicant a d'abord défini les mots-clés du thème de sa communication à savoir : "environnement" et "espace CEDEAO". **Dr SYLLA** s'est exprimé sur le régime d'Ahmed Sékou TOURE en développant les différents types de Constitutions protégeant l'environnement. Le communicant a informé que beaucoup d'entreprises chinoises viennent profiter de l'acquisition des terres en Guinée. Pour lui, de l'indépendance à nos jours, la Guinée est rattachée à la protection de l'environnement. **Dr SYLLA** a précisé que lorsque la

Constitution est adoptée, celle-ci bénéficie d'une valeur supranationale. Pour lui, sur le plan national, il y a des mesures destinées à encadrer les activités minières.

La communication de **Dr Abdoulaye SYLLA** a pris fin à 11 heures et 17 minutes.

✓ **La troisième communication** de la deuxième journée a été présentée par **Dr Yabré Anselme SIEZA**. (11 heures et 32 minutes)

À l'entame de son allocution, **Dr SIEZA** a rendu hommage à tout le personnel de l'Université Kofi Annan de Guinée compte tenu de l'accueil chaleureux qu'il a réservé aux communicants extérieurs. Il a ensuite remercié les différents collègues venant de l'étranger sans oublier les étudiants présents en salle.

Dr SIEZA a débuté son discours en faisant une analyse historique sur la situation sécuritaire au Burkina Faso. Le communicant pense qu'il est nécessaire d'adopter des mesures exceptionnelles en période exceptionnelle. Il ajouta que les autorités de la transition au Burkina Faso sont tenues de se conformer au contenu de la Charte de la transition.

Dr SIEZA a noté que si les autorités de la transition ont fait beaucoup de progrès, il n'en demeure pas moins qu'il faut regretter de constater des insuffisances. Selon lui, les autorités de la transition ont illégalement interdit toutes les manifestations politiques au Burkina Faso. Le communicant a mis l'accent sur la limitation de la liberté d'aller et de venir dans certaines zones. Il ajouta qu'il y a eu des arrestations arbitraires de certains journalistes qui ont critiqué la gouvernance des autorités de la transition au Burkina Faso.

Le communicant a qualifié le régime des autorités de la transition de « régime révolutionnaire d'obédience ». Il s'est exprimé sur les différentes voies de recours de saisine des tribunaux au Burkina Faso. **Dr SIEZA** affirme que pour qu'une institution fonctionne bien, il faut nécessairement une base solide. Par rapport à la question liée au terrorisme, le communicant a évoqué la porosité des frontières comme l'un des facteurs.

La communication de **Dr Yabré Anselme SIEZA** a pris fin à 12 heures et 02 minutes.

✓ **La quatrième communication** est l'œuvre de **Dr Ibrahim MANDIANG** (12 heures et 17 minutes)

Au début de son discours, **Dr MANDIANG** a félicité les organisateurs pour la réussite de ce colloque international.

Dans son intervention, le communicant a attiré l'attention sur le fait que le droit international traite généralement les droits et libertés. Il ajouta que traditionnellement, les droits et libertés sont consacrés dans le système national. **Dr MANDIANG** a développé les concepts clés tels que : le recours pour excès de pouvoir et les référés sans oublier de mentionner les juges susceptibles d'être saisis en cas de conflit.

Par ailleurs, **Dr MANDIANG** a relevé les limites relatives à la protection des droits et libertés. A titre d'exemple, il a cité l'état d'urgence et l'état de siège, qui entravent les droits et libertés. Il a aussi apporté un éclairage par rapport au contenu du code de procédure pénale et du code pénal.

La communication de **Dr Ibrahim MANDIANG** a pris fin à 12 heures et 47 minutes.

✓ **La cinquième communication** a été prononcée par **Dr Netton TAWA** (13 heures et 2 minutes)

Dr TAWA a commencé par remercier les organisateurs de ce colloque international ainsi que tous les panélistes et les étudiants présents en salle.

Tout au commencement de son intervention, **Dr TAWA** procéda par l'éclairage terminologique des mots-clés de sa thématique de communication qui sont les suivants : droits fondamentaux, embellissement, politique publique.

Il a défini les droits fondamentaux tout en se servant d'une approche doctrinaire. Selon **Dr TAWA**, l'État ivoirien a délégué une partie de ses compétences aux districts concernant les questions de politiques d'embellissement. Il a annoncé que le droit à l'éducation est un droit fondamental ignoré en République de Côte d'Ivoire.

La communication de **Dr Netton TAWA** a pris fin à 13 heures et 32 minutes.

✓ **La sixième communication** a été présentée par **Dr Aly Badara TOURE** (13 heures et 47 minutes)

Dr TOURE a remercié le modérateur de lui avoir donné la parole. Il a aussi félicité tout le personnel de l'Université Kofi Annan de Guinée pour leur détermination.

Dans sa communication, **Dr TOURE** a affirmé que le droit à la consommation cherche à équilibrer les rapports entre le consommateur et le producteur. Le communicant a procédé par la suite à définir les mots-clés de son sujet que sont entre autres : consommateur et professionnel. Il a ensuite dégagé l'intérêt du sujet, posé la problématique du sujet avant d'annoncer le plan de son travail. Le communicant a développé le contenu de certains textes qui réglementent la question relative à la protection du consommateur. Il a effectivement annoncé certaines lois qui répriment les infractions économiques. **Dr TOURE** a surtout insisté sur la question en rapport avec la réparation sur le plan pénal.

La communication de **Dr Aly Badara TOURE** a pris fin à 14 heures et 17 minutes.

La présentation de toutes les communications a pris fin dans de bonnes conditions avec les mots de clôture et de remerciements de **Dr Bana MARA** et **Dr Sadou DIALLO**.

Fait à Conakry, le 11 décembre 2024
Le rapporteur général des séances
Dr Salif CISSÉ
Docteur en Sciences politiques
de l'Université Cheikh Anta Diop de Dakar
Enseignant-chercheur à l'Université des Sciences Juridiques et
Politiques de Bamako
Maître-assistant en Sciences politiques

TABLE DES MATIÈRES

Structures éditoriales du groupe L'Harmattan

L'Harmattan Italie
Via degli Artisti, 15
10124 Torino
harmattan.italia@gmail.com

L'Harmattan Hongrie
Kossuth l. u. 14-16.
1053 Budapest
harmattan@harmattan.hu

L'Harmattan Sénégal
10 VDN SICAP AMITIE 3
BP 45034 Dakar-Fann
direction@senharmattan.com

L'Harmattan Cameroun
Tsinga/Derrière polyclinique FECAFOOT
BP 11486 Yaoundé
Jacques.koukam@harmattan.fr

L'Harmattan Burkina Faso
Villa 281, secteur 23 623, rue 14.32
Ouagadougou
zagbie@outlook.fr

L'Harmattan Guinée
Almamya, rue KA 028 OKB Agency
BP 3470 Conakry
harmattanguinee@yahoo.fr

L'Harmattan RDC
185, avenue Nyangwe
Commune de Lingwala – Kinshasa
matangilamusadila@yahoo.fr

L'Harmattan Congo
219, avenue Nelson Mandela
BP 2874 Brazzaville
deunovmikhael@gmail.com

L'Harmattan Mali
Immeuble Mgr Jean Marie Cissé
Aci Hamadallaye
BP 145 Bamako
syllaka@yahoo.fr

L'Harmattan Togo
Djidjole – Maison Amela
face EPP BATOME
02 BP 20680 Lomé
didieramela11@gmail.com

L'Harmattan Côte d'Ivoire
Résidence Karl – Cité des Arts
Abidjan-Cocody
03 BP 1588 Abidjan
harmattan.ivoire@gmail.com

L'Harmattan Bénin
Rue 604, (Immeuble à l'entrée
de la rue UCAO- Cite de Saint-Jean)
Cotonou
stepcorpus@gmail.com

Nos librairies en France

Librairie internationale
16, rue des Écoles
75005 Paris
librairie.internationale@harmattan.fr
01 40 46 79 11
www.librairieharmattan.com

Librairie des savoirs
21, rue des Écoles
75005 Paris
librairie.sh@harmattan.fr
01 46 34 13 71
www.librairieharmattansh.com

www.ingramcontent.com/pod-product-compliance
Lightning Source LLC
LaVergne TN
LVHW011252061026
849535LV00005B/1229